Friedrich Köster

Geschichten und Sagen aus Bremen und Verden

Friedrich Köster

Geschichten und Sagen aus Bremen und Verden

ISBN/EAN: 9783944349053

Auflage: 1

Erscheinungsjahr: 2013

Erscheinungsort: Bremen, Deutschland

Alterthümer,
Geschichten und Sagen

der

Herzogthümer Bremen und Verden.

Gesammelt und Herausgegeben

von

D. Friedrich Köster.

———————

Mit drei lithographirten Abbildungen.

———————

Zweiter Abdruck.

Stade.

In Commission bei A. Pockwitz.

1856.

Vorbericht.

Die vorliegende Sammlung ist zunächst eine Frucht meiner Liebe zu der Provinz, welche mir seit siebzehn Jahren durch meine Amtsführung näher bekannt und durch die Tüchtigkeit und Biederkeit ihrer Bewohner werth geworden ist. Anfangs hatte ich es nur auf eine Zusammenstellung der vorhandenen Sagen abgesehen, dergleichen jetzt aus fast allen Landschaften und größeren Städten Deutschlands erscheinen: es zeigte sich aber bald, daß diese Quelle zu wenig ergiebig sei: unsere arbeitsamen Marschleute kennen kaum das heitere Spiel der Sage, und auch auf der Geest ist das Meiste davon verschollen: wie denn in Bechstein's großer Sammlung deutscher National-Sagen sich keine aus dem Bremen-Verdenschen finden. Deshalb entschloß ich mich, mit aufzunehmen, was von Alterthümern und Geschichten der Provinz zur Kenntniß ihres besondern Wesens dienen könnte; und dessen ist mancherlei, schon in Folge ihrer mehr als achthundertjährigen Abgeschlossenheit unter dem bischöflichen Regimente. So ist nun diese Sammlung freilich kein eigentliches Volksbuch geworden, indem sie Einzelnes enthält, was nur den gelehrten Forscher anzieht; größtentheils jedoch bietet sie Volksthümliches für alle Stände.

Daß mein Unternehmen ungewöhnliche Theilnahme gefunden hat, beweist die zahlreiche Liste der Subscribenten.

Aber dem bloßen Zeitvertreib und einer flüchtigen Unterhaltung will dasselbe nicht dienen, sondern mein
Wunsch ist, daß es unter dem gegenwärtigen Schwanken
aller religiösen, geselligen und politischen Verhältnisse dazu
beitrage, durch einen Rückblick auf der Väter Art und Sitte
im Guten wie im Schlechten, den Sinn für alte Zucht
und Ehrbarkeit, für ächte Gottesfurcht und evangelisch-
christliche Freiheit zu beleben und zu stärken. Denn noch
steht das Wort des Herrn fest, daß die Gottseligkeit zu
allen Dingen nütze ist, und daß dem Trachten nach dem
Reiche Gottes auch die äußeren Lebensgüter zufallen werden. Ich bitte, mir keinerlei andere Absichten — Tenden-
zen, wie man jetzt zu sagen pflegt, — unterzulegen.

Weder in der einleitenden Uebersicht noch sonst ist es
mir um statistische Genauigkeit zu thun gewesen: ich wollte
nur Land und Leute schildern, wie sie leiben und leben.
Deshalb möge man es wohlwollend entschuldigen, wenn
etwa einmal ein Irrthum in dem bunten Inhalte des
Buches mit untergelaufen sein sollte.

Leicht das beste Material zu dieser patriotischen Blu-
menlese ist mir durch die Gefälligkeit von jungen und älteren
Freunden des Unternehmens zugetragen worden: so die
Sagen und Sprichwörter, die Lebensbeschreibungen Willehad's und Anschar's und die Scenen aus der Reformations-
zeit, durch welche diese Periode der Geschichte der Herzogthümer in ein vorher nicht gekanntes Licht gesetzt wird.
Jenen Männern sage ich, auch im Namen der Leser, herz-
lichen Dank. Von meinen Beiträgen sind einige neu,
andere früher in der Kirchlichen Chronik abgedruckt: Einiges ist von meinem ehrwürdigen Amtsvorfahren Pratje
entlehnt. Zur Benutzung der in neueren Zeitschriften befindlichen Artikel habe ich die Genehmigung der Verfasser
oder der Redactionen erbeten und erhalten.

Die drei lithographirten Beilagen werden, denke ich, als eine angenehme Zugabe angesehen werden, zur Erinnerung an die vorhistorische, die römisch-katholische und die protestantische Periode*).

Die gesammelten Sagen enthalten nicht eben viel Originelles, Bedeutendes, Poetisches, aber sie dienen doch mit zur Charakteristik unserer Provinz; wie denn z. B. sich erkennen läßt, daß in ihnen das kirchliche Interesse, für Gotteshäuser und Gottesdienst, vorherrscht. Poetisch sind fast nur die Sagen aus Beverstedt; und die Art, wie Herr Superintendent Wiedemann die Geschichte von „dem dummen Teufel" erzählt hat, kann an Hebels Alemannische Gedichte erinnern. Es schien zweckmäßig, die Sagen nach der Oertlichkeit, welcher sie angehören, zusammen zu stellen, weil sie da einen geschlossenen Ideenkreis bezeichnen. Dem Inhalte nach zerfallen sie etwa in Heiligen- und Teufels-, Kirchen- und Orts-Sagen.

Origineller sind jedenfalls die volksthümlichen Sprichwörter und Redensarten. Deren Sammlung hätte ansehnlich vermehrt werden können; allein ich habe mich mit Absicht auf das meines Wissens Eigenthümliche und besonders Treffende eingeschränkt. Sie haben zum Theil etwas Derbes; und gewöhnlich sind solche Volkssprüche nur halb wahr; gewiß aber wird man auch manches gute Körnlein von „Weisheit auf der Gasse" darin finden. An dieselben schließen sich die beiden niedersächsischen Dialogen, welche den Wohllaut der jetzigen Bremenschen Volkssprache

*) № 1. Eine Situations-Zeichnung der altgermanischen Denkmäler im Gerichte Delm (vergl. Seite 39). № 2. Das Bild des Verdenschen Bischofs Iso (Seite 79). № 3. Das Bild des Pastor Brandts zu Cappel (Seite 76 und 121 Anmerk.). Die Abbildungen sind von der lithographischen Anstalt des Herrn Tressan zu Verden geliefert.

und den heiter scherzenden, gutmüthig neckenden Ton länd=
licher Unterhaltung anschaulich machen.

Auf die Etymologie der Namen ist wenig Gewicht
gelegt*); und eben so wenig habe ich mich auf mytho=
logische und symbolische Vermuthungen eingelassen: ich
meine, es ist besser, die einfache Thatsache zu erzählen und
Jedem, was er daraus machen will, anheim zu stellen.

Einiges Material habe ich noch zu etwanigem künfti=
tigen Gebrauche zurückgelegt. Es steht nämlich zu hoffen,
daß dieser erste Versuch eine Wünschelruthe sein wird, um
aus allen Theilen der Provinz — auch aus dem uns so
nahe verwandten Lande Hadeln — ferner manches Wissens=
würdige an's Licht zu bringen; so daß, wenn eine Fort=
setzung erscheinen könnte, dann die ganze Vorzeit und in
dieser die jetzige Gestalt der Herzogthümer wie in einem
klaren Spiegel vor unseren Augen stehen würde.

Stade, im Januar 1856.

Köster.

---

*) Doch werde hier für Freunde solcher Etymologieen bemerkt,
daß unser Basdahl, wie mir mitgetheilt worden, nicht vom
Thal seinen Namen hat, sondern von bas (Meister) und
stallum (Gerichtsstuhl; vergl. den Upstallsboom in Ost=
friesland). Es würde demnach ein Meister= oder Ober=
Gericht bedeuten.

Die Herzogthümer Bremen und Verden.

Das Land und seine Bewohner.

Ueberblick ihrer Beschaffenheit und Geschichte.

Auf einer Anhöhe bei Altenwalde, unweit Ritzebüttel, sind merkwürdiger Weise die Mündungen der Elbe und der Weser zugleich sichtbar. Wenn man nun von diesem Punkte aus den Lauf der Weser stromaufwärts bis Bremen und Verden verfolgt, von da zu Lande über Rotenburg und Burtehude nach Harburg geht, und endlich die Elbe hinunter bis nach Curhaven schifft, so hat man ein Dreieck umschrieben, welches die Herzogthümer Bremen und Verden einschließt. Dieser Landstrich ist eine Fortsetzung jener großen Tiefebene, welche sich von der Stadt Hannover gegen die Nordsee hin mit geringer Senkung abdacht. Derselbe hat keine Berge, sondern nur einige unbedeutende Anhöhen: bei Stade den Hohenwedel, bei Dobrock die Wingst und bei Worpswede den Weyerberg; außerdem ist das Land vielfach von wellenförmigen Hügelreihen durchschnitten, im Ganzen aber eine, oft unübersehbare, Niederung, von der Lüneburger Grenze bis nach Curhaven. Der Boden besteht zum kleineren Theile aus guter Geest, zum größeren aus dürrer Haide, an den Ufern der Elbe und Weser aber aus fruchtbarem Marschlande; daher die Provinz in dem alten Sprichworte verglichen wird mit einem abgeschabten Mantel, umgeben von kostbar goldener Borte. Die Geest gewährt dem Fleiße ihrer Bewohner einen theils genügenden, theils reichlichen Ertrag; und selbst die Haide bezeugt vielerwärts ihre Culturfähigkeit durch den üppigen Wuchs des Haidekrautes: nur da, wo das Wasser keinen Abzug findet, ist sie zum sumpfigen Moor geworden: die Marschen

1

aber, d. i. das meerische Land, sind in der That ein Ge=
schenk des Meeres; indem die beiden großen Ströme all=
jährlich, vermöge der Ebbe und Fluth, den Meeres=Schlick
an das Ufer absetzen. Durch einen kostbaren Gürtel von
Deichen hat nämlich des Menschen Hand den Ueberschwem=
mungen jener Ströme einen Zügel angelegt; und nun müssen
mit Schleusen versehene Kanäle (Flethe und Siele, Wettern
und Wasserlösen) dem Ufer, so weit die Fluth reicht,
jenen fetten Schlamm zuführen, welcher, mit magerer Erde
und Dünger vermischt, eine staunenswerthe Vegetation her=
vorruft und die Marschen zur Kornkammer des Hannover=
schen Landes macht. Neben dem Haupt=Deiche giebt es
auch Außen= und Binnen=Deiche: jene, nach dem Strome
zu, wehren kleinere, diese, nach dem Lande zu, größere Flu=
then ab. An solcher marschbildenden Thätigkeit nehmen
aber auch die kleineren Flüsse, welche in Weser und Elbe
ausmünden, so weit Antheil, als der Wechsel von Ebbe
und Fluth sich erstreckt. So die Oste, welche von Süden
nach Norden die Mitte der Provinz durchschneidend sich in
die Elbe ergießt, und die Wümme, welche im Süden der
Herzogthümer von Osten nach Westen läuft, in ihrem Laufe
die Hamme und Wörpe aufnimmt, und vor dem Eintritte
in die Weser Lesum genannt wird. Kleinere Gewässer,
welche in die Elbe fallen, sind: die Medem, Schwinge,
Lühe und Este, in die Weser, die Lune und Geeste. Von
der Natur selbst durch das wellenförmige Terrain geschaffen,
bilden sie gleichsam die belebenden Adern des Landes, und
wo einzelne Bäche (Auen) eine Vertiefung des Bodens fin=
den, entstehen Seen, wie der Bederkesaer, Flögeler und
Balk=See: sie können sich jedoch mit denen im östlichen
Holstein weder an Größe, noch an malerischer Umgebung
vergleichen.

Ueberhaupt wird man, bei solcher Beschaffenheit des
Bodens, imposante Naturschönheiten in der Provinz
nicht erwarten. Es fehlt aber keineswegs an einzelnen
hübschen Parthien. Dahin gehört, unter andern, der
Schwarze Berg bei Stade mit der Aussicht auf die von
der Schwinge durchschlängelten Wiesen, auf die Stadt, und
im Hintergrunde auf die schiffbelebte Elbe und das Hol=

steinische Ufer. Zwischen Horneburg und Burtehude bildet das Hedendorfer Holz mit den schlanken Buchen, welche bei Neukloster einen stillen Weiher umschließen, einen wahrhaft idyllischen Punkt. Reizend sind ferner die Gärten und Parks der Bremer Kaufherren an der Lesum zu St. Magnus; und die Thalgründe bei Scharmbeck werden von den höflichen Besuchern aus Bremen wohl die Bremische Schweiz genannt. Das Dobrocker Holz ladet besonders in der Pfingstzeit die Umwohner unter seine grünen Hallen ein; und mit Recht rühmt man den Bederkesaer See mit seinem „Holz an der Burg.“ Aber auch die goldenen Rappsaatfelder im Kehdingschen, die mit Blüthen=Schnee bedeckten Kirschbäume des Alten Landes, und das glatte Hornvieh auf den Osterstadischen Triften haben ihre Schönheit. Und selbst mitten in der Haide überraschen jene wie glückliche Oasen auftauchenden altsassischen Bauerhöfe, von uralten Eichen umkränzt, eben so sehr den Fremden, wie sie den Bewohnern bis zum unauslöschlichen Heimweh theuer sind.

Das Klima dieser Lande ist durch die Nähe des Meeres und der zwei großen Ströme, bei dem Wechsel von Ebbe und Fluth, und weil Gebirge fehlen, rauh, nebelreich und veränderlich, aber auch geschützt vor den Extremen von Hitze und Kälte; häufig sind daher rheumatische Beschwerden, aber Brustleiden eine Seltenheit. Die Westwinde schaden dem Baumwuchse, nicht aber die Ostwinde; daher die Weser=Ufer großentheils keine Bäume haben, die Elb=Marschen hingegen das herrlichste Obst produciren. Merkwürdig auch, daß die Nachtigal sich von den Marschen fernhält. Im Lande Wursten klagt man seit alter Zeit über die ungesunde (salzige) Luft, welche jedoch den Einheimischen eben nicht schadet: überhaupt steht das Marsch=Fieber in bösem Rufe. Auf den Haiden pflegt man im Sommer das dürre Haidekraut anzuzünden, um in der dadurch gewonnenen Asche eine spärliche Buchweizen=Ernte zu erzielen: hieraus entsteht dann jener trockene Höherauch oder Moordampf, welcher in ganz Nord=Deutschland den Regen vertreibt und das Athemholen erschwert.

Die Produkte sind natürlich an Güte, wie an Menge sehr verschieden; aber jede Bodenart hat doch ihren beson-

deren Reichthum. Der der Moore besteht in den mächtigen
Torflagern: ihre Ausbeute erfordert freilich eine höchst müh=
selige Arbeit, allein der Torf ist von vorzüglicher Qualität,
und auf unzähligen Kanälen nach Bremen und Hamburg
verschifft, wirft er schönen Gewinnst ab. Und nachdem die
Torfschicht völlig abgestochen worden, kommt oftmals ein
tragbarer Boden an den Tag mit gutem Wiesenwachs. Die
Haide besitzt drei große Erwerbsquellen an der Bienenzucht,
dem Buchweizenbau und dem Verbrauch der über oder unter
der Erde reichlich vorhandenen Feldsteine. Diese ersetzen
uns gleichsam ein Bergwerk; indem sie theils zum Häuser=
und Wegbau benutzt, theils in's Ausland verkauft werden;
worüber der sel. Pratje ein Programm mit dem scherzhaf=
ten Titel: Panis ex lapidibus (Brot aus Steinen) geschrie=
ben hat. Auf der Geest gedeihen fast sämmtliche Cerealien,
sei es zum eignen Bedarf, oder zur Ausfuhr: auch fehlen
schöne Waldungen nicht, wenngleich geringer an Ausdehnung,
wie im Lüneburg'schen. Die Viehzucht ist überall ergiebig,
besonders aber an der Unterweser, wo die Stoteler Butter
einen weit verbreiteten Ruf genießt. Die Marschen erzeu=
gen Pferde von starkem Körperbau, wie sie der dortige Bo=
den fordert. Die Kirschen des Alten Landes werden bis
nach Braunschweig und Kopenhagen ausgeführt; und die
Wurster und Kehdinger, Neuhäuser und Oestinger Marsch
hat zwar weder Hölzungen noch Steine, aber dagegen den
üppigsten Reichthum von Feldfrüchten aller Art, vornehm=
lich Weizen, Bohnen und Rappsaat. Im ganzen Lande
finden sich zahlreiche Ziegeleien mit gutem Ertrage, aber
wenig sonstige Fabriken: nur in der Stadt Burtehude und
am Weser=Ufer von Achim bis Blumenthal wird die Zucker=,
Cement= und Porzellan=Bereitung schwunghaft betrieben.
Die auf den Ackerbau hingewiesene Provinz hat sich Gott=
lob frei erhalten von dem Elende des übermäßigen Fabrik=
wesens.

Die Bevölkerung ist natürlich am stärksten in den
fruchtbaren Marschen, am dünnsten in den Haide= und
Moor=Districten. Die Bewohner der letzteren wohnen oft
Stundenweit von ihrer Kirche entfernt, und in der Regen=
zeit durch Sümpfe von aller Welt isolirt. In den Marschen

hat der Grundbesitz einen enormen Werth; daher die Häus=
linge, welche desselben entbehren, sich in einer drückenden
Lage befinden, und selbst die kleineren Grundbesitzer durch
die größeren immer mehr und mehr verdrängt werden. Auf
der Geest hingegen lebt, gleichmäßig verbreitet, ein glückli=
cher Mittelstand. Aber auch die Haide könnte, gehörig be=
baut (wie dies die Moorcolonien beweisen), noch Tausenden
ein Unterkommen gewähren, bevor die Auswanderung Be=
dürfniß würde. Die Einwohner zerfallen, ihrer Abkunft
nach, in Friesen, an den Ufern der großen Flüsse, in
Sachsen, auf den höher liegenden Strecken, und in einge=
wanderten Niederländern, besonders im Alten Lande.
Auf den Marschen wohnt eine rührige, wohlhäbige, kräftige,
freiheitliebende, kaufmännisch rechnende Bevölkerung; die
Haide= und Moorleute, in ärmlicher Einfachheit lebend,
können, bei harter Arbeit und schwerer Kost, nur mit Mühe
zu einigem Wohlstande gelangen; die Geest=Bewohner stehen
zwischen beiden in der Mitte, haben ihr gutes Auskommen,
und leben zufrieden in angeerbter Biederkeit und Gottes=
furcht. Neben diesen Eigenthümlichkeiten aber sind doch
Allen die gemeinsamen Züge des niedersächsischen Charakters
aufgeprägt. Der Sinn nicht leicht beweglich, aber beharr=
lich; nicht phantasiereich, aber praktisch; nicht glatt und ge=
schmeidig, aber treuherzig und zuverlässig. Daher ein star=
kes Festhalten an alter Sitte und Gewohnheit; ein nicht
sehr erregtes aber auch nicht leicht zu erschütterndes Chri=
stenthum; überhaupt ein ruhiges, entschlossenes Wesen, ohne
viele Worte. Die poetische Volkssage hat hier keinen sehr
'günstigen Boden: es fehlt dazu eine großartige Natur, der
leichte Sinn und die Gesanges=Lust der Südländer, so wie
eine thatenvolle Geschichte der Vorzeit. Die nieder=
deutsche Mundart der Bevölkerung ist, wie die der Hol=
steiner, ausgezeichnet rein, weich und wohlklingend: sie wird
als ein theurer Besitz geliebt; und selbst die höheren Stände
können, im gemüthlichen Verkehr, derselben nicht entbehren.
Wie sehr also auch das Hochdeutsche durch die Volksschulen
sich ausbreitet; es ist doch noch keine Aussicht vorhanden,
daß die altsassische Volkssprache ihre mehr als tausendjäh=
rige Herrschaft ganz verlieren werde.

Um nach dieser vorläufigen Uebersicht ein genaueres Bild von der Provinz zu gewinnen, wollen wir jetzt näher eingehn auf ihre politische Eintheilung, die Beschaffenheit der einzelnen Landschaften und die Verschiedenheiten der Stände. Hier müssen wir aber von den Herzogthümern Bremen und Verden im engeren Sinne ausscheiden die nordwestliche Ecke des Landes, oder das Land Hadeln. Dieses nach der Geschichte am frühesten bewohnte Gebiet war Anfangs den Grafen von Lesmona unterworfen, dann den Bremischen Erzbischöfen, und etwa seit dem Jahre 1100 den Herzögen von Lauenburg: erst 1731 ward es von diesen an Hannover abgetreten. Bei allem Regenten-Wechsel aber haben die Hadeler sich ihre eigenthümliche altfriesische Verfassung und Freiheit mehr oder minder zu bewahren gewußt. Die Communal-Verwaltung wird durch Kirchspiels-gerichte unter einem Schultheißen wahrgenommen. Man unterscheidet das Hochland, mit der Hauptstadt Otterndorf, von dem niedrig gelegenen, oder Sietlande, dessen bisher oft durch Ueberschwemmung zerstörte Ernten jetzt hoffentlich durch den neu angelegten großen Kanal gesichert sind. Die äußerste Spitze des Landes Hadeln, das Amt Ritzebüttel, war einst Eigenthum der reichen Familie der Lappen: von diesen wurde es 1372 an die Stadt Hamburg verkauft, welche daselbst nachmals das für die Nordsee-Schifffahrt so wichtige Curhaven anlegte.

Abzutrennen ist ferner das Gebiet der freien Hansestadt Bremen, wiewohl dieselbe einst Jahrhunderte lang als Residenz der Erzbischöfe mit dem Lande, welches deren Sprengel bildete, innigst verbunden war. Reich geworden durch seinen Seehandel, benutzte Bremen die häufigen Geldverlegenheiten der geistlichen Herren, um sein Gebiet zu vergrößern und ein Privilegium nach dem andern zu erlangen; weßhalb es auch Mitglied des Hansabundes wurde. Sein majestätischer Dom, sein merkwürdiger Roland und sein alterthümliches Rathhaus sind aber noch immer als geistiges Eigenthum der ganzen Provinz zu betrachten. Im 12ten und 13ten Jahrhundert verschaffte es sich von den Kaisern allmählig, wiewohl unter fortwährendem Widerspruche der Erzbischöfe, die Reichsunmittelbarkeit; und diese wurde im 17ten Jahrhundert von Schweden, im 18ten auch von Hannover anerkannt. Jedoch blieb der Dom mit seinen Pertinenzien Eigenthum sowohl der Erzbischöfe, als der nachfolgenden Landesherren; bis in Folge des Lüneviller Friedens im Jahre 1802 auch dieser von Hannover durch Tausch an die Stadt abgetreten wurde. Eine räumlich kleine, aber höchst wichtige Gebiets = Vergrößerung erhielt Bremen 1826 durch den Ankauf des Bremerhafens, welcher seinem Seehandel zur unentbehrlichen Basis dient.

In dem eigentlichen Bereiche der Herzogthümer wenden wir uns nun zunächst zu den Ufer= oder Marsch=Districten. Gemeinschaftlich ist ihren Bewohnern die friesische Abkunft, die Verbindung des Ackerbaues mit der Schifffahrt, und der uralte Besitz gewisser Freiheiten und Vorrechte. Das Alte Land scheint seinen Namen daher zu führen, daß es am frühesten ist eingedeicht und bewohnt worden. Durch die parallel laufenden Flüsse Schwinge, Lühe und Este wird es eingetheilt in die erste, zweite und dritte Meile. Die erste und zweite Meile haben je 4 Kirchspiele, die dritte hat 2 (Estebrügge und Neuenfelde). Auffallend ist in diesem Ländchen das friesische Element der Bewohner durch die Einwanderung holländischer, richtiger flamändischer Colonisten verdrängt worden: denn der schöne Menschenschlag, die Communal=Verfassung, die Kleidertracht, ja selbst die Bauart der Häuser (mit grell bunten Farben, und dem Schwan, statt der Pferdeköpfe, auf dem Dache) weisen unverkennbar auf einen flamändischen Ursprung hin. Der Verkehr mit dem nahen Hamburg hat in den Altländern vorzugsweise den kaufmännischen Sinn entwickelt, mit seinen Tugenden und Fehlern: daneben aber findet sich ein zähes Festhalten an alter Sitte und Lebensweise.

Das Land Kehdingen (in alten Schriften Kaidingen) mag so benannt sein von den Kaje=Deichen; indem die Endung Ding eine gemeinschaftliche Gerichtsstätte anzeigt (wie Wolterdingen am Walde, Schneverdingen am Schnee). An Fruchtbarkeit steht dasselbe fast dem Lande Hadeln gleich: der leicht erworbene Reichthum ist aber nicht ohne Nachtheil für die Einfachheit der Sitten und des häuslichen

Lebens geblieben. Die Communal=Angelegenheiten wurden
bisher hier, wie im Alten Lande, von erwählten Haupt=
leuten besorgt, unter dem Vorsitze eines Gräfen; und so gab
es zwei Gräfen=Gerichte, Bützfleth und Freiburg, jedes von
vier Kirchspielen; woher das Kirchspiel Oederquart den
Namen hat. Dem Kehdingschen entlang liegen mehrere un=
eingedeichte Elbinseln, Sände genannt, und die größte der=
selben, Krautsand, bildet seit 1682 ein eigenes Kirchspiel.

Die Wurster (Wurthsaten oder Wurstfriesen) an der
Unterweser heißen so von den Wurthen, zum Schutz gegen
die Fluth aufgeworfenen Hügeln, auf denen ursprünglich
ihre Wohnungen lagen. Sie haben den friesischen Charakter
am längsten behauptet, namentlich den Sinn für communale
Freiheit und Selbstregierung. Die friesische Sprache ist
daselbst erst um das Jahr 1740 verschwunden, und friesisch
sind noch jetzt die Ortsnamen Dorum, Mulsum, Midlum,
die Manns=Namen Eide, Siade, Tante, Adickes, Lübs, und
die Frauen=Namen Imme, Jibke, Nanne u. s. w. Der Haupt=
ort Dorum bildet die Mitte zwischen vier südlichen und
vier nördlichen Kirchspielen; und scheint somit die Vierzahl
in den Marschen beabsichtigt zu sein. Die Ortsverwaltung
liegt in den Händen erwählter Kirchspiel=Voigte, an deren
Spitze sonst ein Großvoigt stand. Der Wurster Marsch=
boden ist weniger tief, daher leichter zu bearbeiten, aber
auch nicht so ergiebig, als der an der Elbe.

Die Landschaft Osterstade erinnert an den Volks=
stamm der Stedinger, welche einst beide Weser=Gestade, das
(östlich) Bremische und das (westlich) Oldenburgische, inne
hatten: sie umfaßt im weiteren Sinne die ehemalige Graf=
schaft Stotel, nördlich davon das Vieland, welches von
dem niedrigen, wasserreichen Boden (Vie) so genannt wird,
und gegen Süden das eigentliche Osterstade. Eine Enclave
derselben bildet das Land Wührden (Kirchspiel Dedes=
dorf), welches durch die Verheirathung einer Gräfin von
Stotel an das Großherzogthum Oldenburg gekommen ist.
Osterstade zeichnet sich aus durch seine für die Hornviehzucht
günstigen Weiden; aber Bäume sind dort eine Seltenheit.
Die Ortsvorsteher heißen Swaren (Geschworne); und eine
Eigenthümlichkeit des historisch sehr merkwürdigen Ländchens

bildeten sonst die, jetzt fast ausgestorbenen Osterstadischen Junker, Edelleute, welche, gleich den alten Clan's von Schottland, der ländlichen Hausmanns-Sitte treu blieben, Fürsten- und Ritterdienste verschmähend. Weiter nach Süden hat die Weser-Marsch geringere Fruchtbarkeit; indem in den Aemtern Blumenthal und Verden das sandige Ufer zum Theil so hoch ist, daß die Fluth nicht leicht übertreten kann.

Beschauen wir jetzt das Innere des Landes, so ist da zuerst zu merken die Siebenzahl der aufgehobenen Klöster, welche zu eben so vielen Aemtern geworden sind: Lilienthal, Osterholz, Zeven, Himmelpforten, Harsefeld, Alt- und Neukloster: nur Neuenwalde hat seinen Bestand behalten, indem es als Fräuleinstift der Ritterschaft verblieben ist, weil es im 16ten Jahrhundert freiwillig die Reformation annahm. Die Aemter Verden und Stade sind ebenfalls aus den Klostergütern dieser Städte entstanden. Hingegen Ottersberg, Rotenburg, Bremervörde, Neuhaus, Hagen und Blumenthal waren ursprünglich feste Schlösser der Erzbischöfe, in deren Schutz sich die Umwohner stellten. Das Amt Bederkesa, sonst Eigenthum der Stadt Bremen, wurde nach dem Westphälischen Frieden der Krone Schweden abgetreten; Beverstedt aber ist aus einer Vereinigung mehrerer Rittergüter hervorgegangen. Das größte unter den Aemtern ist Rotenburg (22,000 Einwohner auf 12 Quadratmeilen): es erstet sich fast ganz entlang der Lüneburgischen Nordgrenze, und seine weiten Haidflächen sind zum Theil nur spärlich bewohnt. Bremervörde, fast im Mittelpunkte der Provinz belegen, war deßhalb in der erzbischöflichen Zeit Sitz der Landesbehörden: der Ort ist, vermöge seiner günstigen Lage an einer Furth der schiffbaren Oste, durch Torf- und Holzhandel sehr empor gekommen, und hat 1852 Stadt-Rechte erlangt. Das Amt Neuhaus ist darin eigenthümlich, daß es sowohl Elb- und Oste-Marsch, als Geest in sich begreift. Achim bildete sonst ein Gohgericht, zur Bezeichnung alter ländlicher Gerechtsame. Bremervörde, Ottersberg, Osterholz und Lilienthal werden die vier Moor-Aemter genannt, weil sie die meisten Moore enthalten (das hohe, lange, Wallhöfer- und Teufelsmoor). Die Abwässerung dieser Moore durch von Jahr zu Jahr vermehrte Kanäle hat die benachbarten Flüsse immer stärker angeschwellt, so daß sie das Land weithin überschwemmen. Dies trifft besonders das von Wümme, Wörpe und Hamme umschlossene St. Jürgens=Land, dessen einsam inmitten üppiger Weiden liegende Pfarrkirche dadurch nicht selten von allem Verkehr abgeschnitten wird. Um die Anlegung herrschaftlicher Moor=Colonien (zum Theil freilich mit unverhältnißmäßig gro=ßen Kosten) z. B. zu Gnarrenburg und Worpswede, hat sich am Ende des vorigen Jahrhunderts der Moor-Commis=sair Findorf sehr verdient gemacht: ein Monument auf dem Weyer=Berge bewahrt sein Gedächtniß.

Die älteste unter den Städten des Landes ist Ver=den, etwa seit dem Jahre 800 ein berühmter Bischofssitz, von Carl dem Großen da angelegt, wo die Aller sich in die Weser ergießt. Um 1100 kamen hinzu die beiden Schwe=sterstädte Stade und Burtehude, einst Mitglieder des Hansa=Bundes; wie sie denn fast fortwährend einerlei politisches Loos getheilt haben: erstere sammelte sich um eine Burg, (und wurde dadurch, besonders seit den Zeiten Heinrichs des Löwen, eine Festung), letztere um ein Kloster; jene hat als Garnisonort und Sitz der Behörden ihre Haupt=Nahrung, diese durch Handel und Fabriken. Hingegen am unteren Weser= und Elbufer ließ es die Freiheitsliebe der Stedinger und Friesen zu einem Städtebau niemals kommen; sondern die freien Landsassen wohnten am liebsten jeder für sich auf seinem Gehöfte. Unter den Flecken der Provinz aber verdient das alte Horneburg hervorgehoben zu werden, wegen seiner sieben Rittersitze der s. g. Burgmänner.

Hier nun wird es zweckmäßig sein, die beiden wich=tigsten Classen der Bevölkerung näher zu betrachten, die Ritterschaft nämlich und die Bauerschaften. Die Ritterschaft ist, wenigstens im Herzogthum Bremen, noch jetzt sehr zahlreich, obwohl viele ihrer alten Geschlechter ausgestorben sind, z. B. die Vicker, Brobergen, von der Lieth, Rahde, Zesterfleth. Am zahlreichsten sind die Fami=lien von der Decken und von Marschalck (ursprünglich Bach=tenbrock), und unter den Gütern am bedeutendsten die Mar=schalckschen an der Oste, die Bremerschen im Amte Neuhaus und die v. d. Deckenschen im Lande Kehdingen: doch können

sie sich mit dem Holsteinischen oder Mecklenburgischen an
Ausdehnung und Ertrag nicht vergleichen. Geschätzt werden
die Rittergüter auf alterthümliche Weise nach Nägeln, d. h.
nach der Stellung der Pferde zum Ritterdienste; wobei man
24 Nägel auf Ein Pferd rechnet. Diejenigen unter ihnen,
welche eigne Gerichtsbarkeit haben, werden als freier
Damm bezeichnet. Eigenthümlich ist, daß die Bremische
Ritterschaft sich im Allgemeinen von Lehnsverhältnissen frei
erhalten hat. Im Lande Wursten giebt es gar keine Rittergüter, und im Lande Hadeln nur Eins, der von Klencken:
daß sie im Kehdingschen und dem Alten Lande ziemlich häufig sind, hat in historischen Ereignissen seinen Grund. Die
Versammlungen der Ritter zu gemeinschaftlicher Berathung
wurden während des 17ten und 18ten Jahrhunderts zu
Basdahl gehalten und zwar ursprünglich zu Pferde unter
freiem Himmel an dem Steinwalle nach Ihlermühlen zu,
später in einem eigenen Hause daselbst: gegenwärtig in dem
landschaftlichen Gebäude zu Stade.

In den Bauerschaften bestehen die sehr bestimmten
Rangunterschiede von freien Erbgesessenen (Erbexen), welche
sich gern Hausleute nennen; sodann von meierpflichtigen
Köthnern (Kothsassen); und endlich von bloß zur Miethe
wohnenden Häuslingen. Hausleute finden sich auf der Geest,
Köthner in den Marschen nur ausnahmsweise: die Lage der
Häuslinge ist überall eine sehr unsichere. Die Orts = Ge =
meinden ferner unterscheiden sich in Börden, Kirch = und
Nebendörfer. Den Namen Börde führen seit uralter Zeit
nur gewisse Ortsverbände, als Beverstedt, Lamstedt, Selsingen, Rhade, Hesedorf (wozu das Kirchspiel Bevern gehört);
und derselbe scheint besondere Vorrechte zu bezeichnen; denn
Boer heißt noch jetzt im Holländischen der freie Grundbesitzer. Die Kirchdörfer sind der natürliche Hauptort für
die oft sehr weit entlegenen und zahlreichen Nebendörfer
(wie z. B. Selsingen und Worpswede deren mehr als zwanzig haben); wobei bemerkt werden mag, daß der Gottesdienst, besonders in den Marschen, oft von den Nebendörfern
viel fleißiger besucht wird, als von den Eingesessenen des
Kirchdorfs. Im Kirchdorfe ist, neben dem Amtmann oder
Amtsvoigt, der Pastor die geehrteste Person (ehedem schlecht-

hin „unse Herre" genannt), im Nebendorfe, außer dem
Bauermeister, der Schulmeister. Die ländlichen Wohnun=
gen und Gehöfte tragen in den Marschen einen hollän=
dischen Charakter an sich, große Sauberkeit und buntfar=
bige Eleganz; auf der Geest hingegen bewahren sie treu
den mehr als tausendjährigen niedersächsischen Typus, wie
ihn Justus Möser so beredt geschildert hat. Das Wirth=
schaftsgebäude, beschattet von kräftigen Eichen, welche schon
Plinius als die höchsten in ganz Deutschland rühmt, liegt
möglichst in der Mitte der Ländereien; der eine Giebel
trägt die zwei sächsischen Pferdeköpfe, der andere das Nest
des Storches, als des beliebten Sommer = Gastes. Von
dem mit Nebengebäuden und Düngerhaufen besetzten Hofe
tritt man durch die Flügel der mächtigen Hausthür in die
von den Viehställen eingeschlossene Dreschdiele: in deren
Hintergrunde lodert auf offenem Heerde das Feuer, über
welchem an seinem Haken der Kessel schwebt; und die
Wand, welche Wohnstube und Kammern absondert, prun=
ket mit blanken Schüsseln, Tellern und dergl. Schorn=
steine und Ziegeldächer gelten als ein seltener Luxus; denn
der Torfrauch mag sich selbst, wo er kann, einen Abzug
suchen; das Strohdach aber bringt im Winter Wärme,
im Sommer Kühlung. Die Linde, als Versammlungsplatz
der Gemeinde, ist vielerwärts verschwunden, und eben so
die Raths = und Gerichts = Stätten ganzer Landschaften un=
ter freiem Himmel; z. B. der Wordings=Acker bei Ottern=
dorf und die Stalleiche (ähnlich dem Upstallsboom in Ost=
friesland, von Stallum, dem Richtersitze) in Hagen: nur
Land Kehdingen ehrt und benutzt noch jetzt seinen mit Bäu=
men bepflanzten Schinckel. Die Namen der Dorfschaften
deuten meist durch die Endsilben ihren Ursprung an; so
in der Marsch Twielenfleth und Rechtenfleth, Grünendeich
und Krummendeich: auf der Geest endigen sehr viele Na=
men mit stedt (fester Stätte); als Beverstedt, Ringstedt,
Bargstedt, welche denn das Volk durch Abkürzung mund=
gerecht macht: Beverst, Ringst, Bargst, und sogar Berkste
für Bederkesa. Hagen und Bram (Bramstedt) bezeichnen
eine Grenze; Vorstel und Büttel eine Anhöhe; Verhövede
und Bisselhövede heißen so von dem Haupte oder der Quelle

eines Baches. Daß auch die Eigennamen der Landleute oft aus der ländlichen Natur entlehnt sind, kann nicht auffallen: so Thun, von Bargen, von der Wisch, von der Heyde, von der Horst, Brockmann, Rosenbrock, Wischhusen, Pogwisch, Blohm, Bisbeck, zum Felde, zum Fleth u. s. w.

Wie diese Eigenthümlichkeiten des Landes und seiner Bewohner sich allmählich herausgebildet haben, zeige uns jetzt ein Blick in ihre Geschichte. Die Entstehung beider liegt aber in der vorgeschichtlichen Zeit. Denn der höher liegende Theil des Landes, die Geest, ist ohne Zweifel zuerst, wahrscheinlich durch neptunische Revolutionen, in einer unbestimmbaren Vorzeit entstanden, während die Marschen allmählich und bis in die historische Periode hinein durch vermehrte Eindeichung sich gebildet haben. In unseren Torfmooren aber, diesem reichen Feuerungs=Magazin für die Nachwelt, liegt eine mächtige antediluvianische Vegetation begraben. Das ausnehmend langsame Wachsen derselben in späterer Zeit läßt auf die Jahrtausende schließen, welche erforderlich waren, um die vorhandenen tiefen Torflager zu schaffen. Sodann mögen, vielleicht durch den Eisgang bei gewaltigen Ueberschwemmungen, vom hohen Norden her jene zahlreichen, großen und kleinen (erratischen) Granitmassen gekommen sein, welche theils von einer dünnen Erdschicht bedeckt, theils offen auf unseren Haiden liegen, wie von Riesenhänden umhergestreut. Wie lange nach dieser Katastrophe nun das Land, und wiederum zuerst die Geest, bevölkert worden? das wird wohl für immer im Dunkeln bleiben; wie auch, woher die ersten Einwohner gekommen sind? ob aus Asien, oder aus Scandinavien, oder von den westlich wohnenden Kelten? Jedenfalls liegt aber vor der beglaubigten Geschichte auch diejenige Periode, worin die auf unseren Haiden vorhandenen vielen Grabhügel, und jene kolossalen Denkmäler aus rohen Feldsteinen errichtet sind, stumme Zeugen der ersten Kindheit unseres Volkes, gleichsam ein Buch, das Niemand lesen kann. Denn keinerlei Schrift, nicht einmal in Runen, giebt von ihrem Ursprunge oder ihrer Bestimmung Zeugniß. Es ist sehr zu bedauern, daß diese Reliquien einer grauen Vorzeit, vom Volke bald Hühnenbetten und Heidengräber, bald Steinkeller oder Steinöfen genannt, zum Theil so schonungslos sind zerstört worden, neuerlich besonders durch den Chausseebau; wie auch, daß man die Antiquitäten aus der Römerzeit nicht in einem Provinzial-Museum vereinigt, sondern nach Hannover, Göttingen und Bremen zerstreut hat. Vergl. über die bei Mulsum im Lande Wursten gefundenen Römischen Alterthümer das Hannoversche Magazin 1823 № 91—93 und 1824 № 9. Dank verdient daher das Verzeichniß der Steindenkmäler im Königreiche Hannover, welches der Forstrath Wächter, nach den eingezogenen Berichten der Aemter, entworfen hat, um wenigstens ihr Gedächtniß der Nachwelt zu erhalten. Wir liefern daraus unten einen Auszug des unsere Provinz Betreffenden, und bemerken nur noch, daß es in den Marschen keine solche Steindenkmäler giebt, weil es da an Feldsteinen fehlt und der feuchte Boden so schwere Massen nicht trägt.

Auf geschichtlichen Boden treten wir erst mit der Zeit, als Römische Heere in Deutschland eindrangen. Welchen Antheil unsere Vorfahren an dem Heereszuge der von Marius besiegten Cimbern und Teutonen, oder späterhin, um den Anfang der christlichen Zeitrechnung, an der Niederlage des Varus durch Arminius genommen, ist unbekannt; gewiß aber, daß Drusus und Germanicus, und darnach andere römische Feldherren, mit ihren Heeren bis an die Mündungen der Elbe und Weser vorgedrungen sind. Aus dem Ende des ersten Jahrhunderts haben wir die frühesten historischen Nachrichten über unsere Provinz, von dem ältern Plinius und von Tacitus (s. unter № 4.). Jener beschreibt das Land, dieser die Bewohner, welche von beiden Chauken genannt und von den Friesen unterschieden werden. Die Friesen nämlich waren die Küstenbewohner (von Fries o. i. Rand), und beschäftigten sich vornämlich mit der Schifffahrt; die Chauken hingegen Binnenländer, welche etwa das jetzige Niedersachsen und Westphalen inne hatten. Ihr Name scheint sich in dem der Stadt Quakenbrück erhalten zu haben. Sie waren aber beide Stammverwandte, und werden

zu den Ingävonen oder festen Einwohnern gerechnet. In
der That ist, was sich noch jetzt von den Resten der friesischen Sprache findet, nichts anderes als ein niederdeutscher
Dialect. Merkwürdig aber, daß nach dem zweiten Jahrhundert der Name der Chauken ganz verschwindet und dem
von da an bleibenden, der Sachsen (von sahs, dem Schlacht-
messer) Platz macht: es scheint dies nicht auf einer Unterjochung der Chauken zu beruhen, sondern auf einer friedlichen Einwanderung der stammverwandten Sachsen aus
Nordalbingien (Schleswig-Holstein), welche, von den Dänen
gedrängt, sich zunächst im Lande Hadeln niederließen und
allmählich dem ganzen Landstriche, von der Elbe bis über
die Weser hinaus, ihren Namen gaben. Mehr davon s. bei
Schaumann in der Geschichte des Niedersächsischen Volkes,
Seite 5.

Bis auf die Zeit der Karolinger folgt nun eine lange
Nacht der Geschichte, aus welcher nur einige dunkle Sagen
sich erhalten haben, z. B. von der Besetzung des Landes
Hadeln durch eingewanderte Thüringer; womit vielleicht der
Name des Düring'schen Geschlechts, und der Ortschaft Düring
bei Beverstedt zusammenhängt. Auch mögen unsere Vorfahren
an den Zügen der Angelsachsen nach Britannien, in der
Mitte des fünften Jahrhunderts, so wie später an denen
der Longobarden (so genannt von ihren Barten d. i. Streit-
ärten) nach Italien Theil genommen haben: für Ersteres
spricht vielleicht der Ortsname Jork im Alten Lande, für
Letzteres die Nähe der einst berühmten Stadt Bardowiek.
Im sechsten Jahrhundert zuerst treten die Franken er-
obernd auf (d. h. die vom Römerjoche frei gewordenen
Deutschen), deren großes Reich allmählich von den Mero-
vingern auf die Karolinger überging. Am Ende des achten
Jahrhunderts führte Karl der Große seine langjährigen
und verheerenden Kriege gegen die Sachsen unter Wittekind,
welche sich damals als Westphalen an der Weser, Ostphalen
an der Elbe und Engern in der Mitte zwischen beiden unterschieden. Ortsnamen unserer Provinz, wie Frankenborstel,
Sassenholz, Hassendorf, deuten noch auf die damaligen
Völkerzüge hin. Bekanntlich ließ Karl die Sachsen zu Tausenden theils bei Verden niederhauen, oder zur Taufe in

die Aller treiben, theils in die Niederlande und nach Sach=
senhausen bei Frankfurt am Main verpflanzen. Der Krieg
endigte durch den angeblichen Frieden von Selze (802); fast
ohne irgend eine andere Bedrückung der Sachsen, als daß
sie das Christenthum annehmen mußten.

Karl stiftete nämlich die Bischofssitze zu Verden
und Bremen, welche aber ihren Sprengel erst allmählich
erwarben, je nachdem das Volk von seinem bisherigen Gö=
tzendienste wirklich abließ. Die Haupt=Götter, auch der
Sachsen, lernen wir kennen aus der Entsagungs=Formel
des heil. Bonifacius: ec forsacho (ich entsage) Thonar,
Wuotan ende Saxnot: anscheinend kam in unseren Gegen=
den noch die Morgengöttin Ostera hinzu, welche besonders
bei Osterholz verehrt sein soll. Ohne näher darauf einzu=
gehen, bemerken wir nur, daß die Religion der alten Sach=
sen ein Naturdienst war, welcher sich durch Einfachheit und
Sittlichkeit auszeichnete, und so den Uebergang zum Chri=
stenthume erleichterte. Denn er kannte keine Tempel, und
hatte sogar eine Ahnung von dem dereinstigen Untergange
seiner Götter (in der s. g. Götter=Dämmerung). Auch
bewahrte das deutsche Volk, neben roher Kraft und herr=
schender Neigung zum Trunke, allezeit den Ruhm der Treue
und Gerechtigkeit: streng geregelt war sein häusliches, und
frei und heiter sein öffentliches Leben, groß das Ansehn
der Hausfrau in der Familie, des Mannes in der Volks=
versammlung. Wenn also das damalige Kirchenthum fast
nur aus fremdartigen Ceremonien, der Anbetung häßlicher
Reliquien und dem Hersagen lateinischer Formeln bestand,
und dennoch allmählich die Deutschen bezwang, so mag
man darin wohl einen Hauptbeweis der unzerstörbaren
Herrlichkeit und Gotteskraft des Evangeliums erkennen.
Nicht der heil. Suibert, sondern Patto war der erste Bi=
schof von Verden, Willehad der von Bremen. Es existirt
eine Stiftungs=Urkunde Karls d. Gr. für das Bisthum
Bremen vom Jahre 788, deren Aechtheit zwar zweifelhaft
ist, welche aber die Grenzen gegen das Bisthum Verden
gewiß richtig angiebt*). Karl behielt übrigens die alt=

---

*) Die Linie von der Elbe bis an die Weser wird so bezeichnet:

sassische Gau = Eintheilung bei; nur daß er in die Gaue seine Grafen sandte, unter denen die von Lesmona (Lesum), Stotel und Stade nachmals Landesherren wurden. Das Bisthum Verden umfaßte den Sturm = Gau: im heutigen Bremischen war der angesehenste der Gau Wigmodi, von welchem daher oft das Land überhaupt benannt wird: er erstreckte sich entlang der Wümme durch den ganzen Süden der Provinz. Der Rosen= oder Roß=Gau enthielt die Um= gegend von Harsefeld, der Eilangau die von Heeslingen; auch die Marschen bildeten besondere Gauen, z. B. das Alte Land den der Woltsaten. Doch weiß man darüber nichts genaueres; nur die Sage spricht: Frijo's Tochter, Wigmodia, hatte drei Söhne. Aus dem uralten Unter= schiede der freien Grundbesitzer (Ethelingi und Frilingi) von den Halbfreien oder Hörigen (Lati oder Lili d. i. Leute) bildete sich von jetzt an das Verhältniß der Rittergeschlech= ter zu ihren Hofleuten.

Unter Ludwig dem Frommen vereinigte der heil. Anschar (von dem vielleicht Scharmbeck den Namen führt, wie Wilstedt von Willehad) das Hamburgische Bisthum mit dem Bremischen, und dieser Sprengel wurde später ein Erzbisthum. Anschar und seine Nachfolger wirkten

---

Lia, Steinbach, Hasala, Wimarcha, Sueidbach, Osta, Mulinbach, Mota palus, quae dicitur, Siegfri- desmoor, Quistina, Chesenmoor, Aschbroch. Wise- broch, Biverna, Uterna, iterumque Osta, palus Caldenbach, Wempna, Bicina, Faristina, usque in Wirraham. Man sieht, es werden vorzugsweise Ge= wässer genannt, und Lühe und Oste sind leicht zu er= kennen. Das Siegfriedsmoor ist vielleicht das Teufels= moor; indem man aus dem altdeutschen „hörnenen Sieg= fried" späterhin den Teufel machte. Der Mühlenbach, Otter und Bever führen auf das Kirchspiel Bevern. Von da aber muß die Grenze sich nach Sottrum an der Wümme (Wempna) erstreckt haben; denn dieses Kirchspiel hat von jeher theils zu dem Verdenschen Amte Rotenburg gehört, theils zu dem Bremischen Otterberg. Auffallend ist, daß die Weser hier nach ihrem Ursprunge Werra genannt wird. An der Enträthselung der übrigen Namen mögen sich Ortskundige versuchen. Der heutige Goldbeck und die Wieste scheinen darunter zu sein.

fort zur Pflanzung der christlichen Kirche durch Ausrottung der Ueberreste des Heidenthums. Einen solchen Ueberrest finden Manche in der Anrufung der Jodute, von welcher noch jetzt ein Joduten-Berg bei Lehe, Wulsdorf und Langen (Kirchspiel Debstedt) benannt wird. Wahrscheinlich ist es aber nur ein entstellter Name der Mutter Maria: Adjutorium nostrum (daher auch halb deutsch: St. Hülpe). — Im zehnten und elften Jahrhundert, unter dem Kaiserthum der Ottonen und Heinriche, wurden die ältesten Klöster im Lande angelegt: so um 960 Heeslingen (nachher nach Zeven verpflanzt) und etwas später Harsefeld; auch die ältesten Kirchen entstanden in dieser Zeit: wie die zu Bramstedt, deren Parochie sich über die Weser hinaus in's Oldenburgische erstreckt haben soll, zu Scharmbeck, Achim, Schneverdingen, Oldendorf und Visselhövede. Erzbischof Unwann um das Jahr 1000 soll zwölf neue Kirchen, meist aus zerstörten Götzen-Heiligthümern, erbaut haben. Der Dom zu Bremen ist in der Mitte des elften Jahrhunderts angefangen, aber erst lange nachher vollendet: der Bau des jetzigen Verdenschen begann im 13ten, und ward vollendet im 15ten Jahrhundert. Von jetzt an bildeten sich übrigens auch die Landeshoheit der Bischöfe, so wie andererseits die Freiheiten der Ritter und Städte immer weiter aus. Die Ottonen nämlich, und ihre meisten Nachfolger, konnten, mit beständigen Kriegszügen beschäftigt, um dieses fern liegende Gebiet sich wenig bekümmern; und so erlangten die Bischöfe, deren Autorität viel größer war, als die der kaiserlichen Grafen, ein Regal nach dem andern. Adeldag von Bremen und Erpo von Verden, um 980, machten hiemit den Anfang: am glücklichsten aber war darin der herrschsüchtige Adalbert von Bremen, um 1060, welcher z. B. die Grafschaft Lesmona vom Kaiser erkaufte. Da sie einmal die, viel eindringendere, geistliche Gerichtsbarkeit übten, lag es nahe, ihnen auch die bürgerliche zu übertragen; und da sie die geistlichen Zehnten erhoben, bekamen sie (gegen eine dem Kaiser zu zahlende runde Summe) leicht auch die fürstlichen Steuern in ihre Hand. Die Gauen und Grafschaften wurden dann in Archidiakonate verwandelt, und von den Archidiakonen,

wie von geiſtlichen Grafen, verwaltet: die Biſchöfe aber
legten zur Befeſtigung ihrer Herrſchaft, vielerwärts feſte
Schlöſſer an, als Ottersberg, Rotenburg, Hagen und Bremervörde, und die kleineren: die Burg vor Leſum, die
Stintenburg bei Geeſtendorf, die Wittenburg bei Blumenthal, die Segeburg bei Wulsdorf, die Schlickenburg bei
Neuhaus, die Cranenburg bei Hechthauſen, den Kiek in de
Elve und die Schwingenburg bei Stade. Dieſe aber, und
andere damalige Ritterburgen, müſſen nicht ſehr feſt gebaut geweſen ſein: denn nirgends ſind Ruinen davon bis
auf unſere Tage geblieben. — Um indeſſen den Anſprü-
chen der Kaiſer und anderer mächtiger Fürſten, z. B. Heinrich des Löwen, zu genügen, mußten die Biſchöfe von Bremen und von Verden, da ſie vermöge des Cölibats kein
Erbgut beſaßen, bald die Ritter und bald die Städte um
Geld anſprechen; was dann von dieſen zur Erlangung
wichtiger Privilegien benutzt wurde. Die Ritter ſpannten,
ſeit der erſten Ständeverſammlung im Jahre 1397, die
Forderungen an ihre geiſtlichen Oberherren immer höher,
und befeſtigten, was ſie erlangt hatten, durch die Sammlung des bremiſchen Ritterrechts. Die Stadt Bremen nahm
ſchon 1111, den Erzbiſchöfen gegenüber, die Reichsfreiheit
in Anſpruch, welche ihr freilich noch lange nachher be-
ſtritten wurde. Auch die kleineren Städte, Verden, Burtehude und Stade, haben auf dieſe Art mancherlei Gerecht-
ſame erlangt. Die Marſchen aber, als ſie unter die Gewalt der Biſchöfe kamen, ließen ſich wenigſtens ihr altes
Gewonheitsrecht nicht entreißen; und ſeit dem 15ten Jahrhundert wurde daſſelbe aus der mündlichen Ueberlieferung
in Schrift gefaßt. So das Ofterſtader Landrecht, die Wur-
ſter Willkühr, das Rehdingſche Statut und das Rechts-
buch der Altländer.

Zu den merkwürdigen Ereigniſſen aus der erſten
Hälfte des Mittelalters gehören, um das Jahr
1000, die Einfälle Normänniſcher Seeräuber, Askomannen
(wahrſcheinlich von ihren Schiffen) genannt, welche das
Land von Otterndorf bis Stade wiederholt ausplünderten,
endlich aber bei dem Glinder-Moor (unweit Bremervörde)
eine große Niederlage erlitten. Im 12ten Jahrhundert

ist besonders wichtig die Einwanderung niederländischer Colonisten, welche Erzbischof Friedrich um 1106 zu vollständigerer Eindeichung der Marschen in das Land zog, und welche dadurch in den Besitz namentlich des Alten Landes kamen. Aber es war das nur eine Fortsetzung der Zuzüge, welche die Marschen schon lange vorher aus Friesischem Stammes-Interesse erhalten hatten: die Gemeinde Hollern im Alten Lande, der Hollerdeich in Kehdingen, das Hollerland bei Bremen, vielleicht selbst das Hadeler Land bewahrt davon noch das Gedächtniß; und wer weiß, ob nicht auch das Alte Land (Olland) von Holland seinen Namen trägt? — Um dieselbe Zeit war die Grafschaft Stade, welche auch Ditmarschen in Holstein, also beide Gestade der Elbe umfaßte (wohl die natürlichste Ableitung des Namens), nach dem Aussterben des gräflichen Hauses, an .den Herzog zu Sachsen, Heinrich den Löwen gekommen: als dieser aber mit dem Kaiser Friedrich Barbarossa zerfiel, wurde sie 1180 dem Erzbischof Siegfried zugesprochen: dessen Nachfolger gelangten jedoch erst nach wiederholten Kämpfen in den Besitz. Der Verkehr zwischen Stade und dem jenseitigen Ditmarschen scheint damals sehr stark gewesen zu sein: er hörte aber auf, als die Ditmarscher sich 1224 nach der Schlacht bei Bornhöved, von der erzbischöflichen Oberherrschaft befreiten. Auch das Land Hadeln, um den Erpressungen des Bremischen Domkapitels zu entgehn, huldigte nach dem Falle Heinrichs des Löwen dem Herzog Bernhard von Lauenburg, und verblieb bei dessen Nachkommen bis 1731. — Mit dem Jahre 1187 begannen die Kreuzzüge der Erzbischöfe gegen die ketzerischen Stedinger diesseits und jenseits der Weser, deren eigentliches Verbrechen wohl nur ihr Reichthum war und die Behauptung altfriesischer Freiheiten. Man bemäntelte dadurch die Nichttheilnahme an den Kreuzzügen in's heilige Land, und erweiterte in diesem heiligen Kriege zugleich das Stiftsgebiet. Der auf beiden Seiten mit unerhörter Rohheit geführte Kampf wurde erst 1234 durch Erzbischof Gerhard II. beendigt, mit Zerstörung der Burg Stotel und völliger Unterjochung der armen Stedinger. Damals lebte der gelehrte Abt Albert im Kloster zu Campe

vor Stade, ein ernster Mann, welcher im Eingange seiner
bekannten Chronik also über seine Zeit urtheilt: „Vielleicht
wird von den Nachkommen gefragt werden, wie der Zustand
unseres Jahrhunderts beschaffen gewesen? Wir antworten
ihnen: rara fides ideo est, quia multi multa loquuntur.
Alle rauben, was ihnen nicht gehört; Wenige opfern, was
ihnen gehört. Wir fürchten in der That, daß das Wort
Christi jetzt vor der Thür sei: dieweil die Ungerechtigkeit
überhand genommen, erkaltet die Liebe in Vielen (Matth.
24, 12.)"

Im späteren Mittelalter wurden um 1350 die
freien Kehdinger von den Erzbischöfen Gieselbert und Bur=
chard längere Zeit mit Krieg überzogen und, weil es ihnen
an Gemeingeist fehlte, unterworfen: sie behielten zwar ihre
freiere Communal=Verfassung; aber viele ihrer Güter wur=
den den Rittern geschenkt, welche Kriegshülfe geleistet hat=
ten. — Aus dem Ende des funfzehnten Jahrhunderts
(1498) ist zu merken der Raubzug der schwarzen Garde
unter Junker Slenz, angestiftet durch die Herzöge von
Lauenburg, welche dem Erzbischof Johann (Rode) das
Land Wursten entreißen wollten: derselbe mißlang jedoch,
und die zusammengelaufene Schaar wandte sich darauf nach
Ditmarschen. Uebrigens scheint der Zustand der Provinz
im vierzehnten und funfzehnten Jahrhundert kein übler
gewesen zu sein: er bewährte das Sprichwort, daß unter'm
Krummstabe gut wohnen sei. Denn Justiz und Polizei
wurden mit geistlicher Strenge verwaltet; große Kriege
blieben fern; der Abgaben waren wenige, und der Handel
blühete; wodurch namentlich Stade sich bedeutend hob. Aus
dieser Zeit stammen auch die meisten unserer alten massiven
Gotteshäuser und die Ornamente darin: Bilder, Orgeln,
Glocken und bronzene Taufgefäße.

Im Ganzen saßen auf dem bischöflichen Stuhle zu
Bremen bedeutendere Männer, als auf dem zu Verden:
jene waren freilich überdies die ungleich mächtigeren. Zu
ihnen gehörte auch, um 1480, der eben erwähnte Johann
Rode, der letzte Erzbischof von bürgerlicher Herkunft. Um
das Domkapitel zu beschwichtigen, wählte er klüglich den
Herzog Christoph von Braunschweig, welcher bereits Bischof

von Verden war (**1500**) zu seinem Coadjutor; und un=
ter diesem Fürsten fand die Kirchenverbesserung in
den hiesigen Landen Eingang.

Wie es damit zugegangen, kann hier nicht ausführ=
lich erzählt werden: auch liegt sehr Vieles davon im Dun=
keln. Wir beschränken uns deshalb auf folgende That=
sachen. Schon **1521** wurde im Lande Hadeln das Evan=
gelium gepredigt, um **1522** in Bremen durch Heinrich
(Müller) von Zütphen, in Stade aber durch Johann Holl=
mann. Begünstigt wurde das Werk durch den Anstoß,
welchen der im Volke herrschende gute Geist an den Miß=
bräuchen des Pabstthums, wie an der Willkühr-Herrschaft
des Erzbischofes nahm: die Landleute wurden hauptsächlich
angezogen durch den Zauber der niedersächsischen Predigten
und Gesänge statt der bisherigen lateinischen, die Ritter
und Städte wohl auch durch die Aussicht auf kirchliche
oder weltliche Vortheile. Daß dabei einzelne Rohheiten
vorfielen, wie die Ermordung des Paters zu Bisselhövede
(s. unten), kann bei der Erbitterung des Volks nicht Wun=
der nehmen. Auch die Geschichte des in Verden **1526**
verbrannten Mönchs Johann Bornemacher giebt ein Bei=
spiel von der in jener Zeit zum Theil noch trüben Gäh=
rung der von der evangelischen Wahrheit aufgeregten Ge=
müther. Christoph vermogte die Bewegung, schon um seiner
beständigen Geldverlegenheiten willen, nicht zu hemmen;
doch blieb er bis an sein Ende ein erbitterter Feind der
Reformation, und ließ sie wenigstens in Verden, wo er
gewöhnlich residirte, nicht aufkommen. Auch im Bremen=
schen kämpften noch geraume Zeit Papismus und Prote=
stantismus mit einander um die Herrschaft, so daß sich
kaum ein bestimmtes Jahr des Sieges des Evangeliums
in einzelnen Oertern angeben läßt. Der langwierige Krieg,
welchen der Erzbischof zur Unterjochung der auf ihre Frei=
heit eifersüchtigen Wurstfriesen führte (von **1516** bis **1557**),
hatte ebenfalls ihren Uebertritt zur lutherischen Lehre mit
zum Vorwande: denn sie gaben sich **1534** sogar eine eigene
Kirchenordnung (s. unten). Ihre erste Niederlage ist be=
rühmt durch den Tod einer ungenannten heldenmüthigen
Jungfrau, welche ihnen die Fahne voran trug. Sie wur=

den geschlagen, so oft die trockene Jahröszeit der Reiterei Christophs den Zugang verstattete: wenn sie hingegen ihr Land unter Wasser setzen konnten, war ihnen Nichts anzuhaben. Endlich unterlagen sie den wilden Wrisbergschen Freischaaren, retteten aber doch im Friedensschlusse einen Theil ihrer alten Privilegien.

Christoph's Nachfolger zu Verden sowohl, als zu Bremen ließen die Reformation gewähren, weil sie sie nicht aufhalten konnten, wenn sie auch für ihre Person dem Pabstthume treu blieben. Im Jahre 1567 aber bekannten Eberhard von Holle zu Verden und Heinrich III. zu Bremen sich öffentlich zu der reinen Lehre, und vollendeten deren Einführung in ihrem Sprengel. Die Domkapitel wählten nun in der Regel Bischöfe aus den fürstlichen Häusern Braunschweig-Lüneburg und Dänemark-Oldenburg; und diese regierten ganz als weltliche Landesherren; nur daß sie, der Capitulation gemäß, im Cölibat lebten. Die Verwaltung des Landes wurde durch ihre Canzlei in Bremervörde wahrgenommen: sie war ebenfalls milde; indem die Provinz weder durch hohe Steuern, noch durch die Religionskriege im mittleren Deutschland gedrückt wurde. Die hundertjährige Geschichte dieser protestantischen Bischöfe (bis auf den Westphälischen Frieden) ist aber weniger bekannt, als es für die Kenntniß der Entwickelung unserer Verhältnisse zu wünschen wäre. Wir gedenken hier nur der hardenbergischen Unruhen in der Stadt Bremen (um 1560), wodurch daselbst die reformirte Confession zur Herrschaft gelangte: eine Folge davon war, daß die, der Stadt angehörenden, Gemeinden Lehe, Ringstedt, Holßel, Blumenthal und Neuenkirchen bis auf den heutigen Tag reformirt geblieben sind. Aber eine römisch-katholische Gemeinde ist bis jetzt in der Provinz nicht vorhanden gewesen.

Schwere Drangsale ergingen über das Land während des dreißigjährigen Krieges, indem es von Freund und Feind, Kaiserlichen und Mansfeldischen Völkern, Dänen und Schweden wechselsweise ausgesogen und verwüstet wurde. Dies traf jedoch weniger die armen und isolirten Haidedörfer; auch nicht die Marschen, deren Heerstraßen

durch Regengüsse so leicht unwegsam werden: desto stärker
aber wurden die Flecken mit festen Schlössern heimgesucht,
als Ottersberg und Rotenburg, Bederkesa und Langwe=
del; am stärksten die befestigte Stadt Stade. Im Jahre
1629 wurde, gemäß dem s. g. Restitutions=Edicte, in Ver=
den und Stade das Pabstthum sehr gewaltsam wieder her=
gestellt; aber dieser letzte Versuch scheiterte schon nach we=
nigen Monaten mit der Ankunft Gustav Adolphs von
Schweden in Deutschland. Gegen Ende des Krieges wur=
den die beiden Bisthümer von den Schweden unter Graf
Königsmark erobert, um als Pfand für die Kriegskost n
zu dienen; und so gingen sie denn, durch den Friedens=
schluß von Münster und Osnabrück (1648), unter dem
Titel von Herzogthümern, an die Krone Schweden
über. Dabei hatte man ihre bisherigen Gerechtsame ga=
rantirt; und nachdem der Sitz der Regierung nach Stade
verlegt worden war, erschienen treffliche Verordnungen zur
bessern Organisation des Landes. Aber nur Weniges
hievon gedieh zur Ausführung; abgerechnet, daß man die
Lutherische Confession, als Schweden's Panier, mit großem
Eifer schützte. Um diese Zeit trat allmählig das Hoch=
deutsche als Kirchensprache an die Stelle des Niederdeutschen.
Bezeichnend aber ist, daß noch um 1650, besonders in
Verden und dem Lande Hadeln, viele Hexen verbrannt
wurden; bis endlich die Regierung diese grausamen Pro=
cesse untersagte. — Graf Königsmarck, als erster Gouver=
neur, behandelte das Land so ziemlich wie eine eroberte
Provinz; und die Königin Christina, wie auch ihr Nach=
folger Karl X., verschenkten mit verschwenderischer Hand
Kirchengüter und Domänen an ihre Feldherren und Günst=
linge: auch durch die gewaltsame Wiedereinziehung der
Güter unter Karl XI., im Jahre 1680 wurde die Ver=
wirrung nur größer. Hiezu kamen zweimal (1675 und
1712) feindliche Einfälle der Dänen in die Herzogthümer,
wobei die Festung Stade bombardirt und erobert wurde,
und das Kriegsunglück des phantastisch tapfern Karl XII.
in Rußland ruinirte die Provinz vollends. Die etwa
sechszigjährige Schwedische Herrschaft ist daher keine Wohl=
that für das Land gewesen; und die Bewohner begrüßten

mit Freuden dessen Abtretung an Hannover, zuerst durch Dänemark (1715) und dann auch durch Schweden. Etwas später (1731), nach dem Aussterben der Herzöge von Lauenburg, kam auch das Land Hadeln unter Hannoversche Hoheit, behielt aber seine gesonderte Verfassung. Nun wurde eine, vom Ministerio in Hannover ziemlich unabhängige, Regierung in Stade eingerichtet, welche zwar sehr milde verfuhr, die alten Rechte und Privilegien achtete, und das Land nicht mit hohen Steuern beschwerte, aber auch allzu sehr in den Händen des Adels war, und wenig that zur Verbesserung der allgemeinen und Communal-Zustände. Die französische Fremdherrschaft (von 1810 bis 1813) wurde von den Bewohnern als etwas Vorübergehendes hoffnungsvoll ertragen: sie brachte aber doch Ein Gutes, die erste Chaussee der Provinz, die s. g. Kaiserstraße von Harburg nach Bremen. Mit dem Regierungsantritte des sel. Königs Ernst August (1837) ist ein erfreulicher Wechsel eingetreten; denn jetzt zuerst, seit dem dreißigjährigen Kriege, „war wieder ein König im Lande." Durch Ablösung der grund- und gutsherrlichen Rechte ist seitdem für die Emancipation des Landsmanns, durch ein neues Volksschulgesetz für den öffentlichen Unterricht, und durch Chaussee- und Kanal-Bauten für Beförderung des Verkehrs kräftig gesorgt worden. Wohl die wichtigste Maaßregel ist aber die Durchführung der Gemeinheits-Theilungen, als wodurch eine mehr als tausendjährige sassische Eigenthümlichkeit beseitigt wird. Das Jahr 1848 hat Aufhebung aller Exemtionen, Trennung der Justiz von der Administration, öffentliche Schöffen- und Schwurgerichte, und das Institut der Kirchen- und Schulvorstände gebracht — Einrichtungen, deren Heilsamkeit erst die Folgezeit bewähren muß. Gott erhalte den König!

Am Schlusse dieser Uebersicht scheint es nicht unangemessen, einige berühmte Männer aus neuerer Zeit, welche den Herzogthümern angehören, namhaft zu machen.

Die Astronomen Olbers (aus Arbergen) zu Bremen, Schröter zu Lilienthal, und Encke zu Berlin (aus Meyenburg).

Die Historiker Heeren (aus Arbergen) zu Göttingen und Luden (aus Lorstedt) zu Jena.

Die Gebrüder Tiedemann (der Philosoph zu Marburg und der Naturforscher zu Heidelberg) aus Bremervörde.

Die Professoren der Chirurgie und Anatomie Langenbeck sen. (aus Horneburg) zu Göttingen, und Langenbeck jun. (aus Sandstedt) zu Berlin.

Der Maler Freund (aus Uthlede) zu Kopenhagen und der Mechaniker Repsold (aus Bremen) in Hamburg.

Die Urkunden-Forscher Landrath von Wersebe aus Meyenburg, Archivar Dr. Lappenberg (aus Lesum) in Hamburg und Oberamtmann Wedekind zu Lüneburg (aus Bisselhövede).

Die Staats-Minister in Hannover von Schulte und von Bremer, von der Decken und von der Wisch.

Gelehrte Theologen: General-Superintendent Ruperti in Stade und Pastor Rotermund in Horneburg (starb als Dompastor in Bremen).

Patriotisch thätige Beamte: der Geheime Regierungsrath Haltermann zu Stade, der Amtmann Hintze zu Ottersberg, und der Moor-Commissair Findorf in Bremervörde.

1.

Das Bremische Moor.

(Nach zwei Aufsätzen im Bremer Sonntagsblatte, 1853, № 26 und 1854 № 46, 47; von Herrn Hermann Allmers.)

Das weite Flachland, welches die Herzogthümer Bremen und Verden bildet, scheint zwar sehr einförmig zu sein, bietet aber doch die auffallendsten und merkwürdigsten Contraste dar, welche sich kurz zusammen fassen lassen in den Namen: Geest, Marsch und Moor. Die Geest ist der älteste Theil des Bodens, nämlich ein Hochland, aus Lehm und Sand gemischt; dergestalt daß wo der Lehm vorherrscht, die fruchtbare Geest sich findet, die Haide hingegen, wo der Boden mehr sandig ist. Von der Haide sagt man im Lüneburgschen scherzend: „sie schämt sich, daß sie keine Ernte bringt; darum wird sie roth." Die Marsch verdankt ihren Ursprung den Ueberschwemmungen der Elbe und Weser und besteht aus fettem Thonboden, in welchem fast kein Steinchen zu finden ist. Zwischen beiden dehnt sich das Moor aus, ein Sumpfland mit ungeheuren Lagern verkohlter Pflanzentheile. Diese drei Landstriche geben nun auch den Bewohnern desselben einen eigenthümlichen Charakter; dem Lande wie den Leuten nach, könnte man der Geest ein sanguinisches Temperament zuschreiben, der Marsch ein phlegmatisches und dem Moor ein melancholisches. Wir wollen uns hier das Moor näher betrachten.

Man unterscheidet Hochmoore auf der hohen Geest, Wiesenmoore, welche den Uebergang von der Geest zur Marsch bilden und Marschmoore, welche sich, wiewohl seltener, mitten in der Marsch finden.

Ein Moor bildet sich in Niederungen, in welchen Wasser versumpft, und zwar besonders, wenn es durch Quarzsand, Granit und andere Urgebirgsarten sickert,

äußerst wenig, wenn durch Mergel, Kalk und Lehm. Seine
Entstehung geschieht in folgendem Stufengange. Zuerst
zeigen sich schleimige Wasserfäden (Conferven), welche nach
Jahren den ganzen Sumpf in eine dicke grüne Masse ver-
wandeln. In diesen wurzelt dann das Torfmoos, die bedeutendste aller Moorpflanzen, welches alle Winter zusammen sinkt, alle Frühlinge neu empor quillt, und allmählich
dichte Polster bildet, in welchen dann andere, mehr holzige
Pflanzen Boden finden können. Das Wollgras stellt sich
ein, die Sumpfhaide u. s. w. und zuletzt der stark riechende
Gagelstrauch, welche fortwuchernd zuletzt die ganze Niederung ausfüllen. Aber wie viele Jahrhunderte waren erforderlich, um die vorhandenen, aus vermoderten Pflanzen-
geschlechtern bestehenden, Torflager von 30, 50, ja 80 Fuß
Tiefe hervorzubringen!

Tief im Grunde der ältesten Moore findet man häufig
Ueberreste von zahlreichen einheimischen Waldbäumen, wild
durch einander liegend, und zum Theil verkohlt oder mit
Erdöl durchzogen, so daß sie den Bewohnern des Moores
als Lichtfackeln dienen. Daß sie an Ort und Stelle gewachsen, ist nach der Boden-Beschaffenheit nicht glaublich:
wahrscheinlich sind sie durch mächtige Wasserfluthen herge-
schwemmt.

Die Wiesenmoore treten wie ein Keil hervor, je nachdem entweder die Marsch oder die Geest in eine Spitze
ausläuft. So bei Stotel, Wulsdorf und Geestendorf.
Mitten in denselben finden sich hie und da höchst seltsame
Wasserbecken, sehr tief, und meist gefüllt mit klarbraunem,
eisigkalten Wasser, oder auch mit einem dünnen schwarzen
Schlamme. Hier treten dann Schilfgräser an die Stelle
des Torfmooses, und überziehen das Ganze mit einem eng-
verfilzten Gewebe, so daß zuletzt runde schwimmende Wiesen entstehen, Dobben genannt. Gefährlich ist's, diese
Dobben zu betreten, wenn sie noch nicht ganz zugewachsen
sind; und auch späterhin zittert der zähe Boden, wenn er
mit Pferden und Wagen befahren wird. Diese Eigenschaft
hat der Moorboden überhaupt; ja nicht selten bildet er ein
schwimmendes Land, wovon das Dorf Waakhausen im
Amte Osterholz das berühmteste Beispiel ist.

Die Marſch-Moore ſind ebenfalls mit der Fluth her-
angeſchwommen und bei der Ebbe auf der Marſch liegen
geblieben; daher ſie denn auch nicht fortwachſen können,
weil das Marſchwaſſer kein Moor erzeugt. So das große
Kehdinger Moor zwiſchen dem Lande Kehdingen und Oſten.

Die oberen Moor-Schichten liefern den weißen leichten
Torf, welcher hell brennt, aber wenig hitzt; der mit Sand
oder Thon vermiſchte iſt ſchwer, brennt aber ſchlecht.
Tiefer ſitzt der gute Ofentorf, ſchwarzbraun von Farbe,
eine ſchwere Maſſe von verkohlten Vegetabilien. Ganz zu
unterſt findet ſich ein ſchwarzer Brei, welcher an der Sonne
getrocknet und in Soden zerſchnitten, faſt der Steinkohle
an Hitzkraft gleichkommt, der ſ. g. Backtorf.

Zur Verſchiffung des Torfs, wie zur Entwäſſerung
der Moore ſind Kanäle erforderlich, und die Zahl derſelben
hat in neueren Zeiten ausnehmend zugenommen. Dadurch
haben denn auch die Moore viel von ihrer frühern Einöde
verloren; hin und wieder nämlich ſind nach dem völligen
Abſtechen der Torflager fruchtbare Wieſen entſtanden, und
anderwärts wird durch das ſ. g. Moorbrennen eine Rocken-
und Buchweizen-Ernte gewonnen. Man bricht dabei den
Moorboden leicht um und zündet die Oberfläche an, wodurch dieſelbe milder und von der wenigen Aſche gedüngt
wird. So in Gnarrenburg, Grasberg und Worpswede.

Das eigentlich wilde Moor aber gewährt noch immer
einen tief melancholiſchen Anblick durch ſeine ſchwarzbrau-
nen Flächen, welche nur von ſchwarzen Torfhaufen und
elenden Hütten unterbrochen werden. Hierzu kommt, daß
die Stille daſelbſt nur von wenigen Thierarten belebt wird,
als dem Birkhuhne, der Moorſchnepfe, dem Rohrdommel,
und der geſpenſtiſchen Sumpfeule: ſelbſt Inſecten ſind ſel-
ten, und nur die Kreuzotter, Eidechſen und Fröſche finden
ſich häufig. Der Grund hievon liegt wohl in der eigenthümlichen Kälte des Moorbodens, welcher das Wintereis
lange bewahrt, ſo daß die Torfgräber oft noch in der
Mitte des Juni auf Eisſchichten ſtoßen.

Auch die Flora der Moore iſt zwar nicht ſehr mannch-
faltig, bietet aber doch vie. Intereſſantes dar. Der
Gagelſtrauch, die nordiſche Myrthe genannt, hat grau-

grüne schmale Blätter, und zeichnet sich durch einen betäu-
benden Duft aus. Zierlich ist die Moosbeere, welche mit
ihren feuerrothen Beeren sich über das feuchte Moos ausbreitet. Die fußhohe Parnassia hat eine schneeweiße Blüthe:
ihre Staubfäden bewegen sich von selbst nach einer gewissen
Reihenfolge. Und dieselbe Reizbarkeit an den hellgrünen
Blättern hat auch der niedliche Sonnenthau, mit cristall-
klaren Tropfen bedeckt. Besonders merkwürdig aber ist
der Wasserschlauch: er bildet nämlich kleine runde Blasen
mit einem Deckel, welche regelmäßig den Winter über mit
Wasser gefüllt sind, im Juni aber sich desselben entleeren.
Wildwachsende Bäume fehlen gänzlich; angepflanzt aber
wird vornehmlich die Birke, deren weiße Schale gespenstisch
gegen den dunkeln Boden absticht.

Die Bremischen Moore durchkreuzen von Lesum ab
die ganze Landdrostei Stade, fast vier Quadratmeilen groß
zwischen der Wümme, Wörpe und Hamme: ihre wüsteste
Gegend ist, wie schon der Name andeutet, das Teufels-
Moor. Nur an zwei Punkten bieten sie bequeme Pässe,
bei Gnarrenburg, wo die Tilly'schen Schaaren abgewehrt
wurden, und bei Bremervörde. Hier spalten sie sich in
drei breite Arme: der südöstliche läuft als „Hohes Moor"
nach Stade zu, und zieht sich von da ab als „Großes oder
Königsmoor" nach Nordwesten das Land Kehdingen entlang
bis Oederquart, von den anliegenden Ortschaften besondere
Namen führend (Bützflether, Drochterser Moor u. s. w.).
Der mittlere folgt der Oste, bis dahin, wo der Fluß östlich
ausbiegend eine Halbinsel bildet: dies ist das „Große Moor",
welches bei Basbeck endet. Der dritte und mächtigste
Zweig, das „Lange Moor" wendet sich bei Bederkesa wieder nach Westen: die Wasserfluthen, womit es bisher das
Hadeler Sietland bedrohte, sind jetzt durch den großen
Neuhaus-Bülkauer Kanal beseitigt. Schauerlich sind die
nur im hohen Sommer zugänglichen „fünf Seen" in der
großen Moor-Wüstenei zwischen Wester-Ihlienworth und
Neuenwalde.

Die Bewohner der Moore, welche Kanäle in der Nähe
haben, sind längst zu einigem Wohlstande gelangt. Diejenigen aber, welche noch ohne Kanäle im Sumpfe sitzen,

bleiben im Winter fast von allem Weltverkehr, selbst von ihren Nachbaren, abgeschlossen, und haben oft mit der bitterften Armuth zu kämpfen. Die Colonien, welche die Regierung in solchen Gegenden angelegt hat (z. B. bei Gnarrenburg und Worpswede und in Hymendorf) kommen derselben meist theuer zu stehen. Die Lage der Schullehrer unter diesen Torfbauern ist neuerlich verbessert worden; aber noch immer müssen sie im Sommer, um nicht Noth zu leiden, an der schweren Arbeit des Torfstechens Theil nehmen.

2.
Die Marschen.
(Aus dem Bremer Sonntagsblatt von 1853 № 36.)

Die reichen Borten eines unscheinbaren Gewandes, so lagern sich rings um Geest und Moor die Marschen, die Kornkammern des Landes, die Heimath alten Sinnes für Unabhängigkeit. Im Innern Deutschlands, weiter entfernt von den Küsten, macht man von der Natur dieser üppig fruchtbaren Gefilde sich eben so wenig einen Begriff, wie der Bewohner des Flachlandes vom Gebirge. Schmaler Breite, oft kaum von einer Stunde, aber unabsehbar in der Länge, zieht sich die Ebene dahin, vollständig wagerecht für das Auge, welches über die nächsten bogig gewölbten Felder mit den Gräben dazwischen in die Weite hinausschaut. Wie Inseln, fast wie Hügel, ragen die einzelnen Gehöfte hervor, in den Elbmarschen von Eichen, Eschen und Baumgärten umgeben; der Deich erscheint hier als eine Höhe; wie eine sanft wogende Wasserfläche wiegt sich das Korn, besonders wenn weithin Breiten mit demselben Getreide bestellt sind, Weizen, Bohnen in riesiger Höhe, Wintergerste, Hafer, besonders auf frisch umgebrochenem Grasland. — Alles neigt die schweren Häupter; vor Allem besprochen ist aber der Rapps. Es prangt die Marsch in ihrer höchsten Schönheit, wenn seine Felder in

golbener Blüthe leuchten, die Lüfte auf weite Fernen duft=
geschwängert sind, wie später wieder in der Bohnenblüthe;
aber golden fällt auch der Ertrag in den Säckel, wenn
der Rapps geräth. Schlägt er fehl, „kommt der Wurm
hinein“, so hat mancher Hausmann wohl eine bange
Berechnung zu machen, denn Hunderte von Thalern hat
der größere als Ausfall zu decken. Desto lauter der Ju=
bel bei guter Ernte; fast sprüchwörtlich sagt man, einige
Wochen sei dann mit dem Marschbauer nicht auszukommen;
die Wirthe aber haben gute Zeiten.

Massen von Vieh, Kühe und Pferde, weiden schon
binnen Deichs; keines Hirten bedürfen sie; die Gräben
sind hinlänglicher Schirm; den Einen Zugang verschließt
das „Heck“, die roheste Form eines Thores. Aber im
Außendeich ist fast Alles Weide, und ganze Schaaren der
Thiere kann man bei nahender Fluth vom Bord des Dam=
pfers hart am Wasser sehen; zuweilen ist ihnen ein Schirm=
dach gegen die drückende Sonne errichtet, stets aber steht
in ihrer Nähe, gewöhnlich auf einer Worth, der Scheuer=
pfahl. Nach der künstlichen Höhe rettet sich das Vieh
bei plötzlich eintretenden Hochfluthen. In den Rindern
und Pferden steckt ein großer Theil des Reichthums der
Marschen. Viele der ersteren gehen „weidefett“ nach Eng=
land; die Pferde, jetzt meistens veredelt, viel Halbblut
und schon Vollblut, sind ein Hauptausfuhrartikel, um des=
sen Vertrieb der Bauer sich keine Sorge zu machen hat;
auf den Höfen schon werden die jungen Thiere aufgekauft;
den Rest räumen die Märkte; 30 bis 40 Louisd'or erhält
schon nicht selten der Züchter; die guten Stuten sind ihm
für keinen Preis feil. — Ein Thier hätte ich fast ver=
gessen: den „Äbär“, den Schlangenträger (adebaro), wie
unsere Altvordern den Storch nannten, der fast zum Hofe
gehört, der nirgend fehlt auf den Weiden, noch jetzt ein
Gegenstand gläubiger Scheu und Achtung. Auf den „Sän=
den“ (den Inseln) mit dem zuletzt angeschwemmten, noch
niedrigen Außendeich, den die Fluthen noch öfter, als das
übrige Land überströmen, concentrirt sich die Fruchtbarkeit
der Marsch; die üppigen wilden Gewächse sind dafür der
beste Beweis; nur die tropische Gluth fehlt den übrigen

schon vorhandenen Bedingungen, um Sunderbunds und
Dschungeln uns in nächster Nähe zu zeigen. Wer hier
nicht aufgewachsen, sieht mit Staunen diese üppige Kraut=
Vegetation, auch wenn er die Schönheit der Waldeswiesen
kennt, die man hier freilich vergeblich sucht. „Reeth"felder
aber wogen im Winde, ein Reiter hoch zu Rosse wäre
wohl darin verborgen; sie liefern das schwerbezahlte beste
Dachstroh; Weiden=„Kneien", Anpflanzungen zur Erzeu=
gung des diesen Landen so wichtigen „Busches" zur Ufer=
befestigung schießen mit staunenerregender Kraft in die
Höhe, dazwischen die Riesendolde unserer Flußmündungen,
die Archangelica littoralis, mit ihrem braunen, oft arm=
dicken Stengel, ihren leicht 2 Quadratfuß deckenden gefie=
derten Blättern. Selbst das „Watt", welches täglich bei
Fluth der Fluß überströmt, um es mit der Ebbe zu ver=
lassen, selbst dieses ist oft hoch mit Binsengräsern, dem
„Raddich", bewachsen. Eine andere Pflanzenwelt bieten
die zahllosen Gräben; ihre Königin, „die weiße Teichrose",
erscheint aber etwas landeinwärts, in den tiefen Gewäs=
sern mit moorigem Grunde.

Der Boden, welcher alles dieses erzeugt, ist ein Pro=
duct des Flusses, alles ist angeschwemmt in einer senkrech=
ten Höhe von 1½ bis 7 Fuß. Von oben her trägt das
Wasser die „Klei="Erde diesen Fluren zu, so fett und
fruchtbar, daß wohin die überschwemmenden Fluthen noch
steigen, der Boden keines Düngers bedarf; Schiffe holen
diesen als Handelsartikel für die Geest von den Sänden
und dem Außendeich. Bindend ist diese Erde, kalkhaltiger
Thon, aus dem ohne Weiteres Ziegel gebrannt werden
können. Ueberall, wenigstens an der Elbe, sieht man im
Sommer die rauchenden Oefen, und die flachen Felder be=
weisen jedesmal, daß hier das Land „abgeziegelt" sei; ganze
Schaaren wandern im Frühlinge zur Brennarbeit ein, alle
aus Lippe, und „Lipper" und Ziegelbrenner ist in diesen
Gegenden gleichbedeutend. Sobald es regnet, macht eine
solche Erde aber alle Wege grundlos, bei dem Mangel der
Chausseen kommt der leichteste Korbwagen dann nur mit
4 Pferden fort; oft ist Reiten, bei Schneefall nach leich=
tem Frost nur Fußgehn, das einzige Verbindungs=Mittel.

Kein Steinchen findet sich im Kleiboden, doch ist er verschieden in der Elb- und Weser-Marsch. Dort ist er tho-
niger, weniger Sand haltend, daher bindender und schwerer, für den schwersten gilt der des nördlichen Kehdingens;
Weide, welche nicht vom Wasser überfluthet wird, trägt
nach einigen Jahren Moos und fordert das Umbrechen;
der „Duwok", equisetum palustre, ist der Fluch dieser so
gesegneten Fluren. Die Wesermarsch ist sandiger, oft nur
1½ Fuß tief, die Arbeit weniger abhängig vom Wetter,
Moos und Duwok plagen nicht so allgemein und der
lockere Boden trägt reich die Krone der Futtergräser, den
Wiesenfuchsschwanz.

Da der Fluß die Marsch bildet, so ist sie am höchsten hart am Strome, aber doch nur wenige Fuß über
den Sommerfluthen und bei jedem höhern Wasser überströmt, wenn die Deiche nicht schirmen. So ist der Außendeich oft merklich höher, als der Binnendeich, den kein
„Schlick" mehr wachsen läßt; dieser nimmt an Höhe ab
gegen die Geest; das Moor bildet, wenn der Torf es nicht
schon beträchtlich aufgetrieben hat, eine muldenförmige
Senke zwischen Geest und Marsch. Kleierde liegt oft noch
unter ihm, oft diese auf Moor, zwischen beiden zuweilen
eine unfruchtbare, kalklose Schicht: „Darg", in einigen
Gegenden „Maibult" genannt. Sie verdürbe jeden Boden,
auf den sie geworfen, die Arbeiter untersuchen daher mit
Scheidewasser die aufgeschlagene Erde; wenn sie darunter
brauset, ist sie gut. Die Geest zeigt in ihrem steil abfal-
lenden Rande mit den ausgewaschenen Busen noch deutlich
das Flußufer, und die Anwohner erzählen, wie das Wasser vor 100 oder einigen hundert Jahren dort geströmt;
aber der Anschein täuscht sie: lange ehe die Deiche waren,
während das Moor sich bildete, konnte kein Schlickwasser
hier strömen: die Zeiten waren einmal, aber sie liegen
weiter zurück; von ihrem Dasein zeugen die im Moor gefundenen Reste von Schiffen. Und bis heute hat der Fluß
sein Anrecht auf die von ihm erzeugten Gebilde nicht auf-
gegeben; nur das Wasser selbst ist wechselnder, als dieses
feste Land der Marschen. Nach den Launen des Stromes
setzt sich der Schlick an und bildet neuen „Anwuchs" oder

hebt die Köpfe von Sänden aus den Fluthen, läßt sie
wachsen und sie erhöhen; zunächst weidet Vieh auf diesen
neu entstandenen Domänen, der Pächter führt sich zuletzt
eine Worth auf und siedelt sich an. Aber rasch ändert
sich die Strömung, Sände „brechen ab", ganze Morgen
versinken im Wasser, oft so regelmäßig, daß man den Be=
stand auf Jahre voraus berechnen kann, wenn dieselben
Bedingungen bleiben. Der wachsende Außendeich fällt
dem Besitzer der anliegenden Länderei zu, kleine Höfe sind
dadurch mächtige Besitzungen geworden, große schrumpften
zusammen. Seit Menschengedenken sind nicht nur „Priele",
(d. h. kleinere), nein „Reeden" (d. h. größere Kanäle),
und ganze Flußarme zur Weide geworden, auf denen das
jetzige Geschlecht noch große Ever fahren sah: Seeschiffe
gehen unbehindert, wo vielleicht der Vater des nächsten An=
wohners der Rappsblüthe sich freute oder die Schaaren
seines Viehes zählte. Mit Mühe wehrt man durch Ufer=
bauten solchem Abbruch, selbst die Deiche werden gefährdet,
wenn das Vorland fehlt, und mehr und mehr deckt man
sie jetzt gegen den täglichen Andrang durch Steinkasungen,
deren Material, die gewaltigen Granitblöcke unserer Cha=
nen, einst große Fluthen und schwimmende Eisberge von
Norwegens felsiger Küste zu uns brachten. Aber auch die
Deiche brechen zuweilen bei gefährlichen Sturmfluthen,
wie zuletzt namentlich 1825; am drohendsten kommen diese
im Herbste bei schwerem Nordwest. Wer heute die Schirme
des Landes sieht, wie dahinter die Häuser die Worthen
verschmähen, wer bei gewöhnlicher Fluth beobachtet, wie
manches Binnenland, z. B. das „Alte Land", unter dem
Niveau des Wassers liegt, der glaubt, seit Menschen hier
wohnen, habe auch das Deichwesen von vorn herein beste=
hen müssen. Allerdings ist das alt; die erste Anlage ruht
im Dunkel der Zeiten; ehe sie gemacht wurde, war ein
Wohnen nur auf Worthen möglich, wie jetzt im Außen=
deich; um so mehr als die alten eingedeichten Flächen noch
niedriger liegen, vielleicht zu frühe eingedeicht sind, ehe sie
hinreichend wachsen konnten. Aber die ersten Versuche
führten gewiß nur zu „Sommerdeichen", gegen Sommer=
fluthen die Felder zu schützen; Genossenschaften thaten sich

zusammen zu gemeinsamer Wehr, alles beruhte auf der
Freiheit des Wollens, geregelt durch das zwingende Band
des gemeinsamen Nutzens. Allmählig erst hat sich der
Deichbau vervollkommnet, haben sich diese zusammenhän-
genden Wasserbollwerke erhoben, in denen riesengroße Ka-
pitale stecken, alle aber durch gemeinsame Arbeit ohne Wirken des Staats entstanden. Erst die schwedische Regierung
am Ende des 17. Jahrhunderts hat durch die bremische
Deichordnung Einheit in die Sache gebracht; „Kein Deich
ohne Land, kein Land ohne Deich" ist der Grundsatz, auf
dem das ganze Deichrecht beruht; daher auch „wer nich
kann diken, de mot wiken". Die Deichlast trug der Marschbauer allein, daher aber stammt auch seine Selbstverwal-
tung in dieser Angelegenheit. Man darf vielleicht sagen,
daß auf dem Deich= und Sielwesen größtentheils die lange
Erhaltung der Freiheit in der Marsch beruht; so gut wie
ihre ganze Existenz dadurch bedingt ist. Ohne genaue Ordnung der Entwässerung würde ein großer Theil des Landes, besonders nach dem Moore zu (in Hadeln das „Sietland" oder Niederland im Gegensatz zum „Hochlande",
der hohen Marsch am Flusse) bald versumpfen; wie viele
Strecken erst durch sie zur Fruchtbarkeit gebracht sind.
Viele Namen beweisen schon diese niedrige Lage („Sietland, Vieland, Balje"), welche eine dem Oberländer un-
erklärliche Anzahl von Gräben nothwendig gemacht hat.
Ein Marschmorgen (um kurz diesen Namen für die verschiedenen Maaße zu gebrauchen), an Größe zuweilen an
4 Calenberger Morgen reichend, oder auch mehr zusammen, bilden schmale, lang hingestreckte Vierecke, rings von
Gräben, oft beträchtlicher Breite und Tiefe besonders nach
dem „Auskleien", umgeben. Diese führen die Wasser zur
Wetter und diese, einem kleinen Bergflusse gleich an Größe,
leitet sie durch die Siele zum Strome; im hohen Sommer, wenn die faulenden Wasser für Menschen und Vieh
ungenießbar (denn Fluß=, Graben= und Regenwasser ist
hier das einzige), wenn der trocknende Schlamm am Boden böse Dünste erzeugt und die gefürchteten Marschfieber
ankündet, dann führt das Siel auch rückwärts frisches
Flußwasser in Wetter und Gräben. So ist das Land

beherrscht durch den Strom; einen bedeutenden Bruchtheil der Bodenfläche, gewiß zuweilen an $\frac{1}{15}$ reichend, nimmt seine Seitenverzweigung, jenes Entwässerungsnetz, ein.

Aus der Erhaltung dieser Anstalten, aus der Natur des schweren, wassergetränkten Bodens folgt die schwere Arbeit des Marschbewohners. Wer den Arbeiter zum ersten Male „kleien", „kuhlen" oder „pütten" sieht, dieses Aufschlagen des düngenden Schlicks aus Gräben oder größeren Gruben und seine Vertheilung über den Acker, wer den Mann dabei beobachtet, wie er fast den ganzen Tag quälend im Wasser steht, der wird der Kraft und guten Natur seine Bewunderung nicht versagen. So erfordert die Ernte, die Saat, ein Drängen und Treiben, wie nirgend sonst, weil nirgend auf solche Weise alles vom Wetter bedingt ist. Und des Mannes Mühe theilt sein Thier, 4—6 Pferde sieht man den Pflug schwer arbeitend durch den zähen Boden ziehen; dafür ist aber auch der Menschenschlag derb und kräftig (das Alte Land nehmen wir hier vollständig aus), stämmige, massenhafte Gestalten bei beiden Geschlechtern. Auch bei den reichen Besitzern ist dabei in der Regel die Bewegung schwerfällig; die Gesichtszüge haben wenig Individuelles, es ist ziemlich derselbe ovale Schnitt, das blühende Aussehen, aber wenig markirte, auf geistige reges Leben deutende Züge. Die sinnliche Welt waltet vor in jeder Beziehung. Der Arbeit und dem Körper entspricht die Kost, nahrhaft wie eine, die „Klütchen" aus Weizenmehl und das Fleisch; selbst der Tagelöhner lebt, wie mancher Bauer des Oberlandes für sich vergeblich es wünschen würde; und er muß es bei der schweren Arbeit. Der hohe Tagelohn, an 12 ℳ den Tag in stiller Zeit, setzt ihn dazu in den Stand.

3.

Die in den Herzogthümern Bremen und Verden noch vorhandenen alten Grabhügel und Steindenkmäler.

———

Diesen Gegenstand hat früher Mushard behandelt in seinem palaeogentilismus Bremensis; und handschriftliche Nachrichten über Germanische Alterthümer in unserer Provinz von dem weil. Geheimenrathe v. Spilcker befinden sich im Besitze des Vereins für Niedersächsische Geschichte zu Hannover. Das neueste Verzeichniß liefert (nach Berichten der Königlichen Aemter) die Statistik der im Königreiche Hannover vorhandenen heidnischen Denkmäler vom Forstrath Wächter. Aus dem Hannoverschen Magazin besonders abgedruckt. Hannov. 1841. Der unsere Provinz betreffende Theil (Seite 52 bis 84) ist aber weder ganz vollständig, noch überall richtig; daher wir in dem folgenden Auszuge aus demselben einzelne Verbesserungen und Zusätze beigebracht haben.

1. Im Amte Rotenburg sind bei Ahausen, Kirchwalsede und Bisselhövede noch 43 Grabhügel vorhanden; obschon viele andere bei dem Baue der Napoleon'schen Kaiserstraße zerstört worden. Doch scheint nichts besonders Merkwürdiges darunter zu sein. Auch in dem jetzigen Amte Schneverdingen zwischen Wolterdingen und Soltau finden sich noch ununtersuchte Hühnengräber*).

2. Im Amte Ottersberg hat man 1816 zwischen Soltau und Hassendorf in den geöffneten Hügeln eine Menge von Urnen gefunden. Bei Nartum 8 Träger ohne Decksteine. Das schöne Denkmal bei Steinfeld (6 Träger mit 2 Decksteinen) ist noch ziemlich gut erhalten: in einem malerischen Buchenhaine belegen, dient es jetzt als Vergnügungsort für die Umgegend.

3. Amt Zeven hat merkwürdige Grabhügel und Steinhäuser bei Badenstedt, Heeslingen, Selsingen und

———

*) Vergl. J. M. Kemble, Ausgrabungen im Amte Soltau im Sommer 1853 (in der Zeitschrift des histor. Vereins für Niedersachsen. Hannover 1851. Heft 1.).

Rhadereiſtedt. Eine Viertelſtunde von Selſingen, bei Par-
newinkel, liegt ein Hügel, der Tuitsberg, auf welchem ein
Götzenbild geſtanden haben ſoll (Kobbe, Geſchichte der Her-
zogth. I. S. 46).

4. Amt Harſefeld. Hier finden ſich zahlreiche Hühnengräber bei Iſſendorf, und bei Ohrenſen, Kſp. Bargſtedt,
eine Burgruine. Vorzugsweiſe iſt das Gericht Delm
(zwiſchen Apenſen, Grundoldendorf und Beckedorf) ein
wahres antiquarium in natura (von Wächter durch eine
intereſſante Zeichnung erläutert.) Bei Grundoldendorf liegt
ein ganzes Syſtem von 4 ſymmetriſchen und mit viereck-
gen Stein-Ringen umſchloſſenen Steinhäuſern. Im Tan-
nen-See, bei Cammerbuſch und Revenah, die Ruinen der
Raubburg des eiſernen Ritters Heinrich von der Borch,
welcher nicht bloß der Sage angehört, ſondern eine hiſto-
riſche Perſon iſt. (S. unten.)

5. In den Aemtern Bremervörde und Beverſtedt
ſind viele Denkmäler zerſtört. Aber zu merken iſt bei
Stinſtedt, Kſp. Lorſtedt, an der Grenze des Sietlandes,
die Menge von Steingräbern, und in der Gräflich Bremer-
ſchen Forſt Weſterberg ein mächtiges, wohl erhaltenes Hühnenbette, anſcheinend beſtimmt, die Todten auf der hohen
Geeſt vor der Elbfluth zu ſichern. Zwiſchen Wedel und
Donnern, Kſp. Beverſtedt, der Drachenſtein mit dem merkwürdigen Gebilde einer Schlange (ſ. unten). Ueber die
Sage von einer untergegangenen Stadt im Balk-See ſ.
gleichfalls unten. Im Moor bei Glinde (zwiſchen Bremervörde und Oerel) hat man alte Palliſaden-Reihen entdeckt, welche vielleicht von der Schlacht gegen die Askomannen herrühren (Stader Sonntagsblatt 1855, № 4.),
und im Moor bei Dannenberg, Amts Ottersberg, wurde
1785 ein uralter Kahn, aus Einem Eichenſtamme gearbeitet, ausgegraben (Kobbe I. S. 8. Er wird im Göttinger
Muſeum aufbewahrt). Bei Stinſtedt finden ſich Spuren
einer Römer - Straße des Druſus, und zwiſchen Bremervörde und Land Hadeln Spuren des Karlsweges, auf
welchem Karl d. Gr. bis an die Mündung der Elbe vordrang.

6. Amt Oſterholz. Hier zeichnet ſich aus das ſchöne
Steingrab am Wege von Scharmbeck nach Oſterholz,

welches man mit Unrecht für eine Opferstätte der Göttin
Ostra erklärt hat, und das bei Heißenbüttel, Ksp. Ham=
bergen (4 Träger mit einem großen Decksteine). Aber
noch merkwürdiger sind die d r e i Denkmäler bei Wallhö=
fen, Ksp. Hambergen, deren jedes aus einem System von
Gräbern (mit Trägern und Decksteinen) besteht*).

7. Im Amte Blumenthal soll sich bei Reckum an
der Weser noch der Steinklotz befinden, von welchem aus
(nicht ein Raubritter, sondern) der Erzbischof Gerhard II.
um das Jahr 1200 die Weser mit einer Kette zu sperren
versuchte (Kobbe, Gesch. I Seite 75).

8. Amt Bederkesa. Bei Sievern ein großes, von
vielen Steinen symmetrisch eingeschlossenes Hühnengrab mit
Decksteinen, genannt das Bülzenbette (abgebildet in Spiel's
Vaterländ. Archiv. 1822. Heft 1.). Bei Großenhain der
Elendstein, bei Debstedt der Wulfstein, in der Flögeler
Haide der Dansenstein (versteinerte tanzende Jungfrauen,
wie die Sage geht); bei Meckelstedt ein Grabmal mit 8
Trägern und 2 Decksteinen. Westlich vom Bülzenbette
liegt die s. g. Pipinsburg, eine kleine Verschanzung, aus
zwei concentrischen Erdwällen bestehend, und südlich von
derselben eine etwas größere Schanze, genannt die Heiden=
statt. Daß die Pipinsburg von dem Vater Karl's d. Gr.
herstamme, ist sehr unwahrscheinlich, weil sie einen so ge=
ringen Umfang hat, und der Name sich auch anderwärts
(z. B. bei Osterode am Harz) findet: richtiger wohl be=
trachtet man sie als ein kleines Fort gegen die Ueberfälle
der Normannen. Im Vaterländ. Archiv. von 1832 ist sie
abgebildet. Eine interessante Nachricht über eine, unter
dem Moor liegende, zwischen Bederkesa und Großenhain

---

*) Herr Superintendent Ruperti theilt mit, daß in Lesum oft
Urnen aus ungebranntem, nur an der Sonne gedörrtem
Thon aufgegraben werden, d i e g a n z m i t M e n s c h e n =
k n o c h e n a n g e f ü l l t s i n d, auch steinerne Beile und kleine
H a n d m ü h l e n, bestehend aus 2 Steinen von 1 Fuß
Durchmesser. Eben so in Worpswede. Zwischen Hinder=
beck und Scharmbeckstotel, wo jetzt der Judenkirchhof ist,
zeigen sich bei'm Nachgraben viele Spuren, daß dort ein
größerer Wohnplatz gewesen.

entdeckte Römische Pfahlbrücke gibt die Hannov. Zeitung vom 21. Mai 1855.

9. Im Amte Neuenwalde steht bei Wanhöden ein s. g. Opferaltar, richtiger ein Hühnengrab, aus fünf großen Steinen errichtet.

Wir begleiten obiges Verzeichniß mit folgenden Bemerkungen:

1. Die Volksnamen Hühnengrab, Hühnenbette sind ein natürlicher Ausdruck der riesigen Dimensionen dieser Denkmäler.

2. Sie scheinen insgesammt ursprünglich unterirdisch gewesen zu sein: wo sie jetzt sich über den Boden erheben, mögen Wasser oder Wind den losen Sand weggeführt haben.

3. Daß einige unter ihnen zu Opfer- oder Gerichtsstätten gedient, läßt sich nicht beweisen; vielmehr ist wahrscheinlich, daß sie ohne Ausnahme Grabmäler waren.

4. Die große Anstrengung, welche, beim Mangel mechanischer Hülfsmittel, ihre Errichtung gekostet haben muß, läßt vermuthen, daß sie meistens für vornehme Personen, Heerführer oder Priester, bestimmt waren.

5. Oft sind sie ganz leer (Kenotaphien). Wegen der Waffen und Geräthe aber, welche sie enthalten, muß man sich mit der sehr unbestimmten Vermuthung begnügen, daß die steinernen der vorhistorischen (keltischen?) Periode angehören, die kupfernen der germanischen, und die eisernen und goldenen der römischen Zeit. Menschen-Gebeine finden sich selten: und die roh geformten thönernen Urnen, mit Asche darin, führen auf die Periode der Römer-Herrschaft. Denn die ältesten Deutschen, so wie die zum Christenthume bekehrten, begruben ihre Todten, und nur vom 2ten bis 6ten Jahrhundert nach Christo wurde theilweise die römische Sitte des Leichen-Verbrennens herrschend.

4.

Plinius und Tacitus über das Land und Volk der Chauken.

Diese beiden römischen Schriftsteller aus dem Ende des ersten Jahrhunderts nach Christi Geburt schildern, jener das Land der Chauken, und dieser seine Bevölkerung folgendermaßen.

Plinius der Aeltere, in seiner Naturgeschichte, Buch 16. Kap. 1., sagt:

Im Norden haben wir den Volksstamm der Chauken gesehen, welche die großen und die kleinen heißen. Da treibt auf ungeheurer Strecke, zwei Mal in den Abschnitten jedes Tages und jeder Nacht, unermeßlich sich ergießend der Ocean, so daß er einen ewigen Streit der Natur zudeckt; und zweifeln möchte man, ob das Gebiet des Landes sei, oder des Meeres. Dort sitzt ein elendes Volk auf hohen Hügeln, oder mit Händen gebauten Erdhaufen (tribunalia); indem man, nach der Erfahrung der höchsten Fluth, Hütten darauf stellt: Schiffenden gleich, wenn die Gewässer die Umgegend bedecken: Schiffbrüchigen aber, wenn sie sich verlaufen haben; da man denn die mit dem Meere fliehenden Fische um die Wohnungen her fängt. Sie können nicht, wie die Nachbaren, Vieh halten, noch sich von Milch nähren; können nicht einmal mit wilden Thieren kämpfen, weil alles Gebüsch weit entfernt ist. Aus Schilf und Sumpf-Binsen flechten sie Stricke, um den Fischen Netze zu stellen, und indem sie mit Händen ergriffenen Koth durch die Winde mehr, als durch die Sonne trocknen, erhitzen sie mit Erde ihre Speisen und ihre vom Nordwinde starrenden Eingeweide. Getränk haben sie nur vom Regen, welchen sie durch Gruben aufbewahren im Vorplatze des Hauses. Und diese Leute meinen, wenn sie jetzt von den Römern besiegt würden, in Knechtschaft zu gerathen! Fürwahr, so ist's: Viele verschont das Geschick zur Strafe.

Ein anderes Wunder kommt von den Wäldern. Diese erfüllen das ganze übrige Germanien, und fügen zur Kälte (des Klima's) den Schatten. Die höchsten aber sind nicht fern von den genannten Chauken; vornämlich um zwei Seen her. Bis an die Ufer stehen Eichen vom üppigsten Wachsthume, und durch die Wellen untergraben, oder vom Winde getrieben, führen sie große Inseln durch die Verflechtung ihrer Wurzeln mit sich fort, und also feststehend, schiffen sie vermöge des Geräths ihrer mächtigen Aeste: so daß oft unsere Flotten geschreckt wurden, wenn jene Inseln, wie mit Fleiß, durch die Wellen auf die Schiffs-Vordertheile der bei Nacht vor Anker Liegenden getrieben wurden, und Letztere, rathlos, was zu thun sei, ein Seetreffen gegen Bäume begannen."

Dieser Bericht ist dadurch so wichtig, weil Plinius aus eigner Anschauung redet, indem er mit einer römischen Flotte an die Mündung der Elbe gelangte. Was er sah und beschreibt, sind also die noch uneingedeichten Elbmarschen; und wenn er große und kleine Chauken unterscheidet, so scheint jenes die Geestbewohner, dieses die Marschleute (bei Tacitus Friesen genannt) zu bezeichnen. Wie sehr nun auch unsere Kehdinger, Hadeler u. s. w. zu dieser Beschreibung ihres Landes lächeln mögen, sie ist doch vollkommen naturgetreu, wenn man sich die schützenden Deiche hinwegdenkt. Ebbe und Fluth, die auf Worthen belegenen Wohnungen, die Seefische als Nahrung, der Backtorf als einziges Brennmaterial, das Reeth, woraus Stricke geflochten werden, und endlich die Wasser-Cisternen — das Alles sehen wir hier vor Augen, wie es sich noch jetzt z. B. auf den uneingedeichten Elbinseln findet. „Und dies armselige Volk," ruft der stolze Römer aus, „achtet unsere Herrschaft für Sclaverei! nicht wissend, daß er damit dem Freiheitssinne der Bewohner eine Lobrede hält.

Weiterhin bewundert Plinius „das schwimmende Land," desgleichen sich bekanntlich noch jetzt bei Waakhausen im Amte Osterholz findet. Und wenn er unsere Eichen als die schönsten und höchsten in ganz Deutschland preiset, so wollen wir es ihm zu Gute halten, daß er den Kampf der römischen Flotte gegen die schwimmenden Bäume etwas in's Romanhafte ausmalt.

Tacitus (Germania Kap. 35) erzählt in seiner ge=
drängten Sprechweise Folgendes:

„Im Norden Deutschlands der Volksstamm der Chau=
ken, fängt an von den Friesen, und hat einen Theil des
Meeresufers inne, dehnt sich aber auch zur Seite aller
vorher genannten Stämme aus, bis er sich zu den Katten
hin krümmt. So ungeheuren Länderraum besitzen nicht
nur, sondern erfüllen auch die Chauken. Das edelste Volk
unter den Germanen, und welches seine Größe am liebsten
durch Gerechtigkeit schützt: ohne Begier, ohne Unbändigkeit,
ruhig und zurückgezogen, rufen sie keine Kriege hervor,
verwüsten nicht durch Plünderungs= oder Raubzüge. Und
das ist ihrer Tapferkeit und ihrer Kräfte bester Beweis,
daß sie, den Vorrang zu haben, nicht durch Ungerechtigkeit
erlangen. Bereit jedoch sind Allen die Waffen, und wenn
es Noth thut, das Heer, Männer und Rosse in Menge;
und ruhend haben sie denselbigen Ruf."

Man sieht es dieser Schilderung an, daß sie blos
nach Hörensagen gemacht ist, und stark idealisirt. Aber
wichtig bleibt für die Geschichte die Unterscheidung der
Friesen oder Küstenbewohner, und der Chauken oder Geest=
leute. Letztere werden nach Ausbreitung und Volksmenge
übertrieben vergrößert: aber ihre Grenzen, von der Elbe
bis an den Rhein, und südlich bis an die Katten oder
Hessen, scheint etwa das jetzige Niedersachsen und West=
phalen umfaßt zu haben. Die Gerechtigkeit und Friedens=
liebe der Chauken, neben Achtung gebietender Kriegsbereit=
schaft, so wie ihr Vorrang vor allen deutschen Stämmen,
sind ebenfalls verschönert dargestellt: aber immerhin mögen
die Nachkommen sich dieses Lob zum Vorbilde dienen lassen.
Noch bemerke man, wie die Friesen schon damals sich durch
Freiheitsliebe vor den Chauken auszeichneten. Denn Letz=
tere dienten als Söldner im Heere des römischen Feldherrn
Civilis (Tacit. Histor. 4, 79. 5, 19); jene hingegen
sträubten sich fortwährend gegen die unterjochende Politik
der Römer (daselbst 4, 72. 13, 54).

5.

Eine Scene aus dem Zuge der Sachsen nach Britannien.

(Nach Schilter's thesaurus antiquitatum teutonicarum
s. v. Drink heil.)

Von britischen Mönchen wird aus der Geschichte dieses Zuges Folgendes erzählt:

„Inzwischen kehrten (um das Jahr 450) die Boten aus Deutschland zurück, und führten her achtzehn Schiffe voll auserlesener Soldaten. Sie führten auch her Hengist's Tochter, Namens Rowen, deren Schönheit keiner nachstand. Nachdem sie aber gekommen waren, lud Hengist den König Vortigern in sein Haus, daß er das neue Gebäude sowohl, als die neuen Soldaten, die gelandet waren, in Augenschein nähme. Der König kam gar bald allein, lobte das große Werk und behielt die gerufenen Soldaten. Als er aber am königlichen Gastmahle sich gelabt, trat die Maid aus ihrem Zimmer und trug einen goldenen Becher mit Wein gefüllt; und sie nahete sich dem Könige, bog ihre Knie, und sprach:

Lav werth konig! wese bas, wese heil! (Lobwerther König! sei du der Oberste; sei glücklich!)

Als er aber des Mädchens Antlitz erschauete, staunte er ob ihrer Schönheit, und fragte seinen Dolmetscher, was das Mädchen gesprochen, und was er ihr antworten müsse? Ihm sagte der Dolmetscher: sie nannte dich gebietender König, und beehrte dich mit dem Worte des Grußes. Was du aber antworten mußt, ist dieses: drink heil! Nun antwortete Vortigern: drink heil, und hieß das Mädchen trinken; nahm aus ihrer Hand den Becher, küßte sie und trank. Von jenem Tage an bis heute ist in Britannien die Sitte geblieben, daß bei Gastmählern derjenige, welcher trinkt, zu dem Andern spricht: wese heil, der aber nach ihm das Getränk hinnimmt, antwortet: drink heil, (trinke zur Gesundheit.) Vortigern aber, berauscht von verschiedenen Getränken, wurde in das Mädchen verliebt, weil Satan in sein Herz gegangen, und verlangte sie von ihrem Vater. Ich sage: Satan war in sein Herz gegangen, weil er, da er doch ein Christ war, mit einer Heidin ein Ehebündniß einzugehen verlangte. Hengist, in seiner Klugheit, und gewiß über des Königs Leichtsinn, berieth sich stracks mit seinem Bruder Horse und den übrigen Aeltesten, die bei ihm waren, was er mit des Königs Begehren machen sollte. Aber Alle hatten einstimmig den Rath, daß die Maid dem Könige gegeben würde, und daß sie dafür von ihm die Provinz Cantia fordern müßten. Man zögerte nicht: gegeben wurde das Mädchen dem Vortigern und die Provinz Cantia dem Hengist, ohne daß der Graf Gorangan, der in derselben regierte, davon wußte. Also feierte der König seine Hochzeit mit der Heidin, die ihm über die Maßen gefiel. Er gerieth dadurch sehr bald in Feindschaft mit den Vornehmsten und mit seinen Söhnen: er hatte nämlich früher Söhne gezeugt, deren Namen waren Vortimer, Katigern und Pascenz."

Auffallen muß es, daß die britischen Namen des Königs Vortigern (Für dich gern), und seiner Söhne Vortimer (Für dich mehr) und Katigern (Ich hab dich gern) rein Sächsisch lauten (nur Pascenz ist ein lateinischer Name): eben so die Provinz Cantia (die Kante des Landes): auch in dem Namen der Jungfrau Rowen (Rauben) erkennt man leicht das Gewand der Sage (in einem andern Berichte wird sie freilich Rowenix, Raubenichts, genannt). Und wer weiß, ob nicht der weiße Hengst, das Orakel der Deutschen, und im gewissen Sinne der Anführer der Ankömmlinge (dessen Bild noch jetzt unsere Landesmünzen ziert) in einen Menschen, und das britische Wort dafür, horse, in dessen Bruder ist verwandelt worden? Auffallend bleibt es wenigstens, daß zwei Brüder mit gleichem Namen zugleich Heerführer gewesen sein sollen. Aber das Wahre in der Erzählung leuchtet dennoch durch: die Sachsen wurden von König Vortigern zur Hülfe gegen seine Feinde in's Land gerufen, und ihnen dafür vertragsmäßig eine Provinz eingeräumt. Auch die Stellung der Stammeshäupter, deren Rath der Herzog einholen mußte, ist altgermanisch. Der Schlachtruf Hengist's soll gelautet haben: nimed eure saxes (nehmt eure Messer!). Vergl. Lappenberg's Geschichte von England, Th. 1. Seite 78.

Für unsere Zeiten erscheint es als merkwürdig, daß der Trinkspruch drink heil noch bei Gelagen in den Bremischen Haiden gehört wird — also ein deutscher Klang aus grauer Vorzeit!

6.

St. Willehad, der erste Bischof von Bremen.

Der heilige Willehad, welcher als erster Bischof von Bremen bis auf den heutigen Tag in wohlverdientem Andenken steht, gehört zu den ältesten Aposteln des Christenthums im nördlichen Deutschland. Geboren in der Provinz Northumberland in England, stammte er von einer der altsächsischen, vor Zeiten eingewanderten Familien. Seine Erziehung und Ausbildung verdankt er nächst seinen Eltern vorzüglich dem berühmten Lehrer Alcuin, der seiner mit großer Theilnahme in seinen hinterlassenen Schriften gedenkt. Ungefähr um das Jahr 770, unter der Regierung des Königs Alred, kam er, von glühendem Eifer für das Christenthum getrieben, als Heidenbekehrer über das Meer in das Land seiner Vorfahren, und begann seine Missionsthätigkeit zuerst in Dockum, in Friesland, an derselben Stelle, an welcher wenige Jahre vorher der heilige Bonifacius den Märtyrertod erlitten hatte. Die Bekehrung schritt hier zu seiner Freude bald zusehends fort; viele Heiden ließen sich von ihm taufen, und mehrere edle Familien des Volks vertrauten ihm ihre Kinder zur Erziehung und zum Unterrichte an. Als ihn aber der Eifer, einen bisher noch gänzlich heidnischen Boden aufzusuchen, in das Gebiet von Gröningen, im heutigen Friesland, trieb, erregten seine Vorträge die Wuth des dem Götzendienste leidenschaftlich ergebenen Volkes, und kaum entging er der Ermordung durch einen Götterausspruch, welchen die heidnischen Priester nach der Anwendung des Looses verkündigten.

Nachdem sich Willehad aus dieser äußersten Lebensgefahr wie durch ein Wunder unversehrt gerettet sah,

begab er sich von da in die Provinz Drenthe, wo seine
Vorträge zwar ungehinderten Eingang fanden, der blinde
Eifer seiner Begleiter aber in Kurzem Alles wieder ver=
darb. In größter Erbitterung über die gewaltsame und
unbesonnene Zerstörung ihrer heidnischen Heiligthümer tra=
ten die Bewohner der Gegend zusammen, stürzten sich über
die christlichen Missionare her, tödteten mehrere derselben
und erwiederten die besänftigenden Worte des ihnen fried=
lich zuredenden Willehad mit harten Schlägen, wobei einer
der heftigsten Widersacher unter den Heiden sogar mit dem
Schwerte auf ihn einhieb, um ihn zu tödten. Auch würde
sicherlich der gegen ihn ausgeführte Schlag tödtlich gewor=
den sein, wenn derselbe nicht glücklicher Weise durch einen
ledernen Riemen aufgehalten wäre, vermittelst dessen Willehad
eine Kapsel am Halse trug, in welcher er stets nach der Sitte
der Zeit Reliquien zum Schutze bei sich unter seiner Klei=
dung führte. Als ihn die abergläubischen Heiden durch
diesen ihnen unbekannten Umstand gerettet sahen, standen
sie, so wüthend sie auch waren, sofort von ihrem Angriffe
ab, weil sie ihn durch eine höhere Macht geschützt glaubten.

Mittlerweile hatte Karl der Große von Willehads
unerschrockener Wirksamkeit gehört. Er rief ihn daher im
Jahre 781, als er die Sachsen für hinlänglich besiegt
hielt, zu sich, und übertrug ihm die Verkündigung des
Christenthums an der untern Weser, in dem ausgedehnten
Gaue Wigmodi, wo außer den Sachsen auch die benach=
barten Friesen seiner Fürsorge übertragen wurden, und
später der Kirchensprengel von Bremen entstand. Zwar
hatte er anfangs nur die Stellung eines Presbyters, weil
das Volk, wie ausdrücklich bemerkt wird, keine Bischöfe
als fränkische Beamte unter sich dulden wollte; dessenun=
geachtet richtete er in seinem übrigens völlig selbstständigen
Wirkungskreise durch seinen besonnenen Eifer während ei=
ner zweijährigen Thätigkeit für die Verbreitung des Chri=
stenthums bei den heidnischen Sachsen mehr aus, als dem
siegreichen Frankenkönige Karl durch gewaltsame Maßregeln
möglich gewesen war. Denn es wurden durch ihn in der
kurzen Zeit nicht nur viele friesische und sächsische Familien
für den christlichen Glauben gewonnen, sondern sogar auch

einige Gemeinden und Kirchen an der Unterweser gegründet, bei denen er geeignete Priester zur regelmäßigen Besorgung des Gottesdienstes anstellte.

Indessen wurden diese erfreulichen Fortschritte des Christenthums schon im Jahre 782 unerwartet durch einen neuen, vom Sachsenherzoge Wittekind angestifteten Aufstand unterbrochen, welcher sich weit und breit über Norddeutschland erstreckte und erst im Jahre 783 mit der Schlacht an der Hase im Osnabrück'schen endete. Auch das sächsische Wigmodien hatte an diesem Aufstande und der Verfolgung der Christen theilgenommen. Der fromme Willehad, welcher sich noch zeitig genug der Wuth der Empörer zu entziehen gesucht und seinen Weg durch das Butjadinger, damals Rustringen genannte, Land genommen hatte, entkam zwar, wenn auch nur mit Mühe, doch glücklich zu Schiffe nach Friesland; allein mehrere seiner Gefährten und Begleiter, namentlich ein Presbyter Folcard und ein Graf Emming im Gaue Leri, in der Gegend von Delmenhorst, ein Benjamin im Oberriustrigau an der Weser, ein Arteban im Ditmarschen und ein Gerwal in Bremen, unterlagen nebst vielen Anderen dem Schwerte der Feinde. Höchst wahrscheinlich trugen diese grausamen Niedermetzelungen wehrloser Christen Vieles dazu bei, den schon längst durch andere Ereignisse erregten Unwillen Karl's des Großen gegen die Sachsen in einem solchen Grade zu steigern, daß er bald darauf 4500 derselben bei Verden an der Aller schonungslos hinrichten ließ.

Um in diesen Bedrängnissen am Stuhle des heiligen Petrus Trost und Aufrichtung für sich zu suchen, benutzte Willehad die Zwischenzeit bis zur Wiederunterwerfung des Sachsenlandes zu einer Fahrt nach Rom, der Hauptstadt der Christenheit, wo er wahrscheinlich mit dem Glaubensboten Liudger, der aus demselben Grunde, wie er, außer Thätigkeit war, zuerst zusammentraf und ein dauerndes Freundschaftsbündniß schloß. Beide fanden bei dem Pabste Adrian liebreiche Aufnahme und ermuthigenden Zuspruch. Willehad begab sich sodann, während sein Freund Liudger nach Monte Cassino ging, um in den Orden der Benediktiner zu treten, nach Deutschland zurück und ließ sich

in Epternach bei Trier, einem Kloster aus des heiligen
Willibrords Stiftung, nieder, wo sich allmählich auch
seine zerstreuten Schüler wieder um ihn sammelten. Nach=
dem er hier zwei Jahre lang, theils mit Andachtsübungen
und Lesen, theils mit schriftstellerischen Arbeiten und dem
Abschreiben der Briefe des Apostel Paulus beschäftigt, ein
von der Außenwelt abgeschlossenes beschauliches Leben in
Ruhe geführt hatte und Vielen durch Lehre und Wandel
ein Segen geworden war, rief ihn Karl der Große nach
der Taufe Wittekind's im Jahre 785 wiederum nach Sach=
sen zu neuer Thätigkeit an der Unterweser zurück.

Ungeachtet der Beschwerlichkeit der Reise eilte Wille=
had noch im Winter desselben Jahres nach Eresburg, dem
jetzigen Stadtberg oder Marsberg an der Diemel in West=
phalen, wo der König damals sein Hoflager hielt. Hier
freundlich aufgenommen, empfing er auf's Neue den Auf=
trag, in das verwais'te Wigmodien zu ziehen, die störrigen
Sachsen zu bekehren und zu taufen, die zerstörten Kirchen
wieder herzustellen und neue aufzubauen. Da seine Stel=
lung als christlicher Lehrer selbst nach der Wiederunter=
werfung der Sachsen immer noch eine unsichere und gefahr=
volle blieb, so verlieh ihm der König nach hergebrachter
Weise die Abtei des alten begüterten Klosters Justina
(Mont=Jütin) in Oberburgund, um ihm eine Zufluchts=
stätte in den Zeiten der Noth und Bedrängniß zu sichern.

Mit treuem Eifer und frischem Muthe begann darauf
Willehad in Bremen seine erneuerte Thätigkeit. Die erste
Sorge, welche ihn angelegentlich beschäftigte, bestand darin,
daß er in Bremen selbst den Grund zu einer Hauptkirche
legte und eine kleinere Kirche zu Bleren (Pleccatesheim)
unterhalb Vegesack, nicht fern vom Ausflusse der Weser,
erbaute. Auch ließ er nach Vollendung dieser Kirche neben
derselben einen schönen Brunnen graben, dessen Wasser
noch lange Zeit nach seinem Tode für wunderthätig gehal=
ten wurde, und der noch gegenwärtig seinen Namen führt.
Zugleich verkündigte er an verschiedenen Orten, bald hier
bald dort, den Bewohnern das Evangelium und suchte sie
durch Lehre und Beispiel auf alle Zeiten für das Christen=
thum zu gewinnen.

Hocherfreut über die Fortschritte, welche der christliche Glaube durch seine rastlosen Bemühungen an der untern Weser machte, reiste Willehad im Jahre 787 nach Worms, um einer von Karl dem Großen dorthin berufenen Kirchen= versammlung beizuwohnen. Seinem lobenswerthen Lebens= wandel und noch mehr seinen großen Verdiensten um die Verbreitung des Christenthums hatte er es zu verdanken, daß ihn der König bei dieser Gelegenheit mit der Bischofs= würde bekleidete und ihm, wie es in der Stiftungsurkunde heißt, „nach dem Gebote des höchsten Priesters und die ganze Kirche leitenden Pabstes Adrian, sowie auch des Erzbischofs von Mainz, Lullo, und auf den Rath aller Priester, die zugegen waren, die Kirche von Bremen mit allen ihren Zubehörungen vor Gott und seinen Heiligen anvertraute." Am 13. Juli 787 ward er zu Worms zum ersten Bischof von Bremen mit der Weisung geweiht, „daß er dem Volke die Saat des göttlichen Wortes nach dem Maße der ihm verliehenen Weisheit treulich spende und diese junge Kirche nach kanonischer Ordnung und geistlicher Befugniß förderfam einrichte, und so lange pflanze und begieße, bis Gott der Allmächtige, seiner Heiligen Bitten erhörend, derselben Wachsthum verleihe." Dieser Tag seiner Weihe ist zugleich der Anfang des Bisthums Bre= men, welchem Karl der Große, außer Wigmodien, einen Theil Westphalens, das Butjadinger= und Stedinger Land, das Jeverfche und Ostfriesland überwies.

Nach beendigter Kirchenversammlung war Willehad zu seinen ihm nun noch lieber gewordenen Bekehrungsgeschäf= ten zurückgekehrt. Obgleich die Bischofswürde ihm mehr Macht und Ansehen verlieh, als er vorher gehabt hatte, so wurde doch sein Stand von jetzt an dadurch schwerer, daß sich die hartnäckigen Sachsen, welche lange Zeit nicht einmal christliche Priester hatten unter sich dulden wollen, nun vollends einem ihnen von dem Frankenkönige vorge= setzten Bischofe mit Zehntrechten, Macht und Landbesitze auf alle Weise widerstrebten. Doch ließ er sich dadurch nicht einen Augenblick in seinen eifrigen Bemühungen für das Seelenheil Aller, welche zu seinem Kirchensprengel ge= hörten, aufhalten, vielmehr widmete er nächst der Predigt

des Evangeliums seine ganze Aufmerksamkeit der Einrich=
tung des Gottesdienstes, und schon am 1. November des
Jahres 789 hatte er die Freude, daß er die von ihm mit
angemessener Pracht erbaute Hauptkirche zu St. Petri in
seinem Bischofssitze feierlich einweihen konnte.

Indessen waren ihm nur zwei Jahre drei Monate
und sechsundzwanzig Tage zur Verwaltung des ihm anver=
trauten hochwichtigen Amtes vom Schicksale beschieden.
Schon längst hatte er des Alters Last und Mühen merk=
licher zu fühlen begonnen, als er auf einer seiner Visita=
tionsreisen, die er nach dem Bedürfnisse der Neubekehrten
seines Kirchensprengels häufig unternahm, zu Blexen an
einem heftigen, täglich zunehmenden Fieber erkrankte, wel=
ches am 8. November 789 ein sanftes Ende seines thäti=
gen Lebens herbeiführte.

Das aufrichtige und innige Gottesvertrauen, welches
den frommen Willehad auf allen Pfaden seines Lebens
begleitet hatte, verließ ihn auch in der Stunde des Todes
nicht. Als bei den immer heftiger werdenden Fieberanfäl=
len die Hoffnung auf Besserung unter den Seinigen von
Tage zu Tage schwächer wurde, äußerte Egisrik, der
vertrauteste seiner um ihn ängstlich besorgten Schüler, was
doch die neugestiftete Gemeinde und die unerfahrene Geist=
lichkeit, deren Haupt und einziger Rathgeber er sei, ohne
ihn anfangen sollte; er möge sie nicht so früh verlassen,
sie würden, wenn er von ihnen schiede, inmitten unter Wöl=
fen, wie eine Heerde ohne Hirten sein. Da erwiederte er
dem theilnehmenden Gefährten mit heiterer Ruhe die trö=
stenden Worte: „O laß mich der Anschauung meines Herrn
nicht länger entbehren! Ich verlange nicht länger zu leben
und fürchte nicht zu sterben. Ich will nur meinen Herrn,
den ich alle Zeit meines Lebens von ganzem Herzen geliebt
habe, bitten, daß er mir nach seiner Gnade einen solchen
Lohn meiner Arbeit, wie es ihm gefällt, geben möge. Die
Schaafe aber, welche er mir anvertraut hat, empfehle ich
seinem eigenen Schutze, denn auch ich selbst habe das
Gute, was ich etwa zu thun vermochte, in seiner Kraft
vollbracht. So wird auch euch die Gnade dessen nicht
fehlen, von dessen Barmherzigkeit die Erde voll ist."

Dieses innige Gottvertrauen, von welchem er noch in seiner Todesstunde den Seinigen ein so rührendes Beispiel gab, verbunden mit einer wahren und unwandelbaren Frömmigkeit, einer ächt christlichen Demuth und Bescheidenheit im Glücke, einem besonnenen Muthe und einer unerschütterlichen Standhaftigkeit im Unglücke, sowie einer strengen Enthaltsamkeit, bildete den Grundzug seines edlen Charakters. Seine gewöhnliche Nahrung bestand in Brot, Honig, Gemüse, Obst und Wasser; des Fleisches und der berauschenden Getränke jeder Art enthielt er sich gänzlich. Jeden Tag feierte er in frommer Andacht die Messe, war beständig mit Lernen und Lehren der Wahrheiten des christlichen Glaubens beschäftigt, wandte viele Mühe auf den Kirchengesang, indem er täglich zwei oder drei Psalmen sang; er besuchte fleißig die Mitglieder seiner zerstreuten Gemeinde und hatte Gnade bei Gott und allem Volke. Sein Wandel in Selbstverleugnung und seine große Strenge gegen sich selbst verliehen der Predigt seines Mundes Kraft und Nachdruck. Mit Recht gab ihm schon sein mächtiger Gönner und Freund, Karl der Große, das Zeugniß, daß er ein unsträflicher Mann vor Gott und seinen Heiligen sei.

Der Leichnam Willehad's ward gleich nach seinem Tode von Bleren nach Bremen gebracht und in der von ihm selbst erbauten Kirche feierlich bestattet. Wie die Zeitgenossen ihm schon im Leben Wunderthaten zuschrieben, so legten sie solche auch seiner Leiche bei. Der berühmte Erzbischof Ansgar, der dritte in der Reihe seiner Nachfolger, welcher sein Leben nicht ohne lebhafte Theilnahme in lateinischer Sprache ausführlich beschrieben hat*), zählt deren nicht weniger als vier und dreißig auf. Ihr Ruf verbreitete sich bald in weit entfernte Gegenden und bewirkte, daß ihn der Pabst nach der Sitte jener Zeiten unter die Zahl der Heiligen aufnahm, und Jahrhunderte hindurch wurde sein Gedächtniß alljährlich zwei Mal, am 13. Juli und am 8. November (den Tagen seiner Weihe und seines Todes), in der Kirche festlich begangen.

Verden.   G. H. Klippel.

---

*) Vergl. Lebensbeschreibung des Erzbischofs Ansgar, von C. H. Klippel, Dr. Bremen, Geisler. 1845. S. 115. ff.

7.
St. Ansgar der erste Erzbischof von Bremen.

Der heil. Ansgar (Anskar, Anschar) hat für unsere Provinzen etwa die Bedeutung, die Apollo für Korinth hatte (1 Kor. 3, 6); was die beiden Ewalde, die christlichen Missionare zu Karl's des Großen Zeit, der Abt Sturm von Fulda (der „Apostel der Sachsen“), der Bischof Willehad und andere unter dem alten Volk der Sachsen gepflanzet hatten, das hat Ansgar begossen. Freilich wird die kurze Darstellung seines Lebens, die wir hier geben, zeigen, daß auch bei ihm das Pflanzen, die eigentliche Missionsthätigkeit, das Hauptstück seines Arbeitens ausmachte, allein diese Thätigkeit wandte sich andern Völkern zu, während, wie gesagt, seine Bedeutung für unsere Gegenden die ist, das begonnene Werk fortgeführt, befestigt und gepflegt zu haben. Diese Wirksamkeit ist aber im Vergleich mit der Missionsthätigkeit eine verborgenere, wenngleich nicht weniger wichtige und nothwendige, und es erklärt sich daraus leicht, wie die Nachrichten über des Ansgarius Wirken in unseren Gegenden so dürftig sind, während über seine Thätigkeit auf dem Missionsfelde in Dänemark und Schweden ziemlich ausführliche Nachrichten (namentlich in der Biographie seines Schülers Rimbert) vorhanden sind. Doch freilich, die Ansgariikirche in Bremen mit ihrem schlanken Thurm ist auch ein beredter Zeuge, und nicht bloß der Scharmbecker, dessen Geburtsort von Ansgar seinen Namen (Ansgarii=Bach) haben soll, nein, jeder Bewohner unserer Provinz muß den „Apostel des Nordens“ in dankbarem Herzen tragen.

Ueber Ansgar's Heimath und erste Lebensgeschichte ist wenig bekannt. Er ist geboren am 8. September des Jahres 801, wahrscheinlich in der nordfranzösischen Provinz Picardie. Sein Vater stammte, wie es scheint, aus adligem Geschlechte; seine Mutter, eine sehr fromme Frau, die den ersten Keim der Gottesfurcht in das Herz ihres Kindes legte, starb schon, als er erst 5 Jahr alt war. Alsbald wurde der lernbegierige Knabe der hochberühmten Klosterschule Corbie oder Altcorvey bei Amiens über=

geben und erhielt hier besonders durch den frommen Abt
Adalhard und dessen Bruder Wala seine Erziehung und
Ausbildung; unter seinen Lehrern befand sich auch der wegen
seiner Kenntniß der hebräischen und griechischen Sprache
als ein Wunder der Zeit angesehene Paschasius Rad-
bert. Außer vielen Söhnen vornehmer Franken befanden
sich in diesem Kloster eine Menge edler Sachsensöhne, die
Kaiser Karl dahin versetzt hatte, und unter diesen munteren
Knaben verlebte Ansgar seine Jugendzeit. Wohl konnte
er da als ein Knabe unter Knaben mitspielen und scherzen;
doch zeigte sich gar bald auch der höhere Zug in seiner
Seele und namentlich sind es mehrere merkwürdige Traum-
gesichte, die uns einen Blick in die rege Einbildungskraft
und das weiche, dem Göttlichen zugewandte Herz des Knaben thun lassen. So sah er einst im Traum seine ver-
klärte Mutter, die ihn ermahnte, das Eitle zu fliehen und
sich eines ernsten Lebens zu befleißigen. Als er dieser im
Traum gehörten Mahnung treulich nachkam, ja schon im
12ten (nach Andern 15ten) Lebensjahre das Mönchsgelübde
ablegte, traf die erschütternde Nachricht vom Tode des Kaisers Karl (28. Februar 814) ein, den Ansgar noch kurz
vorher in seiner ganzen kaiserlichen Pracht gesehn hatte,
und abermals hatte er ein Traumgesicht, in welchem es ihm
vorkam, als müsse er eines plötzlichen Todes sterben und
als werde seine Seele von dem Apostel Petrus und dem
Täufer Johannes zuerst an den Ort der Qual, dann aber
in das Lichtreich des Herrn geführt, aus welchem ihm eine
Stimme zurief: „Gehe hin und mit der Märtyrerkrone geschmückt wirst du zu mir zurückkehren." Von diesem Augenblicke an war seine höchste Sehnsucht, zur Märtyrerkrone
zu gelangen; bis in sein Alter hielt er diesen Wunsch fest,
wenngleich er vor falscher, Gott versuchender Schwärmerei
bewahrt blieb.

Im 20. Lebensjahre wurde Ansgar zum Lehrer und
Vorsteher der Klosterschule ernannt, ein Beweis davon, wie
sich das Beten und Arbeiten bei ihm verbunden hatte. Doch
war ihm von Gott ein anderer Wirkungskreis bestimmt.
Schon Karl der Große hatte, um dem Christenthum bei
den Sachsen Eingang zu verschaffen, Bisthümer angelegt

und, wie wir oben hörten, sächsische Jünglinge nach Franken gebracht, um sie dort erziehen und unterrichten zu lassen und sie dann in die Heimath zurückzuschicken. Allein die fränkischen Klöster lagen zu entfernt vom Sachsenlande und darum faßte Karl der Große den Plan, in Sachsen selbst eine Klosterschule anzulegen. Dieser Plan wurde unter seinem Sohne Ludwig dem Frommen wieder aufgenommen; ein junger Sachse, der in Altcorvey erzogen war, bot ein Landstück an und so ließen sich die frommen Brüder, die mit dem jungen Sachsen abgesandt waren, im Süden unsers Königreichs, im Sollinger Walde, nieder. Doch war die Gegend unfruchtbar und deshalb wurde nach einigen Jahren das Kloster verlegt; der Ort, den man jetzt erwählte, war ein kaiserliches Besitzthum bei Hörter an der Weser. Das neue, reizend gelegene Kloster erhielt den Namen Neucorvey und es dauerte nicht lange, so wurde das alte Kloster vom neuen, die Mutter von der Tochter, überstrahlt. Unter denen, die aus Altcorvey nach Neucorvey versetzt wurden, befand sich auch unser Ansgar; ja, er wurde nicht nur Rector der neuen Klosterschule, sondern auch zum Prediger an der Klosterkirche erwählt. Als solcher hatte er auch die Umgegend zu bereisen, — eine gute Vorbereitung zu dem neuen Amte, in welches er bald berufen werden sollte.

Bereits Karl der Große hatte erkannt, daß die Bekehrung der Sachsen nie festen Bestand gewinnen könne, wenn das Heidenthum in ihrer Nachbarschaft, in den Ländern jenseit der Elbe, nicht gestürzt würde. Unter Ludwig dem Frommen ward das Werk begonnen; ein Erzbischof Ebbo von Rheims predigte das Evangelium in den dänischen Landen und im Jahre 826 ließ sich sogar der dänische König Harald zu Ingelheim am Rhein taufen. Da der Kaiser seiner Standhaftigkeit noch nicht recht traute, wünschte er ihm einen erprobten Mann als Begleiter mitzugeben, doch Niemand wußte ihm einen solchen zu bezeichnen, bis Ansgar's Name genannt wurde. Sofort wurde er gerufen und ohne Säumen erklärte er sich bereit, nach Dänemark mitzugehn, ließ sich auch nicht von seinem Vorhaben abbringen. Noch ein Mönch aus Neucorvey, Autbert,

schloß sich ihm als Gefährte an, dann wurden beide vom
Kaiser mit Kirchengeräthen, Büchern, u. s. w. ausgerüstet
und traten nun getrost die Reise mit Harald an. Die
Fahrt ging unter allerlei Mühseligkeiten zuerst den Rhein
hinunter, dann bei dem damals blühenden Handelsplatz
Dorstadt (bei Utrecht) vorüber in die Nordsee. Im Spät-
herbst des Jahres kamen die Missionare im Schleswigschen
an und begannen sofort ihr Bekehrungswerk unter den
Heiden. Durch ihr Beispiel und ihre Lehre wurden manche
zum Glauben gebracht, auch gründeten sie eine Schule von
zwölf aus der Sklaverei losgekauften Knaben, doch stellten
sich ihrer Arbeit bald große Hindernisse entgegen, da Harald durch die Söhne seines Vorgängers eine Zeitlang ganz
aus Dänemark vertrieben wurde und sich später nach seiner Rückkehr fast gar nicht mehr um das Christenthum
kümmerte. Im Jahre 829 wurden beide Missionare von
ihrem Arbeitsfelde abgerufen, Autbert starb um Ostern,
Ansgar erhielt im Herbst den Befehl, sofort an den kaiserlichen Hof zurückzukehren.

Ihm war nämlich eine neue Thätigkeit in einem andern nordischen Reiche beschieden. Schwedische Abgesandte
hatten bei Ludwig dem Frommen um Missionare gebeten,
da sich in ihrem Volke viele nach dem Evangelium hun-
grige Seelen befänden; Ludwig wollte ihnen gern willfah-
ren, man wußte aber keinen geschickteren Mann zu finden,
als Ansgar. Im Gehorsam gegen seinen Herrn erklärte
er sich abermals gern bereit zu gehn, wohin man ihn senden werde und machte sich mit zwei Gefährten auf den
Weg. Sie schlossen sich einer Gesellschaft von reisenden
Kaufleuten an und kamen glücklich bis an die Küste von
Schweden, wurden dann aber plötzlich von Seeräubern
(Wikingern) angefallen und retteten mit Mühe das nackte
Leben. Ansgar ließ sich dadurch nicht abschrecken, setzte
ruhig seinen Weg fort und fand freundliche Aufnahme bei
dem schwedischen Könige Erik Björn. Ohne Mühe erhielt er mit seinen Begleitern die Erlaubniß, das Evangelium zu predigen und siehe! der Erfolg war ein herrlicher.
Viele nahmen das Wort von Christo an, unter ihnen ein
vornehmer Mann und Freund des Königs, Namens Gerigar.

Nach anderthalb Jahren kehrten die Missionare zurück und Ansgar konnte nun, dem Zuge seines Herzens folgend, eine Zeitlang in der Einsamkeit eines Klosters zubringen.

Bisher waren die christlichen Gemeinden nördlich von der Elbe den Bischöfen Willerich von Bremen (Willehad's Nachfolger) und Helingaud von Verden zugetheilt. Als aber der Kaiser Ludwig der Fromme von Ansgar's Wirken in Dänemark und Schweden hörte, faßte er den Plan, im Norden der Elbe, an der Grenze seines Reichs, ein eignes Bisthum zu errichten. Dieser Plan wurde ausgeführt, die Bischöfe von Bremen und Verden gaben ihre Einwilligung und zum ersten Erzbischof des neuen Erzbisthums Hammaburg (Hamburg) wurde der nun 30 Jahr alte Ansgar gewählt. Nachdem er in feierlicher Versammlung geweiht war, ging er sofort nach Hamburg ab und erhielt nach wenigen Jahren auch die Bestätigung des Pabstes. Ein großes Arbeitsfeld hatte Ansgar wiederum vor sich, da der ihm anvertraute große Kirchensprengel erst gebildet werden mußte. Er ermüdete aber nicht; in stiller Verborgenheit streute er den edlen Samen des Gotteswortes hierhin und dorthin aus, bereiste selbst die Gegenden an der Unterelbe und seine früheren Missionsplätze in Schleswig und Jütland, vollendete den Bau der Hauptkirche in Hamburg, errichtete mit Hülfe seiner Brüder aus Alt- und Neucorvey ein Kloster in Hamburg, mit welchem er eine Klosterschule verband, legte eine Büchersammlung an und wirkte auf diese Weise zehn bis zwölf Jahre im größten Segen. Da zogen abermals schwere Gewitterwolken herauf; der König Harald in Dänemark ward wiederum vertrieben und sein Nachfolger war dem Christenthume durchaus feindlich gesinnt; Ansgar's Nachfolger in der schwedischen Mission, der Bischof Gautbert, mußte, durch einen Volksaufstand gezwungen, die Flucht ergreifen und gleichzeitig schien Ansgar's Werk in Hamburg durch einen Schlag mit einem Male zertrümmert zu werden. Es erschien nämlich im Jahre 845 eine normannische Seeräuberflotte — der Schrecken der damaligen Zeit — vor Hamburg. An Widerstand war nicht zu denken, die ganze Stadt, auch die Kirche und das Kloster, wurden in Asche gelegt, die

Einwohner niedergehauen und Ansgar selbst konnte auf der
Flucht kaum die Reliquien retten, die ihm als das Wich=
tigste erschienen, sein bischöfliches Oberkleid mußte er zurück=
lassen. Da galt es Glaubensmuth zu beweisen und Ans=
gar bewies ihn; mit tiefem Schmerz blickte er auf die ver=
nichtete schöne Stiftung zurück, sprach aber mit Hiob: „Der
Herr hat's gegeben, der Herr hat's genommen, der Name
des Herrn sei gelobt!" — und gab die Hoffnung auf end=
lichen Erfolg der guten Sache nicht auf.

Wo sollte er aber zunächst einen Zufluchtsort finden?
Nach dem Gute Turholt in Flandern, welches ihm von
Ludwig dem Frommen zum Lebensunterhalt geschenkt war,
konnte er sich nicht mehr wenden, da ihm dies Gut bei der
Ländervertheilung nach Ludwig's Tode verloren gegangen
war; der stolze und neidische Bischof Leuderich von Bre=
men, Willerich's Nachfolger, wies ihn zurück und so mußte
der treue Diener Gottes eine Zeitlang unstät umherwan=
dern. Da erbarmte sich seiner eine fromme Frau, Ikia
mit Namen, und schenkte ihm eines ihrer Güter, Ram=
sola oder Ramelsloh im Bisthum Verden, drei Meilen
von Hamburg. Ansgar errichtete hier ein Kloster, sam=
melte eine Gemeinde von Flüchtlingen und besorgte von da
aus sein Missionswerk, bis er an einem andern Orte wie=
der ein hohes Kirchenamt überkam.

Bischof Leuderich von Bremen war nämlich gestorben
und der Kaiser Ludwig der Deutsche, der den kirch=
lichen Angelegenheiten im Norden seines Reiches seine Auf=
merksamkeit zuwandte, beschloß, Hamburg und Bremen jetzt
zu einem Erzbisthum zu vereinigen und dies Erzbisthum
dem Ansgar zu übertragen. Die Sache hatte Anfangs
große Schwierigkeiten, doch wurden dieselben dadurch über=
wunden, daß man den Bischof Waldgar von Verden für
die Abtretung der jenseits der Elbe belegenen Gebietstheile
aus dem Sprengel des bremischen Bisthums entschädigte
und daß man den Erzbischof von Cöln, unter dem das
Bisthum Bremen gestanden hatte, durch Verhandlungen
bewog, Bremen aus seinem Erzbisthum zu entlassen. Der
Pabst Nikolaus I. bestätigte die neue Einrichtung und
so bildeten denn von jetzt an Hamburg und Bremen eine

Diöcese; Bremen wurde der gewöhnliche Sitz der Erzbischöfe.

Kaum hatte Ansgar im Jahre 850 die Leitung des
Bremischen Erzbisthums übernommen, „so entbrannte er
wieder, für den Namen Christi in Dänemark zu arbeiten.“
Er ging mit einer Gesandtschaft des Kaisers nach Dänemark, wußte das Vertrauen des früher gegen das Christenthum sehr feindselig gesinnten Königs Horich zu gewinnen
und erhielt sogar die Erlaubniß, eine christliche Kirche zu
erbauen (in Habbeby). „Das Erbarmen Gottes,“ sagt
Rimbert, „nahm an diesem Orte immer mehr zu und eine
Menge Volks wurde zum Glauben an den Herrn bekehrt.“
Der glückliche Fortgang dieses Unternehmens gestattete Ansgar, jetzt von Neuem nach Schweden zu gehn, wo nach
Gautbert's Vertreibung ein Missionar Ardgar gewirkt
hatte und wo noch ein bedeutender Rest des Christenthums
geblieben war. Mit großer Weisheit wußte Ansgar den
schwedischen König Olaf, an den er Geschenke von Ludwig dem Deutschen und ein Empfehlungsschreiben des Dä-
nenkönigs Horich mitnahm, sich geneigt zu machen; dagegen
fand er im Volke eine große Gährung, einen Kampf zwischen Heidenthum und Christenthum, vor und schon glaubte
er, hier des Märtyrertodes, nach dem sein Herz verlangte,
gewürdigt zu werden. Allein es kam anders; fastend und
betend sah er dem Tage der Volksversammlung entgegen,
wo über die Zulassung oder Ausweisung der Glaubensboten
berathen werden sollte, und siehe, das Resultat war, daß
man (der Predigt des Christenthums weder in Gothland,
noch im eigentlichen Schweden ein Hinderniß entgegen setzen
wollte. Ansgar ward fröhlich in seinem Gott, griff das
Werk mit Freuden an, mußte aber die ganze schwedische
Mission bald einem Freunde überlassen, um selbst in seinen Sprengel zurückzukehren (854).

Während seiner Abwesenheit war das Christenthum
in Dänemark abermals hart bedrängt. König Horich war
in einer Schlacht gefallen und sein Enkel, Horich II., der
nun als ein kleiner Knabe auf den Thron kam, wurde
von seinen Räthen zu entschiedener Feindschaft gegen das
Evangelium entflammt. Ansgar wandte sich an seinen

treuen Helfer, den lebendigen Gott, und der bewies auch
hier, daß er die Herzen der Könige lenkt wie Wasserbäche.
Es ging eine Umwandlung bei Hofe vor, der heftigste Geg=
ner des Christenthums, ein Graf Hori, der z. B. die Kirche
in Haddeby hatte schließen lassen, wurde entsetzt und der
junge König erklärte, er wolle ebenso wie sein Großvater
(Horich I.) ein Freund Christi und seines Dieners Ansgar
sein. Nun wurde die Kirche zu Haddeby nicht nur wieder
eröffnet, sie erhielt sogar ein Glockengeläute, das den Hei=
den aus Furcht vor Zauberei ein Greuel war und in der
Stadt Ripen konnte Ansgar eine zweite Kirche bauen.

Nach seiner Rückkehr behielt Ansgar die nordische Mis=
sion stets im Auge und wenn er sich von der äußern Ar=
beit auf dem Missionsgebiet zurückzog, so wirkte er doch
auch ferner für diese Aufgabe seines Lebens durch Opfer
und Gebete. Seine eigne Arbeit widmete er von nun an
besonders seiner Diöcese, die im Ganzen als bekehrt ange=
sehn werden konnte, wo sich aber der heidnische Geist noch
oft geltend machen wollte. Er war unermüdet im Visitiren,
im Predigen, in der Sorge für die Jugend und für die
Armuth; an manchem Orte unserer Provinz mag sein Fuß
gestanden haben. Was aber ihm und dem von ihm gepre=
digten Worte die Herzen der Hörer gewann, war nicht nur
seine bald sanfte, bald erschütternde Beredsamkeit, es war
auch sein musterhaftes Leben. Die väterliche Liebe, die er
als ein rechter Hirte und Bischof seiner Gemeinde bewies
und mit der er für die Erziehung der Jugend*), für die
Ernährung der Armen**), für die Loskaufung der Gefan=
genen***) sorgte, die Weichheit seines Gemüths, die ihn
nöthigte, sich zu freuen mit den Fröhlichen und zu weinen
mit den Weinenden, die strenge Lebensweise, die er auch

*) Der Erziehung der Kinder dienten besonders die Klöster, die
er anlegte, das Kloster in Hamburg, das Kloster in Ra=
melsloh, sowie das Nonnenkloster in Bassum, damals Briri=
mon genannt.
**) An der Stelle, wo jetzt die Ansgarii=Kirche steht, hatte Ans=
gar ein Armenhospital erbaut, das St. Jügen=Hospital.
***) Der Sclavenhandel, besonders mit Kriegsgefangenen, wurde
damals auf die schändlichste Weise getrieben.

als Erzbischof fortsetzte (er trug immer ein härenes Ge=
wand auf dem Leibe und nährte sich nur von Brod und
Wasser, zu welchem er erst im hohen Alter ein wenig Wein
goß), die aufopferungsvolle Thätigkeit, die sich auf Nah
und Fern erstreckte, — alles dieses mußte die größte Ehr=
furcht, wie die innigste Liebe zu ihm erwecken. War er
denn ganz ohne Fehler? Wer wollte das von einem Men=
schen behaupten! Ansgar hatte namentlich Anfechtungen
von Ruhmsucht, aber durch Gottes Gnade und anhaltendes
Gebet erstickte er sie und wurde so demüthig, daß er einst
zu seinen Freunden, die von seinen Wunderthaten redeten,
sagte: „Wenn ich würdig wäre bei meinem Gott, so möchte
ich ihn bitten, nur ein einziges Wunder zu gestatten, näm=
lich dies, daß er nach seiner Gnade einen guten Menschen
aus mir machte."

Es bleibt uns nun noch übrig, einen Blick auf das
Ende unsers Ansgar zu werfen. Er hatte nie einen star=
ken Körper gehabt und bei seinem mühevollen Leben ist
es um so mehr zu bewundern, daß er erst im 64. Lebens=
jahre von einer Krankheit befallen wurde (Dyssenterie), die
sich bald als eine Krankheit zum Tode herausstellte. Schwer
waren seine Leiden, doch seine Ergebung überwand Alles.
Nur das Eine schmerzte ihn, daß er die ersehnte Märtyrer=
krone nicht erlangen sollte; er glaubte darin ein Zeichen
seiner Verwerfung vor Gott sehn zu müssen und selbst der
trostreiche Zuspruch seines treuen Rimbert war vergeblich.
Doch Gott ließ ihn nicht ungetröstet; er meinte einst in
wachendem Zustande eine himmlische Stimme vernommen
zu haben, die ihn wegen seines Zweifels tadelte, ihm dann
aber Ruhe und Frieden in's Herz goß. Hierauf besorgte
er, was er noch auf Erden zu besorgen hatte, vornämlich
die Angelegenheiten der nordischen Mission und seines Erz=
bisthums und sah so dem Feste der Reinigung Mariä ent=
gegen, welches, wie er hoffte, der Tag seines Heimgangs
sein werde. Am Vorabende der Festes ordnete er, obwohl
völlig entkräftet, alles für die Feier des folgenden Tages
an, ließ dann drei große Kerzen aus reinem Wachs holen
und befahl sie aufzustellen, die eine auf dem Altar der
Maria, die anderen auf den Altären des Petrus und des

Täufers Johannes, die in jenem merkwürdigen Traumge=
sicht seine Führer gewesen waren. Für die Geistlichen, so=
wie für die Armen wurde ein Mahl zugerichtet. Am fol=
genden Tage und in der Nacht ließ er seine Freunde zu
sich kommen, ermahnte sie zur Treue im Dienste des Herrn
und hieß sie, nachdem sie schon manche Psalmen gesungen
hatten, den Lobgesang des heil. Ambrosius: Herr Gott dich
loben wir, und das Athanasianische Glaubensbekenntniß sin=
gen. Am Morgen des 3. Februar empfing er das heil.
Abendmahl, betete um Vergebung für seine Widersacher
und wiederholte öfter die Sprüche. „Herr, gedenke meiner
nach deiner großen Barmherzigkeit und um deiner großen
Güte willen", und: „Gott sei mir Sünder gnädig!" und:
„Herr, in deine Hände befehle ich meinen Geist." Als seine
Stimme ihm endlich versagte, mußte sein Schüler und Nach=
folger Rimbert ihm dieselben Sprüche vorsagen und so starb
er mit zum Himmel gerichteten Augen am 3. Februar 865.
Unter den Thränen des ganzen Volks, am meisten der Geist=
lichen, der Waisen und Wittwen, der Kinder und Armen
wurde er im St. Petri=Dom in Bremen begraben.

Es hätte der Heiligsprechung von Seiten des Pabstes
nicht bedurft, um Ansgar's Gedächtniß in der Christenheit
zu erhalten. Dan. 12, 3; Ebr. 13, 7.

Stade.   Dieckmann.

8.

Eine Urkunde des Erzbischofs Adalbert vom Jahre 1059.

Zu den merkwürdigsten Männern, die auf dem erzbischöf=
lichen Stuhle von Hamburg und Bremen gesessen, gehört
ohne Zweifel der Erzbischof Adalbert, ein geborner Graf
von Wettin (1043 — 1072); indem er nicht nur in die
politischen Händel seiner Zeit stark verwickelt war, sondern
sogar den kühnen Plan faßte, ein von Rom unabhängiges
Patriarchat über das ganze nördliche Europa zu gründen.
Von ihm existirt im Reichsarchiv zu Kopenhagen eine Ori=

ginal-Urkunde, welche in der Kirchlichen Chronik des Stadischen Consistorial-Bezirks von 1845 ist abgedruckt worden;
und weil sie einen interessanten Blick in die damals noch
ziemlich rohen Bremischen Zustände thun läßt, so möge sie
hier in deutscher Uebersetzung etwas abgekürzt und mit
einigen erläuternden Bemerkungen Platz finden.

„Im Namen der heil. und untheilbaren Dreieinigkeit.
Ich Adalbert, Legat des heil. Römischen und Apostoli-
schen Stuhles, auch Erzbischof sämmtlicher Nationen des
Nordens, und der Hamburgischen Kirche unwürdiger Ver-
walter, an die gesammte einträchtige Brüderschaft der Gläubigen. Gnade sei mit Euch und Frieden von Gott dem
Vater und Jesu Christo, seinem Sohne, und dem heil. Geiste,
jetzt und immerdar! Wenn die Hirten der Schaafe in Hitze
und Kälte für die Bewachung ihrer Heerde jegliche Unbill
zu leiden sich nicht weigern, so müssen wir, als Seelen-
hirten, für die uns anvertraueten Schaafe nicht nur Gefahren bestehen, sondern auch, wenn es die Zeit fordert,
den eignen Tod darbieten; zugleich aber den frommen Ge-
fühlen der Gläubigen die letzte Hand der Zustimmung und
Auctorität auflegen. Daher wollen Wir allen jetzigen und
künftigen Christgläubigen kund thun, wie die fromme Frau
Rickwur, vom Feuer göttlicher Liebe entzündet, um dem
heiligen Erlöser und seiner frommen Mutter, der beständigen Jungfrau Maria, die Gelübde zu lösen, welche sie für
ihre Sünden Uns und Unseren Vorgängern gethan hatte,
ihr Erbgut, nämlich ihren ganzen Hof in dem Gau Ditmarschen, desgleichen die Grundstücke und Alles, was sie
in dem Orte, der Statho heißt, eigenthümlich besitzt, mit
Allem, was dazu gehört, Leibeignen Ländereien, Gebäuden,
Gewässern u. s. w. mit allen Einkünften und Zehnten und
mit aller Nutzung, welche irgend davon aufkommen könnte,
der Hamburgischen Kirche zu eigen geschenkt und vermacht
hat, in dem Sinne, daß Keiner unserer Nachfolger oder
sonst Jemand sie wegen solcher Untersuchung weiter beun-
ruhigen solle, sondern daß besagte Rickwur durch diese
Uebergabe ihres Gutes, was sie darin vor Gott und Menschen gesündigt hat, vollständig genugthuend abmache. Wir
gebieten aber, daß gedachte heilige Frau Rickwur jährlich

fünfmal nach Heeslingen komme; nämlich am Abend vor
Weihnacht auf Einen Tag; ferner am dritten Wochentage
vor Faſtnacht auf Einen ganzen Tag; am Abend vor Palm-
ſonntag auf eine Woche bis zum zweiten Wochentage nach
dem Oſterſonntage; eben ſo am Abend vor Pfingſten und
am St. Vitus-Tage. Auch ſoll man wiſſen, daß Wir der
genannten Frau jährlich zu geben befohlen haben zehn
Malter Korn mit dem geſammten dazu gehörigen Schmal-
zehnten, in folgenden Ortſchaften: Lacſtibi, Konilo, Duda-
nebutli, Tuinunſliet, Birithi, Wurtſliet, Burcholt, Haſle-
warther; mit der Bedingung, daß dieſe Vortheile ſie und
ihr Sohn Heinrich, wenn er ſie überlebt, bis an ſein Lebensende haben ſoll: darnach aber ſollen ſie in der Gewalt
unſerer Kirche ohne einige Widerrede verbleiben."

(Folgen die Namen der Zeugen in abſichtsvoller Stu-
fenfolge; nämlich 4 Pröbſte und 7 Prieſter; 7 Herzöge
und Grafen und 14 Ritter. Man ſieht, daß das geiſtliche
Zeugniß gerade noch einmal ſo viel galt, als das weltliche.
Darauf erlaubt ſich Adalbert, gleichſam extra protocollum,
noch folgenden Zuſatz zu machen:)

"Wenn ſie oder irgend Einer ihrer Erben die gedachte
Uebergabe brechen, oder durch irgend welchen Einfall an-
fechten wollte, ſo werden Wir und Unſere Nachfolger die
frühere Unterſuchung wieder aufnehmen. Sollte aber Jemand von dem, was Unſererſeits verliehen worden, irgend
Etwas brechen, ſo ſoll das Gut wieder an die Herrin
kommen. Und damit Solches feſt und unverbrüchlich bleibe,
haben wir dieſe Schrift mit Unſerm Siegel bekräftigen
laſſen. Die Zehnten aber der oben genannten Meierhöfe
beſtimmen Wir, wenn die Tage der Rickwur und ihres
Sohnes Heinrich erfüllt ſind, für die Probſtei der Heiligen
Jacobus und Secundus und aller thebaniſchen Märtyrer
auf dem Sollenberge."

(L. S.) Im Jahre der Fleiſchwerdung des Herrn 1059.

Eine reiche Gutsbeſitzerin in Ditmarſchen war, wie
es ſcheint ohne Gelübde, und ohne dort ihren Aufenthalt
zu nehmen, in das Kloſter Heeslingen getreten, ein Non-
nenkloſter Benedictiner-Ordens, welches damals noch das
einzige im Bisthum Bremen war, und ſpäter bekanntlich

nach Zeven verlegt wurde. Zugleich hatte sie alle ihre
Güter, sowohl in Ditmarschen, als bei Stade, der Ham=
burgischen Kirche vermacht. Stade, nach obersächsischer Aus=
sprache Statho, war noch keine Stadt, sondern ein offener
Ort bei der Burg dieses Namens, deren auch hundert
Jahre später noch allein gedacht wird. Die Verbindung
zwischen den beiden Elbufern scheint damals eine sehr nahe
gewesen zu sein, und es ist merkwürdig, daß eine Menge
unserer Ortsnamen sich in Holstein wiederfinden, als Bram=
stedt, Lofstedt, Krummendeich u. s. w. Diese Schenkung
nun accptirt der Erzbischof mit sichtbarem Wohlgefallen;
wahrscheinlich, weil er schon damals sein Auge auf die
Erwerbung der Grafschaft Stade gerichtet hatte; und zum
Dank dafür verspricht er der Frau Rickwur Lossprechung
von allen kirchlichen Strafen wegen ihrer Sünden; wobei
für uns Protestanten die juristische Verclausulirung des
ganzen Handels merkwürdig ist. Sie hat für ihre Sünden
vollständig genug gethan; und würde man sie weiter be=
unruhigen, so soll sie die Güter wieder an sich ziehen;
würde sie aber ihr Legat umstoßen, so solle die kirchliche
Untersuchung gegen sie wieder aufgenommen werden. Zu=
gleich wird der Frau Rickwur auferlegt, zum Zeugniß ihrer
Mitgliedschaft am Kloster, an fünf Festtagen des Jahres
einen kurzen Aufenthalt daselbst zu nehmen. Andere Kirchen
mögen damals in der Provinz noch ziemlich selten gewesen
sein. Um aber ihren und ihres Sohnes Unterhalt zu
sichern, verspricht ihr der Erzbischof eine jährliche Korn=
lieferung in Zehnten, welche auf gewisse erzbischöfliche
Meierhöfe in allen Theilen der Diöcese angewiesen werden.
Es ist merkwürdig, daß die Namen dieser Meierhöfe bis
auf unsere Zeit gekommen sind, während damals so manche
größere Oerter in der Provinz noch gar nicht existirten.
Lofstedt, Düdenbüttel, Twielenfleth, Bierden und Wurthfleth
sind leicht zu erkennen, und Hasselwerder ist der alte Name
von Neuenfelde im Alten Lande: Konilo aber bedeutet
vielleicht Kuhla, Amts Himmelpforten, und Burcholt Bor=
chel, Amts Rotenburg.

Nach dem Ableben der Schenkgeber sollen jene Zehn=
ten der Propstei auf dem Sülberge zufallen. Diese Propstei

war in demselben Jahre 1059 von Adalbert, unter an=
dern zu Ehren der sogenannten Thebanischen Legion (6666
Mann, welche unter Kaiser Maximian bei Genf um ihres
Glaubens willen getödtet sein sollen) gestiftet worden.
Die schon 1051 angelegte Kirche daselbst umgab Adalbert,
der Alles militärisch betrieb, 18 Jahre später mit einer
Burg. Aber wegen der Räubereien der erzbischöflichen
Dienstmannen wurden Kirche und Burg von den ergrimm=
ten Anwohnern zerstört und nicht wieder aufgebaut. So
erweckt der kegelförmige Sülberg bei Blankenese, in der
Nähe des berühmten Bauer'schen Gartens, eigenthümliche
Betrachtungen: damals eine kirchlich=militärische Anlage, und
jetzt ein Vergnügungsort für das benachbarte Hamburg!

9.

Eine Nordpol-Expedition der Friesen im 11ten Jahr-
hundert.

Der Kanonikus am Dom zu Bremen, gewöhnlich Adam
Bremensis genannt, welcher unter den Erzbischöfen Adalbert
und Liemar, also um die Mitte des elften Jahrhunderts,
lebte, berichtet darüber also:

„Der Erzbischof Adalbert, seligen Andenkens, hat mir
erzählt, daß zur Zeit seines Vorgängers (Alebrand) einige
vornehme Friesische Männer zur Bereisung des Meeres ge=
gen Norden gesegelt seien, weil die Leute dort meinten,
wenn man von der Mündung der Weser gegen Norden
steure, so treffe man kein Land, sondern nur das Meer,
welches Libersee (?) heißt. Um diese Neuigkeit zu erfor=
schen, gingen die verbündeten Männer mit frölichem Hur=
rah vom Friesischen Ufer aus. Auf der einen Seite Däne=
mark, auf der andern Britannien zurücklassend, gelangten
sie zu den Orkaden. Nachdem sie diese links liegen gelassen,
und zur Rechten Nordmannien (Norwegen) hatten, berühr=
ten sie eine lange Strecke des eisigen Island. Von da

weiter die Meere durchschneidend bis zum äußersten Nord=
pol, nachdem sie alle gedachten Inseln hinter sich liegen
sahen, empfahlen sie ihre kühne Reise dem allmächtigen
Gott und dem heiligen Willehad, und geriethen plötzlich in
eine so dichte Finsterniß des starrenden Oceans, daß sie
kaum mit den Augen hindurch dringen konnten. Und siehe,
die unruhige Bucht des Oceans, zu den geheimen Gründen
ihrer Quelle zurückströmend, zog die unglücklichen Schiffer,
die schon verzweifelten und nichts als den Tod erwarteten,
mit heftigster Gewalt in den Strudel. Dies ist, wie sie
sagen, der Schlund des Abgrundes, in welchen das zurück=
tretende, scheinbar sinkende Meer sich verlaufen, und dann
wieder ausgespieen werden soll (was man die Fluth nennt).
Als jene nun Gottes Barmherzigkeit allein anriefen, Er
möge ihre Seelen aufnehmen, da riß der Strom des zu=
rücktretenden Meeres einige ihrer Schiffe dahin, und trieb
wiederkehrend die übrigen nach langer Fahrt, jenen im Rü=
cken, heimwärts. So gerettet aus drohender, sichtbarer Ge=
fahr durch Gottes nahe Hülfe, unterstützten sie mit ange=
strengten Ruderschlägen die Fluth.

Da sie aber schon der Gefahr der Finsterniß und dem
Reiche des Frostes entronnen waren, landeten sie unverhofft
an einer Insel, welche ringsum von sehr hohen Felsen,
wie eine Stadt, befestigt war. Sie betraten selbige, um
sich die Gegend zu besehen, und fanden da Leute, welche
um Mittag in unterirdischen Höhlen sich versteckten. Vor
den Thüren derselben lag eine unendliche Menge von gol=
denen Gefäßen und von solchen Metallen, welche den Sterb=
lichen als selten und kostbar gelten. Die Schiffer, froh,
nahmen von den Schätzen, so viel sie tragen konnten und
eilten zu ihren Schiffen zurück. Plötzlich sahen sie Männer
von erstaunlicher Größe, sogenannte Cyclopen, hinter sich
herkommen, und vor ihnen her ungewöhnlich große Hunde.
Durch deren Angriff wurde Einer von den Genossen gefan=
gen und augenblicklich vor ihnen zerfleischt; die Uebrigen
aber entkamen auf ihre Schiffe, während die Riesen ihnen
Schimpfworte auf die See hinten nachschickten. So vom
Glücke begleitet, kamen die Friesen nach Bremen zurück, er=
zählten Alles der Reihe nach dem Erzbischof Alebrand, und

brachten dem lieben Christ und seinem Bekenner Willehad die Opfer für ihre Heimkehr und Rettung dar.„

Ob diese Schilderung Erguß einer aufgeregten Phantasie, oder kaufmännische List und Erdichtung gewesen sei, lassen wir dahin gestellt. Es ist ja bekannt, wie viel man im Mittelalter über den äußersten Norden fabelte. Da sollte z. B. ein Magnetberg stehn, der alles Eisen aus den Schiffen zöge, so daß sie aus einander fallen müßten. Zu der seltsamen Erklärung von Ebbe und Fluth durch einen ungeheuren Schlund, nach Art der Scylla und Charybdis, bemerkt Adam im Folgenden sehr verständig, daß dieses großartige Phänomen wohl immer ein Geheimniß für die Naturforscher sein werde. Daß jene Weserschiffer, wie sie meinten oder sagten, den Nordpol erreicht, wird Niemand glauben; aber daß sie allerhand Kostbarkeiten heimgebracht, ist wohl gewiß. Merkwürdig bleibt jedenfalls diese kühne Seefahrt, welche sich bis über Island hinaus erstreckt hat. Und nicht unmöglich ist's, daß unsere Landsleute, wie Einige wollen, schon damals die Küsten von Amerika gesehn haben. (Vergl. J. P. Caselii Progr. de Frisonum navigatione fortuita in Americam. Magdeb. 1741.)

10.

Verzeichniß der Heiligen, von welchem die Kirchen der Herzogthümer den Namen führen.

Stade. Willehadus.
 Cosmas et Damianus.
Burtehude. Petrus.

Inspection Alten Landes.
Borstel. Romanus.
Estebrügge. Martinus.
Grünendeich. Maria.
Hollern. Mauritius.

Jork. Andreas.
Mittelnkirchen. Mauritius.
Neuenfelde. Pancratius.
Neuenkirchen. Johannes.
Steinkirchen. Nicolaus.
Twielenfleth. Georgius.

Inspection Bremervörde.
Bevern Valerius.
Bremervörde. Liborius.

Gnarrenburg und Kuhstedt. —
Lamstedt.   Bartholomaeus.
Oerel.   Gungerich.
Oese. —

Inspection Hagen.

Alt Luneberg. —
Beverstedt. —
Verhövede. —
Bramstedt.   Jacobus.
Bruch.   Nicolaus.
Büttel. —
Kirchwistedt.   Joannes Bapt.
Lorstedt.   Maria.
Uthlede.   Nicolaus.
Wersebe.   Maria.
Wulsbüttel. —

Inspection Harsefeld.

Ahlerstedt. —
Apensen. —
Bargstedt.   Primus.
Harsefeld.   (Mönchskloster.)
Horneburg.   Maria u. Jacobus.
Mulsum.   Petrus.
Neukloster und Bliedersdorf
  (ursprünglich Capellen.)

Inspection Himmelpforten.

Basbeck. —
Großwörden. —
Hechthausen.   Maria (?).
Himmelpforten.   (Cisterzienser
  Nonnenkloster.)
Horst.   Petrus.
Oldendorf.   Martinus.
Osten.   Petrus.

Inspection Kehdingen.

Aßel.   Martinus.

Balje.   Maria.
Bützfleth.   Nicolaus.
Drochtersen.   Joannes et Ca-
  tharina.
Freiburg.   Ulphardus.
Hamelwörden.   Dionysius.
Krautsand. —
Krummendeich.   Nicolaus.
Oederquart.   Joannes.

Inspection Lehe.

Bederkesa.   Jacobus.
Bramel.   Heil. drei Könige.
Debstedt. —
Elmlohe.   Maria.
Flögeln.   Paulus.
Geestendorf.   Maria.
Lehe.   Dionysius.
Neuenwalde.   (Cisterz. Non-
  nenkloster.
Ringstedt.   Florian.
Schiffdorf.   Martinus.
Stotel.   Margaretha.
Wulsdorf.   Dionysius.

Inspection Neuhaus.

Belum.   Vitus.
Bülkau.   Joannes Baptista.
Cadenberge.   Nicolaus.
Geversdorf.   Andreas.
Kehdingbruch.   Georgius.
Neuhaus (ursprüngl. Capelle.)
Oberndorf.   Georgius.
Oppeln.   Nicolaus.

Inspection Osterholz.

Blumenthal. —
Hambergen.   Cosmas et Damianus.

Lesum. Martinus.

Meyenburg. Lucia.

Neuenkirchen. —

Osterholz. (Cisterz. Nonnen=
klofter.)

Ritterhude.

Scharmbeck. Willehadus.

Schwanewede. Joannes.

Inspection Ottersberg.

Fischerhude. Maria.

Grasberg. —

St. Jürgen. Georg.

Kirchtimbke. —

Lilienthal=Trupe. (Cisterzien=
ser=Nonnenkloster.)

Otterstedt. Martinus.

Wilstedt. —

Worpswede. —

Inspection Rotenburg.

Ahausen. —

Brockel. S. Crux.

Fintel. —

Kirchwalsede. Bartholomaeus.

Neuenkirchen. Anna.

Rotenburg. —

Scheeßel. Lucas.

Schneverdingen. Petrus Paulus.

Sottrum. Georgius.

Visselhövede. Joannes Bapt.

Wolterdingen. Spiritus S.

Inspection Verden.

Achim. Laurentius.

Arbergen. Joannes Evang.

Daverden. Sigismund.

Kirchlinteln. Petrus.

Posthausen. —

Wittlohe. —

Verden. Dom. Maria.

   „   St. Andreas.

   „   St. Johannes.

Inspection Land Wursten.

Altenwalde. —

Cappeln. Petrus.

Dorum. Olaus (Urban.?)

Hollsel. Jacobus.

Imsum. Bartholom. et Li-
borius

Midlum. Pancratius.

Misselwarden. Catharina.

Mulsum. Maria.

Padingbüttel. Matthaeus.

Spica. Georgius.

Wremen. Willehadus.

Inspection Zeven.

Elsdorf. Omnes Sancti.

Gyhum. Margaretha.

Heeslingen. (Benedictiner=
Nonnenkloster.

Rahde. —

Selsingen. Lambertus.

Sittensen. Dionysius.

Zeven. Vitus.

Bemerkungen
zu vorstehendem Verzeichnisse.

Dasselbe ist geflossen aus handschriftlichen „alten Nach=
richten," mit Benutzung der Pratje'schen Mittheilungen über

die Geschichte unserer Kirchspiele. Es ist aber, wie man
sieht, nicht ganz vollständig. Denn abgesehen von denjeni-
gen Gemeinden und Gotteshäusern, welche erst nach der
Reformation gegründet und erbaut sind, also keine Heiligen-
Namen erhalten haben, wie Krautsand, Grasberg, Gnarrenburg und Worpswede, Fintel und Posthausen u. s. w., ferner von solchen Kirchen, welche ursprünglich nur Kapellen
einer andern Kirche waren, und meist deren Namen führten, wie Oese, Neuhaus, Basbeck und Ritterhude, so giebt
es auch mehrere, deren Schutzpatrone aus Mangel an Urkunden und sonstigen Quellen unbekannt geblieben sind.
Auch die Kloster-Kirchen scheinen keinen besonderen Namen
geführt zu haben, außer dem des Ordens-Patrons. Uebrigens aber finden sich in diesem Verzeichnisse einige pro-
blematische Heiligen-Namen, z. B. der S. Gungerich *) zu
Oerel und S. Ulphardus (Wolfhart?) zu Freiburg; wie
es ja bekannt ist, daß in dem Römischen Calender mehrere
fingirte Heilige Platz gefunden haben. Auskunft darüber
geben vielleicht die Acta Sanctorum. Ein scherzhaftes Mißverständniß erzählt Pratje in Beziehung auf das Kirchensiegel in Kirchwistedt, auf welchem man einen S. Perrucia-
nus zu lesen meinte, während doch der unwissende Siegel-
stecher nichts anders hat sagen wollen, als: S(igillum)
Parrochialus in Wistede, d. h. Siegel der Pfarre zu Wi-
stedt. Sonst enthält unser Verzeichniß eine stattliche Mannigfaltigkeit von Heiligen; und wenn darunter, nach einem
richtigen Gefühle, die biblischen Personen vorherrschen (auch
eine Kirche zum heil. Kreuz und zum heil. Geiste findet
sich), so kommen doch auch S. Nicolaus, der Patron der
Schiffer, S. Georg, der Lindwurmtödter, und S. Dionysius,
der Bekehrer Frankreichs, ziemlich oft vor und selbst eine
Kirche Aller Heiligen fehlt nicht. Auffallend ist, daß von
den Gründern des Christenthums in den Herzogthümern
nur drei Kirchen den Namen des St. Willehadus führen,
keine den des St. Anscharius.

---

*) Vielleicht ist es ein Schreibfehler für **Gundericus**, ein
Heiliger des 6ten Jahrhunderts, welcher als **S. Gondry**
zu Trier verehrt wurde.

Der Protestant hat Nichts dagegen, daß eine Kirche einem frommen Mann zu Ehren benannt werde; aber Heilige als Schutzpatrone, deren Hülfe und Fürbitte man anrufen müsse, erkennt er nicht an, weil wir nur Einen Fürsprecher bei dem Vater haben, und „unsere Hülfe allein kommt von dem Herrn, der Himmel und Erde gemacht hat." Alle Kirchen sind, nach biblischer Anschauung, ursprünglich dem Herrn gewidmet (Matth. 21, 13).

11.
Kirchliche Alterthümer der Provinz.
(Vergl. die kirchliche Chronik von 1844.)

Während von den zahllosen Burgen und festen Schlössern, die in unserer Provinz vor Zeiten errichtet waren, kaum noch eine Spur geblieben ist, sind dagegen die Kirchen, welche der fromme Sinn unserer Vorfahren dem Herrn gebaut hat, in stattlicher Anzahl erhalten worden und stehen noch jetzt in gottesdienstlichem Gebrauche: der feste Bau aus den Granitsteinen, welche auf unseren Haiden zerstreut liegen, ist es, was sie erhalten hat; gleichsam zur Erinnerung daran, daß das Himmlische das Irdische überdauert. Diese alten Kirchen stammen fast sämmtlich aus dem 11ten oder 12ten Jahrhundert; mehrere von ihnen mögen aber in ihrer jetzigen Gestalt umgebaut, oder auch ganz neu gebaut sein. So die Kirche zu Scharmbeck, deren erste Anlage auf Anscharius selbst zurückgeführt wird, zu Bramstedt (Saec. 10.) und zu Lesum (Saec. 11.) Dagegen haben die Kirche zu Heeslingen und Achim noch so ziemlich ihre Urgestalt behalten, und ihr hohes Alter wird bezeugt durch die Festigkeit ihrer Mauern und die gedrückte Form ihrer Gewölbe. Ein schöner alter Bau ist die Klosterkirche in Harsefeld, deren Restauration jetzt in Aussicht steht. Aus dem 12ten Jahrhundert stammen die Kirchen zu Beverstedt (jetzt neu aufgebaut), Oldendorf, Verhövede, Hollern, Holßel, Neuenkirchen (Inspection Rotenburg), Schneverdingen, Scheeßel, Vissselhövede und Zeven. Die zu Holßel soll, nach einer daran befindlichen Inschrift, 1111 erbaut sein.

(Vergl. Pratje Religionsgeschichte der Herzogthümer, im zweiten Hefte.) Der jetzige Dom zu Verden war schon zu Anfang des 11ten Jahrhunderts begonnen, brannte aber 1281 ab und wurde erst 1490 ganz vollendet und eingeweiht. Er gilt mit Recht als ein architektonisches Meisterwerk; und ist dabei nur zu beklagen, daß er sich mehr für die katholische Messe eignet, gemäß seiner ursprünglichen Bestimmung, als für das Verständniß der evangelischen Predigt, welcher er jetzt dienen soll. Gute neugebaute Kirchen finden sich zu Osten, Scheeßel, Bramstedt, Cappel, Freiburg, Geversdorf, Beverstedt: schön restaurirt sind die zu Lesum, Bremervörde und Dorum.

Unter den alten Kirchthürmen zeichnen sich aus die zu Hollern und Zeven durch einfache Solidität, die zu Oderquart, Sittensen und Oldendorf durch ihre schlanke, weithin sichtbare Pyramide. Eigenthümlich sind die Thürme im Altenlande mit Schindeln gedeckt und roth (mit grünen Bändern) angestrichen; gefälliger hat man sie im Lande Wursten mit grauem Schiefer bekleidet, um welchen ein weißes Band läuft.

Den Hauptgegenstand des kirchlichen Schmuckes bilden die Altäre, als die Stätten des Gebets sowohl wie der Sacramente. Im Lande Wursten stehen dieselben mehrfach in dem sogenannten Sanct-Hause, einem niedrig gewölbten Vorbau vor dem eigentlichen Kirchenschiffe. In mehreren neuen Kirchen ist der Altar, gegen das kirchliche Herkommen, nicht im Osten errichtet, sondern an der langen Südseite (wie in Bremervörde und Brockel), oder gar an der Westseite (wie zu Beverstedt). Die Hinterwand des Altars (dorsum altarus) ist mit schönen Schnitz-Figuren aus der biblischen Geschichte geschmückt zu Oerel, St. Jürgen und Beverstedt; eine Restauration verdienen die Altar-Figuren zu Aßel, Oderquart und Uthlede. Auf dem Altar findet sich in vielen Kirchen die bekannte Bibel in fol. von weil. General-Superintendenten Diekmann. Nicht sehr passend aber ist der zu Stotel mit einer Gypsbüste Luther's und einer Ausgabe seiner Werke von 1566 in fol. besetzt. Das in Holz geschnitzte Crucifix zu Bülkau wird als meisterhaft gerühmt. In St. Jürgen steht an der Wand eine hübsche

Reiterstatue St. Georg's mit dem Lindwurme. Eine
merkwürdige Zierde besitzt die schöne Kirche zu Dorum an
dem kunstvoll in gothischem Geschmack aus weißem Stein
gearbeiteten s. g. Sacraments-Baume, welcher in den Zeiten vor der Reformation zur Aufbewahrung der Monstranz
diente. Etwa zwanzig unserer Kirchen besitzen noch jene
aus Bronze gegossenen Taufgefäße (baptisteria), in welche
das Taufbecken gesetzt wurde; anderwärts hat man dieselben
aus Unkunde und Gleichgültigkeit über die Seite gebracht.
Sie sind ziemlich alle von einer Form (der einer aufge-
blüheten Lilie), die daran befindlichen Inschriften und Bas-
reliefs aber theils plump und räthselhaft, theils zierlich und
sinnvoll. Das zu Uthlede z. B. zeigt auf der einen Seite
den Baum des Paradieses, zwischen Adam und Eva, auf
der andern ein Crucifix zwischen Maria und dem Jünger
Johannes. Die Inschrift an dem zu Estebrügge lautet:
qui baptizatur, hoc sacro fonte lavatur, d. h. wer getauft
werden soll, wird hier getauft; und noch sinnreicher an dem
zu Schneverdingen: fons vivens, aqua regenerans, unda
purificans, d. h. lebendiger Quell, wiedergebärendes Wasser, reinigende Welle. Die Jahrszahl der meisten führt
auf das funfzehnte Jahrhundert; doch mögen einige, nach
der Form der Buchstaben zu urtheilen, bedeutend älter sein.
Ein herrliches metallenes Taufbecken, mit der Jahrszahl
1469, besitzt die Kirche zu Zeven. Drei Mönchsfiguren
tragen dasselbe, und es ist nicht allein mit Heiligen-Bildern,
sondern auch mit denen des Probstes und anderer Geistlichen in ausdrucksvollen Stellungen geziert. Die 1565
erbaute Kanzel zu Zeven trägt die Inschrift: S. Vitus dat
tzarte Kind as man in de Historien fint, heft Christum
in geloven recht bekannt, darumme (he in Ölye is verbrannt). Nach der Legende starb er als Märtyrer unter
Kaiser Diocletian, in siedendes Oel geworfen. Aus neuerer
Zeit stammt das schöne Taufgefäß der Sacristei zu Burtehude, von weißem Marmor und mit fein ausgeführten Bas-
reliefs. Abendmahlsgeräthe von hohem Alter hat man zu
Lamstedt, Oerel, Debstedt und Wolterdingen; ein Kelch zu
Steinkirchen trägt die bekannte Inschrift: Sancte Hülpe
bidde vor uns, womit ohne Zweifel die Mutter Maria

gemeint ist. Auf dem zu Imsum steht: S. Bartholomei. S. Liborii in Ymicen, mit der Jahrszahl 1408. Sehr kunstvoll ist der silberne Kelch der Kirche zu Elsdorf (vergl. das zweite Heft des vaterl. Archivs von 1825), wie auch der zu Scheeßel, von getriebener Arbeit, mit sechs feinen Emaille-Bildern und der Jahreszahl 1703. Die reichen Abendmahlsgeräthe der Kirche zu Ahlerstedt sind ein Geschenk der Familie v. Zesterfleth. Die alten Glocken haben meist ähnliche Inschriften, wie die zu Uthlede von 1570: „help Gott udt not; Adam Lichtenow mi mit Gades hülpe goet." Ein schönes Geläute besitzen Stade, Verden und Wulsdorf.

Glasmalereien von Bedeutung, alte und neue, finden sich nur noch im Dome zu Verden: übrigens aber sind bei der Restauration dieses prachtvollen Gebäudes im Jahre 1829 viele werthvolle Reliquien der Vorzeit zu Grunde gegangen.

Noch werde einiger Raritäten gedacht. In Steinkirchen bewahrt man einen Ablaßbrief vom 1332, und alte Kirchenbücher seit 1573, worin Nachrichten über das Verbrennen von Hexen und Zauberinnen: in Stotel einige Römische Meßgeräthe; in Bisselhövede den Rock und das Meßgewand des bei Einführung der Reformation erschlagenen Paters (s. unten); in Cappeln ist durch die Bemühung des Herrn Pastors Vogelsang der schöne Leichenstein des lutherischen Predigers daselbst, Johannes Brandts (gestorben 1604), worauf sich das ehrwürdige Bild des Mannes findet, wieder hergestellt; in Hollern guckt ein Mohrenkopf aus der Wand, mit der Unterschrift: S. Maurizi. In Lamstedt hat man ein sehr altes Kirchensiegel und einen Ablaßbrief von 1300; in Hambergen alte Documente über die Stiftung der Kirche daselbst, einer früheren Capelle, von 1335; in Achim zwei geschriebene Bücher des ersten lutherischen Predigers daselbst, Meier aus Minden, meist in plattdeutscher Sprache, Predigten und Nachrichten enthaltend. Ebendaselbst stehen in einem Gewölbe zwei werthvolle Marmor-Särge der Familie von Reventlow, welche am Ende des vorigen Jahrhunderts aus Italien gekommen sind.

Nachtrag.

Ueber ein wichtiges kirchliches Alterthum unserer Provinz berichtet das Correspondenzblatt des Gesammt-Vereins der deutschen Geschichts- und Alterthums-Vereine, Jahrgang 1., und daraus das Verdener Wochenblatt vom 10. Novbr. 1855 (wo dasselbe auch abgebildet ist) Folgendes:

In dem Vereine zu Dresden erklärte der Baurath von Quast, daß die metallene Grabplatte des Bischofs Iso vom Jahre 1231 in der Andreaskirche zu Verden die älteste in Deutschland vorhandene sei; indem keine andere vor 1300 sich finde. Sie ist 6 Fuß 4 Zoll hoch, 2 Fuß 4 Zoll breit. Auf derselben ist der Bischof eingravirt, bärtig und mit dem bischöflichen Ornate bekleidet, in der Rechten eine Kirche tragend, in der Linken eine Mauer mit Zinnen. Die Umschrift lautet in schwer zu lesender Mönchsschrift: „Anno incarnationis Domini MCCXXXI. nonas Augusti feliciter obiit Yso Wilpe natus Verdensis trigesimus primus annis viginti sex mense uno praefuit Episcopus; hunc S. Andreae conventum instituit, Verdan muris munivit; advocatiam civitatis et super bona fratrum liberavit, patrimonium Westene 800 marcis et amplius emptum S. Marie obtulit." (Im Jahre der Menschwerdung des Herrn 1231 den 5. August starb selig Iso, geborner von Wölpe, 31ster Bischof von Verden, welcher 26 Jahr 1 Monat regierte. Er stiftete dies Kloster des heil. Andreas, befestigte Verden durch Mauern, lösete die Voigtei der Stadt und überdies die Güter der Brüder ein; das Gut Westen, für mehr als 800 Mark erkauft, schenkte er der heil. Maria, d. i. der Domkirche.)

Es ist also gewiß, daß die Andreaskirche in der Zeit des Bischof's Iso (1205 — 1231) erbaut wurde. Der Thurm besteht aus Quadersteinen, das Kirchenschiff aber aus Ziegeln. Der ganze Bau zeigt einen spät romanischen Charakter; nur die Strebepfeiler sind gothisch.

12.

Heinrich der Eiserne, oder die Ritterburg im Tannensee.

Vom Landrath Meyer zu Burtehude.

(Hannov. Magazin 1841 № 82.)

Im Herzogthum Bremen, und zwar im Gerichtsbezirke Delm, trifft man im Moore bei den in Apensen eingepfarrten Dörfern Revenahe und Cammerbusch, nicht weit von der Bremer Heerstraße, die von Burtehude nach Zeven führt, eine mit Wasser angefüllte Vertiefung an, die den Namen Dannensee oder Tannensee führt, vermuthlich, weil selbige in alten Zeiten von einem Tannenwalde eingeschlossen gewesen ist, und mitten in diesem s. g. See eine aus dem Wasser hervorragende trockene Stelle. Befragt man die Landleute der dortigen Gegend hierüber, so pflegen sie in ihrer plattdeutschen Mundart zu erwiedern: „da hett de ysern Hinnerk wohnt", und dann allerlei Sagen von diesem eisernen Heinrich zu erzählen, wie er z. B. von dieser Burg aus seine Räubereien unternommen; wie er, um die Reisenden wegen seiner Abwesenheit von der Burg zu täuschen, seine Rosse mit verkehrten Hufeisen versehen lassen; wie endlich seine Burg zerstört und bis auf den Grund geschleift und er selbst gefangen und in Ketten und Banden weggeführt worden sei, und dergleichen.

In dem eben so lesenswerthen als lehrreichen Aufsatze des diesjährigen hannoverschen Magazins, betitelt: „Monumenta germanica, oder Statistik der im Königreiche Hannover und einigen angrenzenden Ländern vorhandenen heidnischen Denkmäler" geschieht im 65sten Stücke S. 520 jenes aus dem Wasser hervorragenden Mittelpunktes des Tannensees, als eines der wenigen Ueberbleibsel von Burgruinen im Herzogthume Bremen, ebenfalls Erwähnung und es wird zugleich auch einer Sage des Landvolks gedacht, wonach der eiserne Heinrich bei der Belagerung seiner Burg unter anderen werthvollen Sachen auch einen goldenen Tisch in den Burgsee versenkt haben soll, wobei die Bemerkung gemacht wird, daß die Geschichte nichts von diesem eisernen Manne wisse.

Diese Schlußbemerkung aber bedarf einer Berichtigung, denn sie enthält, mit Erlaubniß zu sagen, eine historische Unrichtigkeit. Allerdings weiß die Geschichte, wenigstens die Specialgeschichte des Herzogthums Bremen, von diesem eisernen Manne; ja sie weiß, daß er vor länger als 500 Jahren wirklich gelebt hat. Wer aber noch länger, als 500 Jahr, in dem Andenken des Landvolks und dessen mündlichen Traditionen fortlebt, von dem läßt sich mit ziemlicher Gewißheit annehmen, daß er sich durch außerordentliche Handlungen ausgezeichnet haben müsse, und es verlohnt sich daher wohl der Mühe, zu untersuchen, wer jener Mann, der im Munde des Volks der eiserne Heinrich genannt wird, gewesen sei.

Freilich, wer die Wolterschen und Rennerschen Chroniken besitzt und den Mushard, Pratje und Kobbe gelesen hat, der wird hierüber nicht lange im Zweifel sein. Da man aber voraussetzen darf, daß manche Leser sich in diesem Falle nicht befinden, so wird es diesen, und besonders den Bremensern, hoffentlich nicht unangenehm sein, wenn Einsender dieses sich die Erlaubniß nimmt, ihnen aus seinen, in den Mußestunden nach und nach gesammelten historischen Notizen und Excerpten über diesen Gegenstand Einiges mitzutheilen, was freilich für die gelehrten Herren Historiker nicht sonderlich viel Neues enthalten mag.

Heinrich der Eiserne war ein bremischer Ritter und hieß eigentlich Heinrich von Borgh oder Borch. Er war Burgmann zu Horneburg und besaß viele Güter im Lande und unter andern auch jene Raub- oder Ritterburg im Tannensee, wovon die Dorfschaften Revenahe und Cammerbusch Vorwerke waren. Er muß in der Mitte des 13ten und in der ersten Hälfte des 14ten Jahrhunderts gelebt haben, denn Mushard führt eine Namensunterschrift von ihm als Zeugen schon in einer Urkunde von 1272 an, und es kann nicht fehlen, daß er in den Jahren 1307 bis 1327 noch gelebt haben muß, weil in diesem Zeitraum die Regierungsperiode des Erzbischofs Jonas fällt, in welcher eben dieser Heinrich von Borch eine sehr thätige Rolle spielt. Im Jahre 1350 scheint er dahingegen nicht mehr gelebt zu

haben, denn da tritt bei Mushard schon der Name seines
Sohnes Daniel hervor.

Den Beinamen der Eiserne hat er ohne Zweifel des=
wegen beim Volke davon getragen, weil er unaufhörlich in
Kampf und Fehde und auf Streifzügen begriffen war und
fast nicht aus seinem Harnisch kam. — Wäre es weiter
nichts als dies, so würde sicher kein Mensch davon spre=
chen und sein Name, gleich denen sonstiger tapferer Ritter
aus jenen anarchischen Zeiten des Faustrechts längst bei
den Nachkommen im Meere der Vergessenheit versunken
sein. Aber gerade der merkwürdige Umstand, daß sich der
Name und das Andenken des Mannes seit länger als 500
Jahren bei schlichten Landleuten, die weder Chroniken noch
sonstige historische Werke lesen, durch bloße mündliche Tra=
dition von Vater auf Sohn erhalten haben, gerade dieses
führt schon auf die Vermuthung, daß die Thaten dieses
Mannes von mehr als gewöhnlicher Beschaffenheit gewesen
sein müssen, sich weiter erstreckt, tiefere und bleibendere
Spuren den Verhältnissen der Menschen eingedrückt haben
müssen, als man bei den gewöhnlichen Begebenheiten der
Ritterzeit anzutreffen pflegt. Und so ist es auch. Denn
wenn auch nur die Hälfte von demjenigen wahr ist, was
die Chronikenschreiber von ihm berichten, so muß er aller=
dings einer der blut= und raubgierigsten Wütheriche gewe=
sen sein, die jemals die Erde getragen hat. Er wird von
ihnen als ein Nonnenschänder geschildert, als ein Mensch,
dem nichts heilig gewesen, der Klöster zerstört, Mönche
und Priester verfolgt und in die Kerker geschleppt, Ort=
schaften niedergebrannt, viele Menschen durch Feuer und
Schwert getödtet und in Wasser und Schnee habe umkom=
men lassen.

Eine erwünschte Gelegenheit und ein weiteres Feld
zur Befriedigung seiner bösen Gelüste eröffnete sich ihm
besonders auch in jenen Zeiten, als der durch den Tod
Heinrichs des 1sten (von Golthorn) erledigte bremische Erz=
bischofsstuhl vom Pabste ganz eigenmächtigerweise und ohne
sich um das Domcapitel in Bremen, dem doch bei derglei=
chen Wahlen das **Jus eligendi et postulandi** zustand, im
geringsten zu bekümmern, mit einem entwichenen Erzbischofe

von Lund, Namens Jens Grand, der in der bremischen
Geschichte unter dem Namen Jonas bekannt ist, wieder besetzt und dieser Mann dem Lande als Erzbischof gleichsam
aufgedrungen wurde. Kein Wunder, wenn das ganze Land
diesen unberufenen Ankömmling ungern sah und ihn als
Landesherrn nicht anerkennen wollte; kein Wunder, wenn
derselbe gleich mit Hamburg und Bremen in Streit gerieth; kein Wunder, wenn ein großer Theil des bremischen
Adels und unter diesem vorzugsweise auch Heinrich von
Borch und sein eben so übel berüchtigter Genosse Otto
Schack, die Waffen gegen denselben ergriff und diesen Jonas so lange quälte und ängstigte, bis er endlich, von
Geldmangel und Kränkungen aller Art niedergedrückt, sich
genöthiget sah, auch sein Erzbisthum Bremen mit dem
Rücken anzusehen und sich durch die Flucht zu retten.

Gleich beim ersten Einzuge des Erzbischofs Jonas
hielt Heinrich von Borch das erzbischöfliche Schloß zu
Bremervörde besetzt und weigerte sich, ihm selbiges heraus-
zugeben. Er wich nicht eher, als bis der Erzbischof, mit
Hülfe eines benachbarten Fürsten, ihn mit Gewalt der
Waffen daraus vertrieb. Als er aber noch immer nicht
zu bändigen war, nahm Erzbischof Jonas seine Veste in
Horneburg ein, ließ sie (1307) niederbrennen und schlei-
fen und zwang ihn, sich in die ihm allein übrig gebliebene
Burg im Tannensee zurückzuziehen. Aber auch dahin folg-
ten ihm die erzbischöflichen Truppen; die Burg wurde er-
stürmt und der Erde gleich gemacht. Vergebens, so deutet
die Sage, waren die erzbischöflichen Soldaten bemüht, seiner Person habhaft zu werden, denn er hatte Mittel und
Wege gefunden, aus der Burg zu entwischen. Endlich
entdeckte man ihn in einiger Entfernung im Moore hinter
einem Torfhaufen versteckt, wo er wohl nicht gesehen wäre,
wenn nicht eine Schaar von Kibitzen die Aufmerksamkeit
der Soldaten auf sich gezogen hätte, die, wahrscheinlich,
weil diese Thiere in dieser Gegend ihre Nester hatten, unaufhörlich und mit großem Geschrei um jene Torfhaufen
herflogen. So fiel denn der eiserne Heinrich endlich in
die Hände seiner Verfolger, wurde nach Bremervörde gebracht, und da in's Verließ geworfen. Hier hat er lange

gesessen, bis endlich Herzog Johann von Lüneburg ihn auf
freien Fuß stellte. Dieser nämlich war Canonicus und
Scholaster am Dom zu Bremen und administrirte das
Erzstift während der Abwesenheit des Erzbischofs. Er
gehörte ebenfalls zu den Feinden desselben, fürchtete dessen
Zurückkunft und suchte sich daher inzwischen unter dem
bremischen Adel Anhang zu verschaffen, wobei er sein vor-
zügliches Augenmerk auf den eben so energischen als kühnen und kriegserfahrenen Heinrich von Borch richtete, der
noch immer mächtige Verbindungen im Lande besaß und
dessen Gut zu Horneburg, selbst noch während seiner Gefangenschaft, durch Hülfe seines Freundes Schack in die
Hände seiner Söhne zurückgeliefert war.

Dieser beabsichtigte Zweck wurde auch vollkommen erreicht. Denn wenn gleich der Erzbischof sich durch Vermit-
telung des Pabstes mit dem Herzoge aussöhnte und in
Folge dieser Vereinbarung wirklich auch in das Erzstift
zurückkehrte, so wußte ihm doch seine Gegenpartei so viele
Hindernisse und Verdrießlichkeiten in den Weg zu legen,
daß er sich in sehr kurzer Zeit wieder veranlaßt fand, das
Erzstift zum zweiten Male zu verlassen. Er starb im Jahre
1327 zu Avignon.

Das Todesjahr des Heinrich von Borch ist mir nicht
bekannt. Seine Familie aber (die übrigens mit einer andern gleiches Namens, welche aus Westphalen herstammt,
nicht verwechselt werden darf) ist jetzt längst ausgestorben.
Der letzte dieses Geschlechts war Johann von Borch, der
um's Jahr 1500 lebte und dessen Tochter Ilse (oder Mar-
garethe) im Jahre 1520 einen Otto von Düring heirathete, durch welche Verbindung eine Verschmelzung der von
Borch'schen Güter mit den von Düring'schen entstanden ist.

Die Delmer Bauern aber sagen nichts als die reine,
an der Geschichte wohlbegründete, Wahrheit, wenn sie von
dem Tannensee erzählen:

„da hett de ysern Hinnerk wahnt".

———————

Herr Rector Visbeck zu Bremervörde bemerkt zu vor-
stehendem Aufsatze: 1. daß der Tannensee in einem tiefen

und wilden Moor, genannt Dasdörper Moor, liege; 2. daß
der moorige Burggraben neuerlich einen Abzugscanal erhalten habe, wodurch nicht nur der Sandboden des See's,
sondern auch eine Reihe von Pfählen, offenbar zu einer
schmalen Brücke gehörig, und auf dem Burgplatze zer-
trümmerte Balken und Ziegel sichtbar geworden. 3. Daß,
nach der Erzählung der Landleute, Hinrich von der Borch
seine Ehefrau in einem eisernen Backofen verbrannt habe;
auch daß im Burggraben unter Anderem eine goldene Wiege
liege, welche alle hundert Jahre in der Johannisnacht
zum Vorschein komme. Wer sie aber haben will, darf
kein Wort dabei sprechen.

13.
Die Sage vom Störtebecker.

(Nach Mittheilungen vom Herrn D. Möhlmann in Stade und Herrn
Pastor Wiedemann in Bargstedt. Vergl. des Herrn Professor Deecke
Lübische Geschichten und Sagen. Seite 161.)

Wenn im Munde des Volks Jahrhunderte lang das Andenken an Begebenheiten und Persönlichkeiten fortlebt, so
darf daraus mit Recht geschlossen werden, daß sie auf ihre
Zeitgenossen einen sehr tiefen Eindruck gemacht haben. Die
Schaale derselben wird dann durch die Sage vielfach ver-
ändert, aber der Kern der Geschichte bleibt. Eine solche
Begebenheit waren die Seeräuber-Züge der s. g. Vitalienbrüder in der Ost- und Westsee zu Ende des 14ten Jahrhunderts; diese sind vergessen, aber von ihren beiden An-
führern, Claus Störtebecker und Gödeke Michael, weiß die
Sage noch immer zu erzählen.

Als um 1389 die Dänen-Königin Margaretha den
König Albrecht von Schweden gefangen hielt, machten sich
zu dessen Befreiung die Rostocker und Wismarschen auf
und warben ein wildes Volk, das sich Vitalienbrüder
nannte, weil man dem Könige Victualien zuführen wollte,
das aber bald durch Seeräubereien weit und breit gefürchtet
wurde.

Ihre beiden genannten Anführer waren waghalsige Abenteurer, deren damals keineswegs als unehrlich geachtetes Handwerk sie doch zuletzt in die Hände der erbitterten Hamburger brachte, so daß sie als Verbrecher sterben mußten. Aber im Volke lebten sie fort und fort als Seehelden; daher mehrere Gegenden sich um die Ehre streiten, ihr Geburtsort zu sein. Nach Kobbe Gesch. Theil 1. Seite 206 war Störtebecker aus dem Bisthum Verden: sein Schloß stand bei Verden in der Nähe der Halsmühle (Pfannkuche Geschichte des Bisthums Verden. I. S. 214), und seines Schwagers Hofstelle in Dauelsen wird noch gezeigt. Ja, er und Gödeke sollen, wenig glaublich, in den Dom zu Verden jeder 7 Fenster geschenkt haben (eins mit Störtebecker's Wappen: zwei umgestürzte Becher), zur Büßung von sieben Todsünden; auch eine jährliche Spende von Rocken und Heringen an die Geistlichkeit und die Armen daselbst wird von Störtebecker hergeleitet. Aber die Fischer auf Rügen erzählen: Gödeke Michael sei ein Knecht des Gutes Ruschwitz auf Jasmund, Störtebecker aber aus der Gegend von Barth in Pommern gewesen: in einer Kluft zu Stubbenkammer hätten sie ihr Raubgut verwahrt. In Mecklenburg wird ein alter Burgwall des Gutes Schulenburg bei Sülz an der Reknitz als eine Burg von Störtebeck und Jörte Micheel bezeichnet. Desgleichen sollen sie zu Neustadt in Holstein eine Schanze gehabt haben, und noch 1771 existirte dort der Familienname Störtebecker. Weiter weiß man Vieles von ihnen zu erzählen in Ostfriesland. Nach ihrer Vertreibung aus der Ostsee fanden sie daselbst, wie in Oldenburg und im Groninger Lande, Zuflucht, und standen mit den Einwohnern in lebhaftem Verkehr wegen ihres Raubgutes. Am meisten hielten sie sich auf zu Marienhafe, wo sie an der berühmten Kirche den hohen Thurm zu bauen anfingen, aber nicht vollendeten. Ein ehemals dahin führender Kanal heißt noch jetzt das Störtebeckerstief, und die Sage berichtet: an großen in der Kirchhofsmauer angebrachten eisernen Ringen habe Störtebecker seine Schiffe befestigt. Dieselbe Sage wird von der Kirche zu Holtgaste im Amte Jemgum erzählt, welche jetzt fast eine halbe Stunde von der Ems entfernt liegt. Vor Allem aber ist sein Andenken in Hamburg noch lebendig. Die Schiffergesellschaft daselbst besitzt einen mächtigen Becher, welcher 4 Flaschen faßt und den er in Einem Zuge geleert haben soll. Und eines gleichen Bechers rühmt sich auch Lübeck und Groningen. Natürlich, der deutsche Seeheld mußte auch ein starker Trinker sein. Den reichen Hamburger Kaufherren, und selbst dem Sultan in Konstantinopel soll er manchen Streich gespielt haben. Eine Stunde von Harburg nach Burtehude zu liegt bei Neugraben ein Sandhügel, der Falkenberg genannt und jetzt mit Tannen bepflanzt, wo er eine Burg gehabt und von da aus die Elbe mit Ketten gesperrt haben soll. Endlich im Jahre 1402 wurde er zwischen Neuwerk und Helgoland durch ein von Flandern kommendes Seeschiff, „die bunte Kuh", nach tapferer Gegenwehr gefangen genommen, er und M. Gödeke und Wichmann Wichelt mit 70 Genossen. Ein schlauer Hamburger hatte nämlich, wie die Sage geht, das Steuerruder an Störtebecker's Schiffe durch geschmolzenes Blei unbeweglich gemacht. Man machte ihm hierauf den Proceß, dessen Acten in Hamburg noch vorhanden sein sollen. Als Gefangener zerriß er seine Ketten, und erbot sich, wenn man ihm die Freiheit schenken wolle, den Thurm von St. Petri mit Golde zu decken. Aber umsonst! Mit allen seinen Gefährten wurde er auf dem Grasbrook enthauptet. Aus Liebe zu diesen that er die letzte Bitte, daß Alle, bei denen er nach seiner Enthauptung vorbei liefe, begnadigt werden möchten. Als ihm dieses nun gewährt wurde, und die Seeräuber in Reihe und Glied standen, lief er enthauptet bis zum fünften Mann. Da warf der Henker ihm einen Klotz vor die Füße, daß er fiel und nicht wieder aufkommen konnte.

Kein Wunder, daß dieser volksthümliche Held frühzeitig in Volksliedern besungen wurde. Die ursprünglich plattdeutsche, ohne Zweifel von einem Hamburgischen Meister verfaßte Störtebecker-Ballade ist aber verklungen und nur noch in einzelnen Reminiscenzen vorhanden. Eine hochdeutsche, etwa 1550 verfaßte Uebersetzung davon besitzt Herr D. Möhlmann und hat dieselbe in dem Archiv für

Friesisch-westphälische Geschichte, Heft 1, abdrucken lassen: er erklärt sie aber für schlecht und zum Theil unverständlich. Der Schlußvers lautet:

Hamborg, Hamborg! das geb' ich dir Preiß.
Die Seeräuber werden nun auch so weiß.
Umb Deinetwillen mußten sie sterben.
Deß magstu von Gold eine Krone tragen.
Den Preiß hast Du erworben.

Nachdem Lessing zuerst auf das Lied aufmerksam gemacht, ist es in moderner Bearbeitung in des Knaben Wunderhorn von Arnim und Brentano erschienen. Folgende Strophen, in einem Hamburger Volksblatte mitgetheilt, charakterisiren als Bruchstück das Ganze:

Störtebecker un Gödeke Micheel,
Dat weeren twee Röver to gliken Deel
To Water un nich to Lande;
Bit datt et Gott in Himmel verdrool.
Do mosten se liden groot Schande.

Störtebecker sprook: Altohand!
De Westsee is uns wol bekannt:
Dahin wöll'n wi nu fahren.
De riken Koplüd von Hamborg
Mögt jem ehr Scheep nu wahren.

Nu lepen se wi dull dahin
In ehren bösen Röversinn,
Bit dat man jem kreeg faten
Bie't Hilgeland in aller Fröh:
Da mussen se't Haar wol laten.

De bunte Kuh uut Flandern kam,
Dat Roovschipp op de Hören nam
Un stött et wiss in Stücken.
Dat Volk se brogten na Hamborg up,
Da mosten se'n Kopp all missen.

De Vrone de het Rosenfeld,
Hau't aff so mangen vilden Held
Den Kopp mit kühlen Moote.
He hadde angeschnörte Schoo.
Bit an sien Enkel stunn he in Bloote.

Zur Vergleichung diene noch ein Fragment des Stör-
tebecker-Liedes, wie es die Fischer auf Rügen fingen (aus
Indigena's Streifzügen durch das Rügenland. Altona,
1805. S. 147).

Störtebeck und Gödke Michel
Die raubten beide zu lyken Deel
Zu Wasser und zu Lande.
Ein' stolze Kuh aus Flandern kam
Mit ihren eisern Höhren
Sausend und brausend wol durch das wilde Meer.
Das G'lach wollt sie zerstören.

14.

Ein Sittenspiegel aus Stade, angeblich aus dem Ende des 15ten Jahrhunderts *).

Wiltu up erden erbarlich und durich leven
so merke unde betrachte watt hier steidt geschreven:
Gades gebodt in groten achten
unde sinen bevele wilt natrachten
si unterdanich diner overicheit
alse di godt dat sulve bevalen deit
wes eines iedderen bedenstlike knecht
unde do in allen dingen lick unde recht

*) Aus einer handschriftlichen Sammlung alter Nachrichten
über das Bremen- und Verdensche, welche der sel. Consist.-
Rath Watermeyer aus der Auction des Consist.-Raths
D. J. v. Stade in Verden erkauft hat, und welche jetzt
der Prediger-Bibliothek in Stade angehört.

dinen negesten nicht wilt bedregen
vermidt to puchen stelen unde legen
gif einen jedern dat sin
unde in dinem levende guden schin
wes warhaftich verschwig hemelicke dinge
wultu dat di up erden wol gelinge
mit howart schouwe tho weren (?)
si nicht ilig mit diner rede
dwink dine tunge na tidt unde stede
hödt di vor krich unde naberlichen stridt
dardorch menniger des sinen werdt quidt
hoed di vor averflodige win spel unde lose wive
dardorch menniger kumpt van levende tho hader
      unde kive
geselle di nicht to unbekanden
si turtich (?) in steden unde landen
love nicht allewege wat man di secht
truwe nicht alto ser dinen versoneden vindt recht
trure nicht alto sere umme din verlaren gut
wedder tho nehmen hebbe stedes guden moth
fröwe di nicht alto sere um dines negesten wed-
      derwerdicheit
wente din gelucke facken in blomen steit
love nicht henn unde hodt di vor borgen
lat iedermann dat sine sulven besorgen
holt matte in allen dingen
na groter pracht nicht wilt ringen
wenn du ienigen armen sühst
gedenke dat du ock Adames kindt sist
streve nicht baven matte alto seer
na grotter pracht unde hoger ere
er wi sodanes krigen unde erwerwen
so legge wi uns nedder und starven
wat wedder Godt er unde alle billicheit is
des entholt di nu unde tho aller frist.

Es ist auffallend, daß dieses Stück von christlichen
Beweggründen, zumal denen der Römischen Kirchenlehre,
fast nichts enthält. Dasselbe giebt überhaupt vornehmlich

nur Klugheits-Regeln, und ist wohl eben deßhalb ohne
allen Schwung, poetischen sowohl als religiösen. Aber
was dazumal im Volke als Sittlichkeit und Lebensklugheit
galt, läßt es in lehrreicher Weise erkennen.

15.

Die Ursachen, welche die Einführung der Reformation in den Herzogthümern befördert haben.

Um die großen und schnellen Erfolge des von Luther be-
gonnenen Werks zu erklären, pflegt man viele Gründe bei-
zubringen. Mit der Gotteskraft Luthers, sagt man, habe
sich der Geistesreichthum der ganzen freisinnigen Jugend
verbunden, durch die Reformation seien den Fürsten Kirchengüter, den Priestern Weiber, den Völkern Freiheit geboten worden. Es ist Wahrheit in diesen Worten. In
vielen Gegenden unsers Vaterlandes fand daran die Reformation einen kräftigen Beistand. Aber für das Herzogthum
Bremen treffen seine Gründe nicht zu. Die Anzahl und
der Einfluß der freisinnigen Männer — wenn es deren
überhaupt im Anfange gab — war nicht nennenswerth.
Der Fürst konnte nicht durch geistliche Güter gelockt werden, weil er sie als Erzbischof schon besaß. Den Priestern
brauchte man keine Weiber zu bieten, denn sie hatten leider mehr als genug. Dem Volke konnte die Freiheit nicht
mit Erfolg vorgehalten werden, denn eine größere staatliche
Freiheit ist nie gewesen im Herzogthum, als in den letzten
Zeiten der katholischen Herrschaft.

Will man den raschen Sieg der lutherischen Lehre in
dieser Provinz erklären, so muß man sich nach andern
Gründen umsehen.

Wie anderswo, so zeigt sich auch hier der innere
Verfall des Katholicismus. Er war verweltlicht, ein Formendienst, lauter Aeußerlichkeit ohne Leben. Wallfahrten,
bestimmte Gebetsformeln, lateinischer Gottesdienst und die
Anbetung von widerlichen Reliquien. Die Religion war

allerhand geworden, ein Erwerbsmittel, eine Zerstreuung, eine Schwärmerei, eine Lebensversicherung — aber sie war nicht geblieben, was sie sein sollte, eine Anbetung Gottes und eine Richtschnur des Lebens.

Diesem erstarrten Wesen setzte Luther das ewige Recht der Menschheit, die Macht der öffentlichen Meinung und die ganze Kraft seiner Persönlichkeit entgegen. Gegenüber der hohlen Werkheiligkeit des Katholicismus stellte Melanchthon ein einfach großes Glaubenssystem auf (Loci comm. Witt. 1521), wodurch er die Reformation vor der Bildung und Gelehrsamkeit seiner Zeit siegreich rechtfertigte. Ausgehend von der tiefsten Hülflosigkeit der Menschen, die sich in der Lehre von der Erbsünde darstellt, zeigt es uns in Christo die vollkommene Genugthuung der göttlichen Gerechtigkeit für die Sünden des menschlichen Geschlechts. Im Glauben d. h. in der Hingabe des ganzen Gemüths an Christum ist das alleinige Heil. Was von den Satzungen und Werken der Kirche den Glauben fördert, ist heilsam; was ohne ihn geschieht, unnütz; was ihm entgegen, verwerflich. Mit dieser Waffe schlugen die Reformatoren den Katholicismus.

Aeußere Forderungen traten hinzu. Die bischöfliche Gewalt in den einzelnen Ländern Deutschlands war schwach geworden. Wir müssen etwas zurückblicken in die früheren Jahrhunderte, um dies zu erklären.

Ursprünglich wurden die deutschen Bischöfe von dem Kaiser eingesetzt. Gestützt auf die Macht desselben erlangten sie in ihren Bezirken allmählig einen größeren oder kleineren Kreis weltlicher Herrschaft. Da begann der große erschütternde Streit, zwischen dem Pabstthum und der Kaisergewalt über das Recht, die Bischöfe zu ernennen, — ein Streit, der Keinem zum Segen, aber Vielen zum unersetzlichen Schaden gedient hat. Seit der Zeit ist die weltliche Macht der geistlichen feind geworden und eine ehrliche volle Versöhnung hat nicht stattgefunden bis auf diese Stunde. Das ist der unselige Streit zwischen Gregor VII. und Heinrich IV. Die geistliche Macht siegte, aber der Sieg war die Quelle bitterer Demüthigung in den folgenden Zeiten. Wären die Päbste im Stande gewesen, ihr

Ernennungsrecht in jedem Falle durchzuführen und hätten sie Umsicht, Gerechtigkeit und Selbstverleugnung genug besessen, um es zum Besten der Kirche auszuüben, so würde es eine segensreiche Errungenschaft gewesen sein. Aber kaum hatte das Pabstthum gesiegt, so sprang eine andere unerwartete Macht in's Leben und forderte Theilung der Beute.

Das waren die Domkapitel. Ursprünglich einfache, wenig beachtete Mönche an der bischöflichen Kirche, hatten sie sich durch nichts ausgezeichnet, als durch den geringen Schimmer, welchen der Bischof auf sie als seine unmittelbare Umgebung warf. Sie besaßen auch vielleicht etwas mehr wissenschaftliche Bildung, als andere Mönche, und zeigten den lebhaftesten Eifer, den Pabst in seinen Ansprüchen zu unterstützen. Als aber mit ihrer Hülfe die Ernennung der Bischöfe den Kaisern entrissen wurde, waren sie es, welche sich unverzüglich gerade den Gegenstand annaßten, um welchen so heftig gekämpft wurde. Der Streit war noch nicht einmal entschieden, als sie bei vorkommender Gelegenheit das Recht der Bischofswahl auszuüben wagten. So in Verden 1097.

Als Ruhe nach dem Kampfe eintrat, war die Bischofswahl von Seiten der Kapitel eine vollendete Thatsache und nicht ohne große Bedenken zu ändern. Es wurde freilich eine Bestätigung sowohl dem Kaiser, als dem Pabste zugestanden, aber das waren leere Formen ohne das Wesen wahrer Macht. Oft genug, namentlich bei streitigen Wahlen, suchten die Päbste einzugreifen und es gelang ihnen auch meistens, aber es waren vereinzelte Siege ohne nachhaltige Folgen. Die geistliche Disciplin wurde hiedurch gründlich untergraben und die weltliche Stellung der Kirche gegen die anwohnenden Fürsten geschwächt, denn dem Kaiser, der sie sonst mit starkem Arm geschützt, hatte sie sich entzogen und der Pabst wohnte fern und ist immer ohnmächtig gewesen, wenn er es mit entschlossenen Leuten zu thun hatte.

Während zur Zeit des kaiserlichen Regiments nur sehr angesehene oder fromme und gelehrte Männer Bischöfe wurden, konnte nun jeder einzelne Domherr — so nannte sich sehr bezeichnend von dieser Zeit an die sonst so bescheidenen Mönche der Kathedrale — sich Hoffnung auf diese Würde machen. Mönchsleben war bis dahin wenig begehrt von angesehenen Leuten; von nun an aber drängte der umwohnende Adel seine Mitglieder in die Domkapitel und wir finden seitdem selten andere als adelige Domherren. Der zu wählende Bischof mußte vorher einen Vertrag mit den Domherren machen — eine Wahlcapitulation — worin er von seinen Einkünften und Vorrechten etwas den Domherren abgab. Um recht viel zu erhalten, wurden oft absichtlich schwache Männer erwählt.

Dies Verhältniß, welches sich in seinen Hauptzügen im ganzen Deutschland wiederholte, war im Erzbisthum Bremen vollkommen ausgebildet. Wenn daher irgend ein Angriff auf die geistliche Gewalt gemacht wurde, wie zur Zeit der Reformation, so waren beide, Bischof und Capitel, gezwungen, ihre Macht zusammen zu legen, um dem gemeinsamen Feinde zu begegnen. Wenn sie das nicht konnten oder wollten, so waren sie besiegt.

Im Anfang stand der Bischof an der Spitze des Clerus und ernannte sämmtliche hohe und niedere Geistliche. Weil aber bei dem bedeutenden Umfange der Bisthümer nicht wohl Alles von ihm allein besorgt werden konnte, so wurde ein Mittelglied eingefügt. Das waren die Archidiakonen. Man kann sie in Beziehung auf den Umfang ihrer Sprengel und manche Amtsthätigkeit mit den jetzigen Superintendenten vergleichen, aber ihre Macht war bei weitem ausgedehnter. Sie besaßen bedeutende Einkünfte und große Befugnisse, ernannten sämmtliche Geistliche in ihren Dörfern und übten — mit Ausnahme der unmittelbar unter dem Bischof stehenden Klöster — die umfassendste Kirchendisciplin aus. Durch diese neue Gliederung behielt aber doch der Bischof die ihm nöthige centralisirte Gewalt, denn die Archidiakonate wurden von ihm allein besetzt und blieben völlig abhängig. Die Macht der Archidiakonen war sehr groß, aber es war immer nur eine geliehene Macht.

Lange sehnten sich die Domherren nach Vergrößerung ihrer Gewalt und blickten neidisch auf die Befugnisse der

Archidiakonen. Aber erst nach beinahe zwei Jahrhunderten wagten sie es, die Macht derselben sich anzueignen. Da mußte bei einer neuen Wahl (1231) der Bischof eidlich versprechen, die Archidiakonate im Fall der Erledigung fortan nur den Domherren zu verleihen. Dieser höchst bedenkliche Schritt der Domherren hat ihnen selbst wenig genützt, aber der erzbischöflichen Gewalt und der Kirche selbst unermeßlich geschadet. Vorher saß der Archidiakon in der Mitte seiner Diöcese, um ihn seine Pfarrer und Kaplane. Er selbst hatte seine eigene Gemeinde, kannte das Volk und dessen Bedürfnisse und beurtheilte die Dinge aus persönlicher Anschauung. Seine Einkünfte waren bedeutend, und erlaubten ihm eine unabhängige Stellung. Die Disciplinar = Gewalt, welche er auf seine Geistlichen ausübte, war rasch und traf sicher, denn sein Kreis war so eng, daß seine Rechtspflege nie fehl ging.

Als aber die Domherren mit dieser Würde bekleidet wurden, ging die gedeihliche Wirksamkeit der Einrichtung gänzlich verloren. Die Archidiakonate wurden Vicaren übergeben, die Domherren selbst saßen in der Stadt bei der Kathedrale, hatten keinen seelsorgerischen Gemeindekreis und kannten die Bedürfnisse eines solchen viel zu wenig. Ihre Disciplinar=Gewalt war schwach, weil spät und in der Ferne geübt. Durch den Mangel an naher Beaufsichtigung kam aber in die niedere Geistlichkeit ein mehr und mehr wachsender Unabhängigkeitssinn. Bei dem Eintritte der Reformation zeigte sich dies sehr deutlich. Der Erzbischof und das Domkapitel lebten in offener Fehde und die Strafmacht beider war schwach. Ging ein Dorfgeistlicher zur neuen Lehre über, so fürchtete er sich weder vor dem Erzbischof, der ihm niemals hatte etwas befehlen können, noch vor dem Domherrn, dessen Strafgewalt träge und verspätet war.

Ein zweiter Grund, durch welchen die Reformation begünstigt wurde, war die allgemeine Entsittlichung der katholischen Geistlichkeit. Sie wird von sämmtlichen Geschichtschreibern jener Zeiten als etwas Unleugbares dargestellt und selbst eifrige Katholiken, in denen der sittliche Unwillen nicht durch Partheileidenschaft erstickt ist, sprechen die

wehmüthigsten Klagen und bittersten Vorwürfe aus. In
neueren Zeiten, wo es bei manchen Schriftstellern Sitte
geworden ist, die Reformation als unberechtigt, als Revolution und willführliche Auflehnung gegen göttliches und
menschliches Recht zu schildern, sucht man diesen Vorwurf
abzuschwächen und die Ueberschreitungen der Geistlichkeit
als vereinzelt und von den Gegnern übertrieben darzustellen. Wir werden die Falschheit dieser Annahme beweisen.

Das sittliche Leben der Geistlichen ist eine mächtige
Wehr gegen die Angriffe auf die Lehre. Nicht nur wahre
Tugend, sondern auch äußere Unanstößigkeit des Wandels
ist ein starker Schutz. So lange die katholischen Geistlichen
leidlich tugendhaft lebten, wurden alle Angriffe auf ihre
Lehre zu Schanden. Es sind vor Luther genug Reformatoren aufgestanden, ihre Bemühungen sind vergeblich gewesen, sie kamen zu früh. Es giebt elf gedruckte deutsche
Bibelausgaben vor der lutherischen — sie sind ohne ersicht-
liche Wirkung geblieben, die Zeit war nicht reif. Es ist
nicht genug, daß ein großer Mann oder eine große That
kommt, sie muß auch im rechten Augenblick kommen. Der
Anfang des 16ten Jahrhunderts ist die Zeit, in welcher die
Geistlichen sowohl in der Entstellung der Lehre, wie in der
Entartung des persönlichen Lebens den Höhepunkt erreich-
ten. Aber gerade dies Untergehn in den schreiendsten La-
stern, welches die Reformation hier antraf, machte ihr den
Sieg leicht. Wie eine faule Frucht fiel der Katholicismus
vom Baum, als der frische Wind den Stamm rüttelte.

Eine verworfenere Gemeinschaft, als die Geistlichkeit
unserer Provinz in jener Zeit ist nicht wohl denkbar. Ein
hartes Wort, aber wir werden die Wahrheit desselben dar-
thun. Der letzte katholische Erzbischof dieser Provinz war
Christoph, ein geborner Herzog zu Braunschweig und
Lüneburg. Sinnliche Lust war das allgemeine Laster der
Zeit, aber der Bischof überbot darin seine Zeitgenossen.
Neben zahllosen vorübergehenden Verbindungen unterhielt
er beständig drei Concubinen, in Bremen, Verden und Rotenburg. Er huldigte ihnen mit unerhörter Rücksichtslosig-
keit. Im Jahre 1522, also zu einer Zeit, wo Luther's

Flugschriften wie Brandraketen durch Deutschland flogen und alle Bischöfe aus ihrem Taumel aufschreckten, ließ er Thaler schlagen mit der Umschrift „Elige cui dicas." Die Ergänzung dieser Worte giebt der Vers des Ovid — Tu mihi sola places. (A. A. 1, 42.) Welch ein Maß von Schamlosigkeit bei einem Mann, der ein christlicher Bischof sein wollte und den Anflug von classischer Bildung, welcher aus seiner Jugend zurückgeblieben war, auf so unwürdige Weise zur Schau trug. Buhldirnen waren damals die Begleiter fast aller Geistlichen; der kleinste Dorfpfaffe wie der höchste Würdenträger der Kirche trug diese Schande mit sich herum. Diese Schmach wurde damals nicht nur von dem katholischen Clerus entschuldigt, sondern im Gegensatz zu den Ehen der protestantischen Geistlichen öffentlich vertheidigt. Sleidan. de stat. reip. cap. 4.) Die Buhlerinnen waren nicht gekleidet, wie andere Frauenzimmer; ihr Anzug bewies schon, daß sie „an der Unehren" saßen. Die Mode jener Zeiten verlangte bei ehrbaren Frauenzimmern dunkle, fest anschließende, wenig kleidsame Gewänder mit steifen Falten und unbehülflichem Schnitt. Die geistlichen Dirnen aber trugen andere Gewänder von hellen Farben und leichten hübschen Formen. Statt des hohen weißen Kopfputzes von gestreiftem Leinen trugen sie ein seidenes faltiges Tuch mit herabhängenden Spitzen. Noch jetzt sieht man im Dom zu Lübeck das Bild einer solchen bischöflichen Buhlerin in Holz geschnitzt, phantastisch gekleidet mit turbanartigem Kopfputz, ein Bild überraschend durch große Schönheit, wie durch die tiefe Zerknirschung in den Gesichtszügen und gerungenen Händen der Sünderin.

Der Erzbischof war sittenlos — seine Untergebenen waren es nicht minder. Am Dom zu Verden und den damit in Zusammenhang stehenden Einrichtungen lebten zur Zeit der Reformation etwa hundert Geistliche als Domherren. Rectoren, Collegiaten, Vicare u. s. w. Sie waren im Stande, die Meßformulare abzulesen und etliche Litaneien zu singen, welche aber höchst selten einer von ihnen dem Sinne nach verstand. Dies geistlose Geschäft schloß, wie sie meinten, die volle Gewährleistung der Seligkeit in sich; ihr übriger Lebenswandel mochte beschaffen sein, wie er wollte. Es war nichts Seltenes, Geistliche selbst auf ihren Berufswegen trunken zu sehen; etliche brachen in diesem Zustande den Hals. Der Umgang mit liederlichen Dirnen ward ohne Scheu öffentlich getrieben. Bei allen Domkirchen damaliger Zeit war ein Nebengebäude errichtet, in welchem diejenigen Geistlichen übernachteten, denen die Frühmetten oblagen. Es war eine Einrichtung aus frommer alter Zeit; die Geistlichen sollten der Gefahr entnommen werden, ihren heiligen Dienst zu verschlafen; es sollte aber auch durch den einsamen stillen Aufenthalt im S c h l a f h a u s e eine nüchterne feierliche Stimmung in ihnen hervorgerufen werden. Aber gerade diese Nächte wurden auf das Wildeste durchschwärmt. Buhldirnen, Wein, Würfel, sogar Musik wurde herbei geholt, um den Domgeistlichen die lange Nacht zu verkürzen. Aus diesem Taumel wankten sie dann in das Gotteshaus, warfen die Meßgewänder über und sangen mit unsicherer Stimme die Frühmetten. Es kam sogar der Fall vor, daß ein Vicar im tollen Uebermuth der Trunkenheit seine Buhlerin mit dem heiligen Gewande bekleidete und durch sie die Messe lesen ließ. — Es kann nicht überraschen, wenn eine solche Verderbtheit auch nach anderen Seiten hin sich kund that. Geistliche stahlen, brachen in Häuser ein, nothzüchtigten unbeschützte Frauen und scheuten den Mord nicht. Es gab für sie keine Strafe. Nur ein unmittelbar gegen die Person ihres Vorgesetzten gerichtetes Vergehen konnte ernsthafte Folgen haben. Ein Domdechant, also im Range der dritte Würdenträger der ganzen Kirche, stahl dem Erzbischof Geld vom Tische. Er mußte fliehen und wurde für einen Schelm erklärt.

Doch genug von diesen Dingen. Wir würden kein Ende finden, wenn wir wiedergeben sollten, welche Entartungen in Bremen, Stade und vor allen in den Klöstern der Provinz angetroffen wurden. Letztere konnte man vielleicht mit Recht die Pestbeulen des Landes nennen,

So tief bedauerlich diese Entsittlichung eines ganzen Standes war, so machte sie doch der Reformation den Sieg leicht. Es würde ihr unter anderen Umständen schwer geworden sein, Eingang zu finden. Die Unkunde des Volks in geistlichen Fragen war zu groß und seine äußere Bildung

viel zu gering, als daß es die Angelpunke der protestan=
tischen Lehre so schnell hätte fassen können. Was half es,
die Bibel als den einzigen Probirstein alles dessen aufzu=
stellen, was die Kirche lehrte, wenn unter Hunderten noch
nicht Einer war, der sie je gesehen hatte oder lesen konnte?
Was konnte es helfen, den so schwer verständlichen Begriff
von der Rechtfertigung durch den Glauben in einer Zeit
aufzuwerfen, wo sich Alles vor der Gewalt des Pabstes
beugte? Aber das fühlte auch das rohe ungebildete Ge=
müth, daß ein Leben, wie die Geistlichen es führten, keine
Nachfolge des Erlösers, sondern ein Schandfleck seines hei=
ligen Namens sei. Jene ganze Zeit war freilich mit Sünde
und Uebertretung angefüllt. Fürsten und Grafen, Junker
und Knechte lebten zügellos. Rauben und Morden brachte
keine Schande. Ein Menschenleben war oft keinen Apfel
werth. Ein Einbruch war eine Kleinigkeit, Brandstiftung
ein Vergnügen. Unzählige Male liest man in den Schrif=
ten jener Zeit von den sich befehdenden Großen: „er zog
mit Stank davon“, womit das schließliche Anzünden der
überfallenen Häuser, Dörfer und Felder gemeint ist. In
diesem wilden und lasterhaften Leben gingen viele Tugenden
zu Grunde, aber Eine Tugend blieb in Ehren und wurde
gleich einem theuren Kleinode gewahrt, die eheliche Treue.
Ungemein selten lesen wir von Verletzungen derselben; man
möchte glauben, das eheliche Verhältniß wurde damals hei=
liger gehalten, als jetzt. Welch einen tiefen·und verletzen=
den Eindruck mußte es aber auf den Geist der Laien ma=
chen, daß von den Dienern der Religion gerade die Tugend
am Ungescheutesten verletzt wurde, welche sie selbst am Mei=
sten in Ehren hielten.

Ein dritter Grund, durch welchen die Reformation
gefördert wurde, war die Persönlichkeit des Erzbischofs.
Christoph wurde als Knabe von 13 Jahren vom Erz=
bischof Johannes Rhode in Bremen zum Coadjutor ange=
nommen. Man erzählt, der Erzbischof habe, von der
Ritterschaft gereizt, durch die Annahme eines solchen
Mittelregenten den Ständen eine Ruthe binden wollen und
erwähnt eine darauf bezügliche Anekdote. Bei einer ritter=
schaftlichen Versammlung in Basdahl habe ein adliger

Herr aus einem Stückchen Holz einen Leisten geschnitzt
und denselben als einen Hinweis auf die niedrige Geburt
des Erzbischofs mit spöttischen Worten unter den Anwe=
senden herumgehen lassen, worauf der Betroffene erwiedert,
er wolle über diesen Leisten ihnen einen Schuh machen,
der sie hart genug drücken werde. Es liegt nahe, daß bei
der großen Macht, welche die Stände, und bei dem bedenk=
lichen Einflusse, welchen die benachbarten Fürsten im Stifte
ausübten, der Erzbischof sich nach Hülfe umsehen mußte.
Er fand sie am nächsten und leichtesten bei dem Herzog
Heinrich dem Aelteren von Braunschweig, und auch ohne
jene Ungebühr würde er sich um seinen Beistand bemüht
haben, der am einfachsten durch Berufung seines Sohnes
zum Coadjutor zu erreichen war. Die Individualität des
Knaben war ihm gleichgültig, wenn sie ihm überhaupt
bekannt war.

Christoph zeigte als Knabe wenig Neigung für den
geistlichen Stand. Er war ein kräftiger, mit bedeutenden
Anlagen ausgestatteter, Charakter, dem ein stilles heiliges
Leben nicht zusagte. Ritterlicher Prunk, Pferde, Waffen
und blitzendes Geschmeide beschäftigten die Gedanken des
Fürstensohns; ein Leben unter stillen Domherren und fin=
steren Mönchen war ihm zuwider. Um diese Abneigung
zu überwinden, wußte der Vater eine Gelegenheit zu fin=
den, ihm den Glanz geistlicher Würden in besonders blen=
dendem Lichte zu zeigen. Der Cardinal Raymund durch=
zog damals Deutschland und predigte innere Einigkeit, um
alle Kräfte gegen die Türken, den gemeinsamen Feind der
Christenheit, verwenden zu können. Zugleich trieb er aber
auch einen großen Ablaßhandel, wobei er die reicheren
Classen auf eine unerhörte Art brandschatzte. Die vor=
nehmsten Fürsten nahmen ihn als ihres Gleichen auf und
überhäuften ihn mit Ehrfurcht und Dienstleistungen. So
auch Herzog Heinrich. Der Cardinal wurde nach Wolfen=
büttel von ihm eingeladen und mit ausgesuchter Pracht
empfangen. Mit Kreuz und Fahnen, mit Processionen und
Glockenklang wurde er in die Stadt und in den Dom
geleitet. Alles beugte sich vor seiner geistlichen Würde;
durch staunende, knieende Menschenhaufen begab er sich in

das Gotteshaus. Selbst Herzog Heinrich, vielleicht der stolzeste Mann in Deutschland, begegnete dem Cardinal mit zur Schau getragener Demuth. Diese Wahrnehmungen verfehlten ihren Eindruck auf das Gemüth des Knaben nicht. Er sah in den Cardinal etwas Höheres, als ihm bisher entgegen getreten war, und um in dem Glanze dieses neuen Lichtes sich sonnen zu können, reisete er ihm in dem folgenden Jahre entgegen, schloß sich ihm an und verrichtete in Lübeck bei ihm die Geschäfte eines Subdiakonen. Bei dem Einzuge des Cardinals in Bremen am Himmelfahrstage prangte der sechszehnjährige Knabe als Coadjutor des Erzbischofs. Der Widerwille gegen den geistlichen Stand war überwunden.

Entschlossen, ein Würdenträger, nicht ein Diener der Kirche zu werden, wurde Christoph von seinem Vater in dem Streben nach möglichster Ausdehnung der Herrschaft unterstützt. Er war zum Nachfolger des Erzbischofs Johannes von Bremen designirt und erhielt nach und nach Antheil an dessen Geschäften. Als der Bischof Barthold von Verden gestorben war, schien die Erledigung dieses Bisthums eine passende Gelegenheit darzubieten, die Macht Christophs zu vergrößern. Die Mehrzahl der Domherren in Verden war aber seiner Wahl abgeneigt. Sie sahen keinen Vortheil in der Vereinigung beider Bisthümer und konnten weder in der Persönlichkeit Herzog Heinrichs, noch in der seines Sohnes viel Heil für sich und ihre Kirche erblicken. Heimlich versammelten sie sich, entschlossen, eine passendere Wahl vorzunehmen. Plötzlich trat der Herzog, von einigen Freunden benachrichtigt, in ihren Kreis und wußte durch seine persönliche Erscheinung, durch freundliches Erbieten, große Geschenke und durch ein Uebermaß von Versprechungen den Zweck zu erreichen. Sein Sohn wurde zum Bischof von Verden erwählt. Es war aber vom Domkapitel ein großes Versehen begangen. Die bischöfliche Macht, schon früher beschränkt genug, wurde in den Verhandlungen mit dem Herzog Heinrich auf ein solches Mindestmaß gebracht, daß ein unbefangenes Auge die trüben Folgen voraussehen konnte. Es ist fraglich, ob ein so ungebändigter Charakter, wie Christoph ihn

besaß, sich auf die Dauer überhaupt Beschränkungen ge=
fallen lassen würde; eine solche Vereinigung der bischöf=
lichen Gewalt aber hätte niemand ertragen und ein ehrlicher
Mann wäre zu rechter Zeit zurückgetreten. Das that
Christoph nicht; er leistete bereitwillig die größten Ver=
sprechen und war entschlossen, nicht ein einziges davon
zu halten.

Er wurde Erzbischof von Bremen und zugleich Bischof
von Verden. Auf dieser Höhe entfaltete er die Leiden=
schaften seiner Seele. Der hervortretendste Zug seines
Charakters ist eine maßlose Eitelkeit. Sie hatte ihn in
den geistlichen Stand geführt, sie machte ihn zu einem
leidenschaftlichen Freunde des katholischen Wesens und
folgeweise zu einem erbitterten Feinde des Protestantismus.
Eine Lehre, welche einen Gottesdienst im Geist und in der
Wahrheit forderte und ihren Dienern Selbstverleugnung,
Demuth und schwarze Kleider auferlegte, konnte die Nei=
gung seines Herzens nie gewinnen. Er fand nur Befrie=
digung in den glänzendsten Feiern der katholischen Kirche.
Die Messe celebrirte er mit einer Pracht, wie es die Kir=
chen dieser Provinz noch nicht gesehen hatten. Es gab in
jener Zeit wenig Schmuck in Kleidungen und die Angaben
der damaligen Schriftsteller über kostbare Gewänder und
Kleinodien dürfen nicht nach jetzigen Anschauungen gemessen
werden. Nur die Fürsten und der höchste Adel trugen
goldene Ketten bei festlichen Gelegenheiten (Chytr. chron.
p. 143), die Landedelleute hatten zwei oder drei goldene
Ringe auf einem linnenen Bande am Halse hangen. Wäh=
rend in ähnlicher Weise die früheren Bischöfe sich mit
einem bescheidenen Meßgewande und einer sammetnen Mitra
begnügt hatten, an denen etwas Goldborde und ein wenig
Stickerei zu sehen war, ließ sich Christoph aus dem Braut=
kleide seiner Mutter, einer gebornen Herzogin von Pom=
mern, ein Amtskleid und einen Bischofshut machen, mit
Gold=Perlen und Edelsteinen übersäet und feierte darin in
Bremen und Verden seine erste Messe. Er konnte dies
nach kanonischen Gesetzen erst im dreißigsten Jahre und
hatte seiner Eitelkeit dadurch einen langen harten Zwang
anthun müssen. Sein Zweck aber wurde erreicht, die

Städte staunten über die Herrlichkeit der bischöflichen Ge=
wänder. — Aus Eitelkeit überschätzte er die Macht seiner
persönlichen Erscheinung. Unter den ungünstigsten Umstän=
den bewarb er sich um das Bisthum Hildesheim, als es
1537 erledigt war. Er reisete hin, weihete daselbst eine
neue Taufe, sang Metten, Hochmesse und Vesper. Seine
wunderschöne Stimme, seine hohe Gestalt, breite Brust,
stolze Haltung, sein feuchtes goldgelbes Haar und die an=
muthige Bewegung seiner Hände hielt er für unwider=
stehlich. Vergebens. Ohne Hoffnung auf Erfolg mußte
er sich wegbegeben. — Die Eitelkeit trieb ihn an, alle
Reichstage zu besuchen und sich in seinem Kleiderglanze zu
zeigen, obwohl er bei seinen ungenügenden Geldmitteln
den Fall vorhersehen konnte, welcher fast jedesmal eintrat,
daß er seine Kleinodien versetzen mußte, um nur die Rück=
reise antreten zu können.

Diese Eitelkeit machte ihn fortwährend arm, und es ist
leicht zu beweisen, daß seine zerrütteten Finanzen ihn hin=
derten, kräftig der Reformation zu widerstehen. Seine
Vorgänger im Amte, Johannes Rhode in Bremen und
Bischof Barthold in Verden, waren gute Haushalter ge=
wesen und hinterließen ihm reichliche und wohlgeordnete
Einnahmen. Es wird in den Geschichtsquellen rühmend
hervorgehoben, wie letzterer so gut gewirthschaftet habe,
daß der Zinsfuß der Stiftsschulden auf 8 Procent gesun=
ken sei. Diese Bemerkung läßt uns einen Blick in die
große Gefahr thun, welche jeder Bischof lief, der beträcht=
liche Schulden machte. Bei dem übermäßigen Zinsfuß
jener Zeiten war es sehr schwer, sich ihrer zu entledigen.
Kaum war Christoph zur Regierung gekommen, als er die
von seinen Vorgängern mit Mühe und Opfern geordneten
Finanzen gründlich zerrüttete. Er ist während seiner fast
funfzigjährigen Herrschaft immer ein armer Mann geblie=
ben. Geld ist Macht. In jenen Zeiten war es eine große
Macht und Christoph hat sie nie gebrauchen können. Im=
mer fehlte es ihm am Gelde und das war der Grund, daß
er die bremischen Landstände mehr schonte, als in seiner
Neigung lag, denn sie waren fast die einzige Quelle, wor=
aus ihm Erleichterung seiner Noth zu Theil werden konnte.

Seine stete Verlegenheit brachte ihn zu den empörendsten Ungerechtigkeiten. Während der Kriegszüge, von denen seine Länder heimgesucht waren, hatte er Volrad Mans=feld, den Sohn des bekannten Grafen Albrecht Mans=feld, auf eine höchst leichtsinnige Art zur Rache gereizt, indem er nach geschlossenem Frieden aus offenbarem Frevel=muth einen Theil seines Gepäcks rauben ließ. Mansfeld war nicht der Mann, diese Beleidigung zu vergessen. Nach einiger Zeit kam er mit gewaffneten Banden in's Land, um Vergeltung zu üben. Die Landstände unterhandelten mit ihm, um das Unglück abzuwenden, und erkauften sei=nen Abzug durch das Versprechen von 2400 Thalern. Diese Summe wurde zusammengebracht, 1000 Thaler ga=ben die Stände her, 1400 die Bauern (Elardi v. d. Hude Chr. p. 93). Der Erzbischof nahm aber von dem letztern Beitrage mit Gewalt 1000 Thaler vorweg; mit großer Mühe liehen die Stände die fehlende Summe zusammen, um die Zahlungsfrist einhalten zu können und die armen Bauern mußten nachher zum zweiten Male zahlen. Das kümmerte den Erzbischof wenig, denn menschliches Mitleid wohnte nicht in seiner Seele. Und hätte es auch darin gewohnt, seine Noth war zu groß. Alles Silberwerk, was die Kirchen im Bisthum Verden hatten, raubte er ihnen, obgleich er es im Erzstift Bremen nicht wagte. Kein Mittel blieb von ihm unversucht, um sich seiner Verlegenheiten, wenn auch nur auf Augenblicke, zu ent=reißen. Anleihen, Verpfändung und Erpressung, Alles war ihm recht.

Wir fragen, was war der Grund seiner steten Armuth? Einen Theil der Schuld trugen äußere Umstände. Das Bisthum Verden bezog einen Theil seiner Einkünfte aus dem Lüneburgischen Lande. Herzog Ernst aber, der Be=kenner, war ein so eifriger Protestant, daß er diese Ein=künfte mit Gewalt zurückhielt und sie nur denen von den Verdener Präbendaren verabfolgen ließ, welche zur neuen Lehre übergingen. Viele Stiftsherren, namentlich von Bar=dowik, wurden dadurch zum Uebertritt veranlaßt. Der Bischof verlor aber seine Lüneburgischen Einkünfte gänzlich. Das hatte er persönlich nicht verschuldet. Ebenso mußte

er die Kriegszüge, womit er das Land Wursten vier Mal
heimsuchte und welche große Summen verschlangen, seiner
Stellung nach übernehmen. Es ist hier nicht der Ort,
diese Ereignisse im Einzelnen darzustellen, aber jeder Un=
befangene muß eingestehen, daß der Erzbischof durch den
Trotz der Wurster, die Mißhandlung seiner Diener und die
muthwillige Abwerfung seiner Herrschaft berechtigt war,
diese Provinz mit Waffengewalt zu unterwerfen. Diese
Dinge hätten ihn aber nicht arm gemacht, wenn nicht seine
schändlichen Lüste, seine kostspieligen Reisen, seine verderb=
lichen Rechtshändel zu Rom und Speyer und seine leicht=
fertige Umgebung ihm Alles entzogen hätten. Seine
Günstlinge nahmen die Einkünfte vorweg. Was er im
gewöhnlichen Laufe der Dinge erhielt, verschleuderte er an
seine Buhldirnen und an mancherlei Versuche unnützer
Bauten. Hatte er einmal über eine bedeutendere Summe
zu verfügen, so veranlaßte ihn seine verschwenderische Ei=
telkeit, verschwenderische Reisen zu machen und auf Reichs=
tagen und an Höfen zu prunken. Bei seiner Rückkehr war
er jedesmal ärmer als zuvor. Durch seine steten Geld=
bedrängnisse und den Ueberlauf der Gläubiger war er
zuletzt dermaßen geängstigt, daß ihm seine Stellung ver=
leidet und er zu dem Entschluß gebracht wurde, einen
Coadjutor anzunehmen, welcher seine Schulden bezahlen
und ihm eine jährliche Pension aussetzen sollte. So weit
hatte ihn fortwährende Noth gebracht, daß er, der entschie=
denste Feind der Reformation, sich sogar entschließen wollte,
einen lutherischen Coadjutor anzunehmen und es gethan
haben würde, wenn nicht der Tod seine Absichten vereitelt
hätte. — Denken wir uns, daß er statt dieser drückenden
Armuth großen Reichthum besessen hätte. Wie ganz anders
wäre dann seine Stellung zur Reformation gewesen. Statt
der Landstände zu schonen, würde er, gestützt auf sein
scheinbar göttliches Recht, ihren Widerstand mit Gewalt
unterdrückt haben. Die festen Burgen, welche er im Her=
zogthum besaß, — Hagen, Stotel, Ottersberg, Neuhaus,
u. a. — und welche in den Händen der Beamten pfand=
weise blieben, weil sie nicht bezahlt wurden, wären ihm
Stützpunkte gewesen, von wo aus er jede Lebensäußerung

des Protestantismus hätte vernichten können. Eine starke und verläßliche Kriegsschaar wäre seines Rufes allezeit gewärtig gewesen, denn Tausende von Landsknechten zogen in Deutschland umher und dienten Jedem, der sie bezahlen konnte. Christoph aber hatte kein Geld, er war ein armer Fürst.

Eitelkeit war es, welche den Streit zwischen ihm und den beiden Domkapiteln zu Bremen und Verden anfachte und unterhielt, und seine Kraft gegen die Reformation lähmte. Statt es zu versuchen, durch friedfertige und glimpfliche Mittel der wirklich tief gesunkenen bischöflichen Macht aufzuhelfen, konnte er es nicht abwarten, sich in dem Vollbesitze der Herrschaft zu sehen. Er fing mit den Kapiteln Streit an, um der lästigen Erfüllung der Wahl= bedingungen überhoben zu sein. Während er die Dom= herren in Verden auf's Aeußerste quälte, beraubte, vertrieb und verhöhnte, konnte er gegen die von Bremen nicht so verfahren. Er war machtlos gegen die stolze Handelsstadt, auf welche das Kapitel sich stützte; seine Befehle blieben wirkungslos, und die Domherren setzten seinen Macht= sprüchen eine solche Gleichgültigkeit und Nichtachtung ent= gegen, daß er allenthalben lieber, als in Bremen verweilen mochte. Dieser nie geschlichtete Streit zwischen dem Erz= bischof und den Domkapiteln, in welchen auch die Land= stände hineingezogen wurden, hat der Reformation viel genützt. Die Kräfte, welche naturgemäß beide Partheien, als katholische Geistliche, gegen sie hätten verwenden müs= sen, vergeudeten sie in nutzlosem Kampfe gegen einander. Die meisten Domherren gingen allmählig zum Lutherthum über, zum Theil unzweifelhaft aus Ueberzeugung, zum Theil aber auch aus Erbitterung gegen den Bischof, der ihnen ihre Einnahme vorenthielt, ihre Kassen und Archive beraubte, sie mit Gottesdiensten bei Tag und Nacht quälte, sie zwang, ihre Sammtmäntel und Degen abzulegen, lange Kleider zu tragen, ihr Haupthaar wachsen zu lassen und den Bart zu scheren. (El. v. d. Hude Chron. 77.)

Aus diesem Streite gingen ungewöhnliche Folgen her= vor. Da das Domkapitel nicht, wie der Erzbischof bis= weilen, eine Kriegsschaar aufstellen konnte, um zu seinem

Rechte zu kommen, so verklagte es ihn bei dem Reichs=
kammergerichte. Dies entsetzte den Bischof mehre Male
(1531, 1541, 1552) seines Standes und Amtes. In
solchen Zeiten war völlige Anarchie in beiden Bisthümern.
Das Domkapitel hatte dann gesetzmäßig das Regiment,
aber die Beamten und Voigte, welche vom Bischof abhin=
gen, gehorchten dem Domkapitel nicht, die niedere Geist=
lichkeit wußte selbst nicht, wem sie zu gehorchen hätte, und
so that jeder, was er wollte.

Während Christoph mit seiner Geistlichkeit auf diese
Weise offen und heimlich kämpfte, entfremdete er sich die
Herzen seiner Unterthanen. Ein größeres Elend, wie un=
ter seiner Herrschaft, ist nie in dieser Provinz gewesen.
Die Kriegsunruhen hörten niemals auf. Bald waren es
die Landsknechte des Erzbischofs, bald die Wurster und ihre
gedungenen Kriegsschaaren, bald die schmalkaldischen Bundes=
genossen, bald kaiserliche Truppen, bald die Gläubiger des
Regenten, welche mit Waffen das Land durchzogen und
schreckliche Verheerungen anrichteten. Der Erzbischof hat
nicht all dies Unglück verschuldet, denn damals war keine
Provinz Deutschlands von Kriegslast frei, aber er hat nie
etwas gethan, um seine Unterthanen zu schützen oder dem
Unheil zu wehren, sondern er hat es oft freventlicher
Weise in's Land gerufen. Er hatte kein Herz für die
Seinigen. Als 1547 Bremen auf seine Veranlassung von
kaiserlichen Truppen belagert wurde, stand er an einem
kalten Februartage auf dem Kirchhofe des Dorfes Burg
und betrachtete die Anstalten zur Einschließung der Stadt.
Als er sah, wie die Kriegsleute die Häuser im Blocklande
in Brand steckten und die helle Flamme aus den Stroh=
dächern schlug, „ward er frölich lachen, ließ die Hand
um den Kopff kommen und sagte, so muste es gehen.“
(Renner II. 131). Auf einem Fürstencongreß zu Halber=
stadt rühmte er sich öffentlich, daß er auf dem Kriegszuge
im Lande Wursten 300 Weiber getödtet habe.

Während seiner Regierung war keine Gerechtigkeit und
Sicherheit zu finden. Das Land war ausgesogen und
bitterlich arm, die benachbarten Fürsten schalteten darin
nach Belieben, namenloses Elend, Krieg, Raub, Nahrungs=

mangel, Erpressung und Hunger fanden sich aller Orten — unmöglich konnten die Unterthanen einen Herrn lieben, der mit gleichgültigem Herzen all diese Trübsal anschaute, und nicht einmal ein Wort des Trostes für sie hatte. Sein eigner Bruder, Herzog Heinrich, ein Katholik mit Leib und Leben, wurde durch das tyrannische Verfahren so empört, daß er den Ständen geradezu rieth, sie möchten seinen Bruder absetzen und in's Kloster stecken. Das ist freilich nicht geschehen.

Solch ein Mann war Christoph. Wie sein ganzes Leben von Eitelkeit getragen wurde, und die hauptsächlichste Triebfeder aller seiner Handlungen war, ist sie auch Veranlassung seines Todes gewesen. Unzufrieden mit der Aufnahme, welche er bei einem Besuche am Hofe zu Berlin fand, reisete er an dem nämlichen Tage bei dem schlechtesten Wetter in einem Kutschwagen mit kleinem Verdeck ab. Unterwegs wurde er ernsthaft krank, eine Halsbräune brach aus und raubte ihm die Sprache. Er erkannte sein nahes Ende, legte sich auf dem Lager zurecht, faltete die Hände, schaute gen Himmel, schien ein Gebet zu flüstern und entschlief sanft und still. In Verden ist er begraben. Der letzte Feind der Reformation. Mit eiserner Hand hielt er sie nieder, wo er es konnte. Im Bisthum Verden wurde bei seinen Lebzeiten auch nicht Ein Geistlicher lutherisch; im Erzbisthum Bremen blieb dagegen fast kein Geistlicher katholisch. Er war kein ebenbürtiger Gegner der neuen Lehre. Bei aller angebornen Thatkraft seines Geistes, bei großem persönlichen Muthe und rücksichtsloser Festigkeit des Willens besaß er weder den heiligen Zorn, welche die Vertheidigung einer gerechten Sache, noch die siegreiche Sanftmuth, welche ein gutes Gewissen einflößt. Dieser Mann hätte jeder Sache geschadet, die er schützen wollte.

F. W. Wiedemann,
Pastor in Bargstedt.

16.

Johann Bornemacher, ein Märtyrer der Reformation.

(Aus dem Stader Sonntagsblatte, 1854. № 18. ff.)

Als unter der Regierung des Kaisers Trajan der heil. Ignatius von Antiochien nach Rom geführt wurde, um den Löwen vorgeworfen zu werden, sprach er unterwegs mit der sanften Heiterkeit, welche ein Grundzug seines innern Wesens war: „Wir Christen sind Gottes rechtes Korn und müssen zermalmt werden zwischen den Zähnen der wilden Thiere." Ihm ähnlich zeigte sich der erste Märtyrer des Lutherthums in Deutschland, Heinrich von Zütphen, welcher mit demüthiger Ergebung ohne Schwachheit und Rückfall in christlicher Entschlossenheit den Feuertod erlitt. Sein Name wird gepriesen werden, so lange unsere Kirche steht. Der zweite, welcher unter der Regierung des Erzbischofs Christoph um der Reformation willen den Tod erlitt, war Johann Bornemacher; die Rache des katholischen Feindes faßte ihn, als er mitten in der Entwicklung seines innern Menschen und noch nicht durchgebildet genug war, um das Römische Wesen völlig abzustreifen. Daher in seinem Auftreten die sonderbare Mischung von katholischem Formendienst und lutherischem Geiste, von hohem Muth und zaghafter Verleugnung. Einige Jahre stiller Sammlung hätten vielleicht hingereicht, diesen geistig hochbegabten, aber charakterschwachen und unruhigen Mann zu einem glorreichen Kämpfer der lutherischen Kirche zu machen. Aber er wollte zu früh wirken, und so hat sein Tod der katholischen Kirche wenig geschadet und der lutherischen wenig genützt. Die Erscheinung dieses Mannes hat daher nur für unsere Provinz eine Bedeutung, indem der Schauplatz seiner Wirksamkeit gerade unsere Gegend ist.

Johann Bornemacher war im Herzogthum Braunschweig gegen das Ende des sechszehnten Jahrhunderts geboren und wurde frühzeitig Mönch in dem großen und prachtvollen Kloster Walkenried. Gegen die Gewohnheit der Mönche jener Zeit, welche nur dem Müssiggange und der Weltlust sich hingaben, lebte er hauptsächlich den

Wissenschaften und führte persönlich einen streng sittlichen Wandel. Als Luther gegen den Pabst aufgetreten war und seine Schriften von Wittenberg aus durch Deutschland flogen, zündete solch ein fliegendes Blatt in dem Herzen des jungen Mönchs von Walkenried. Er entsprang aus dem Kloster. Es war nichts in demselben, das ihn daran hätte fesseln können; das Wohlleben daselbst hatte wenig Reiz für ihn, und sein eigner ernster Lebenswandel hatte ihm keine Freunde erworben. Ohne festen Plan kam er nach Bremen, wo die Pfarre zu St. Remberti gerade er= ledigt war. Bei den Bauherren — so heißen in Bremen die Kirchenvorsteher, denen die Predigerwahl zusteht — legte er offen sein Leben, seinen Abscheu gegen das Mönchs= wesen und seine Neigung zu der lutherischen Lehre dar. Nichts konnte den Bauherren, welche selbst eifrigen Antheil an Luthers Bestrebungen nahmen, erwünschter kommen, als dies offene Bekenntniß des Mönchs. Sie übergaben ihm die Pfarre, verschafften ihm leicht Verzeihung für seine Flucht von dem Abt zu Walkenried, welcher ihn gar nicht zurückwünschte, und so nannte er sich Bruder Jo= hann, Kirchherr zu St. Remberti. Einige Jahre lang wirkte er im Stillen für die neue Lehre, behielt aber die katholischen Ceremonien bei. Entweder wußte er die ka= tholischen Formen mit seinen noch schwankenden Ueberzeu= gungen in leidlichen Einklang zu bringen, oder er hielt sie für wirklich nothwendig. Er nahm auch eine Frau zur Ehe, doch heimlich. Dies war leicht geheim zu halten, weil damals jeder katholische Geistliche ohne Ausnahme ein Kebsweib hatte. Bei Bruder Johann war nur der Un= terschied, daß er die Frau, welche in seinem Hause war, wirklich geheirathet hatte, und daß es — was ihm nachher verderblich wurde — eine Nonne war.

Die Zeiten wurden stürmisch: es gährte in dem Volke. Die Stellung der katholischen Geistlichen in Bremen wurde schwankend und unhaltbar. Es war im Jahre **1526**, als auch an Bruder Johann die Nothwendigkeit immer drän= gender herantrat, nach einer Seite hin sich zu erklären. Seinen Amtsbrüdern in Bremen wurde es sehr leicht, denn sie reformirten sich im folgenden Jahre, ohne daß es ihnen, wie es scheint, viel Ueberwindung kostete. Ihm ward es schwer, denn es war ihm ernst mit der Sache. Er konnte die katholischen Rückstände, welche in seiner Seele hafteten, so schnell nicht ausscheiden. Von Unruhe und Zweifel lange umhergetrieben, faßte er endlich den Entschluß, nach Wittenberg zu wandern und bei Luther selbst und dessen Amtsgenossen sich Raths zu erholen, um aus der Unentschiedenheit seines Gemüths heraus zu kommen. Er nahm Abschied von Frau und Kind und kam nach Wittenberg. Eine unglücklichere Zeit hätte er nicht treffen können. Der Bauernkreig stand in hellen Flammen, und Luther hatte alle Hände voll zu thun, um Frieden herzustellen. Er konnte sich um die Herzensbedrängnisse eines fremden Mönchs wenig kümmern. Bruder Johann hielt sich kurze Zeit in Wittenberg auf, hörte die lutherischen Prediger, welche aber mit der Unruhe des Vaterlandes sich in ihren Reden beschäftigten und auf die Gründung und Festigung einer einzelnen Seele keine Rücksicht nahmen. Bruder Johann waren die damaligen Zeitläufte gleichgültig, ihm lag daran, der eigenen Unruhe entledigt zu werden. Das konnte ihm unter den zeitigen Umständen in Wittenberg nicht gelingen. Traurig, verstimmt, zweifelnder als zuvor, machte er sich auf den Rückweg.

Wir können erkennen, in welchem Uebergangszustande sich sein Geist damals befand. In Wittenberg kaufte er eine Menge von Luthers Schriften und nannte sich auch seinen erklärten Anhänger; unterwegs aber sammelte er mancherlei Reliquien, welche durch die Reformation ihren Werth verloren hatten, und brachte deren auf seiner Reise durch Sachsen eine Menge zusammen. Luthers Schriften und diese katholischen Heiligthümer — an hundert Stück — packte er in ein großes Faß und reisete damit zurück. Sein Geist war noch nicht im Stande, von der Verehrung der Reliquien sich loszusagen; er sollte die Gegenstände verachten, vor denen er so lange Jahre gekniet und gebetet hatte — das ward ihm zu schwer.

Auf seiner Rückreise kam Bruder Johann nach Verden. Daselbst regierte in jener Zeit Christoph, ein geborner Herzog von Braunschweig und Lüneburg, zugleich

Erzbischof von Bremen und Bischof von Verden. Seine
Regierung hat **58** Jahr gedauert, und diese ganze lange
Zeit hindurch ist er ein erbitterter Feind der Reformation
gewesen und hat mit unbeugsamem Eigensinn gegen sie gekämpft. Mit sehr verschiedenem Erfolge. Im Bisthum
Verden hielt er die Reformation nieder mit eiserner Hand;
bei seinem Tode (**1558**) gab es keinen Geistlichen daselbst,
der lutherisch gewesen wäre. Im Erzbisthum Bremen
konnte er die neue Lehre nicht dämpfen; in den Städten
wie auf den Dörfern fiel ein Geistlicher nach dem andern
ihm ab; in seiner eigenen Domkirche ward ein lutherischer
Prediger angestellt, welcher allsonntäglich eiferte gegen „den
Römischen Antichrist und den katholischen Aberglauben."
Der Erzbischof mußte es dulden. Mit finsterem Grimm
saß er zu Verden auf seinem Stiftshofe — (dem jetzigen
Obergerichtsgebäude) — und hatte keine Macht, dem Unheil zu wehren. Aber er hatte die Fahne der katholischen
Lehre aufrecht gehalten bis zu seiner Todesnacht — das
war die letzte Nacht, wo der Mond auf ein katholisches
Herzogthum Bremen schien.

Es war am Tage der Empfängniß Mariä, als Bruder Johann in Verden eintraf. Alle Landstraßen waren
voll von Menschen, welche zu dem hohen Feste in die Stadt
wanderten. Er schloß sich einem Haufen von Kirchgän-
gern an und fragte, wohin sie wollten. Sie antworteten
„nach Verden zur Kirche, denn es ist unser lieben Frauen
Fest." Er erwiederte finster: „Unsere liebe Frau ist wie
ein ander Weib", und ging voraus. Erstaunt blickten ihm
die Leute nach..

In Verden eingetroffen, sah er die Schaaren zur Kirche
ziehen, sah die Procession des Bischofs in seinem Prunke,
das Gefolge der Domherren, die Reihen der niedern Geistlichen mit Kreuzen und fliegenden Fahnen. Während in
Bremen solch ein Aufzug nicht mehr gewagt werden konnte,
stand hier das katholische Wesen noch in voller Blüthe.
Bruder Johann hatte in Bremen viel zu dem Falle desselben beigetragen, er hatte mit den Domherren Berathun-
gen gehabt, er war vielleicht Veranlassung gewesen, daß
diese wichtige und einflußreiche Körperschaft, wenn auch noch

nicht dem Namen, doch der That nach zur lutherischen Lehre
überging. Es wäre nutzlos gewesen, in Werden auf ähn=
liche Weise wirken zu wollen; die Chronik sagt: „er könte
dasmahl den Ertz Bischof noch vielweniger sein Capitul
bekehren, die waren in der Papisterey auferzogen sammt
allen Geistlichen so damahls bey der Kirchen gelebt."

Mit steigendem Unwillen sah er den katholischen Prunk
und hörte die Gesänge zum Lobe der Maria. Immer
mächtiger wurde in ihm der Gedanke, dies Unwesen müsse
aufhören und der Tempel gereinigt werden vom Götzen=
dienst. Bei der höheren Geistlichkeit konnte er keine Hoff=
nung sich machen, er mußte sich an das Volk wenden.
Der Geist seiner Zeit kam über ihn. Er wollte den Feind
im eigenen Hause aufsuchen und bekämpfen.

Seines Entschlusses voll ging er zum nächsten Gebüsch
— es war ein Haselnußstrauch —, flocht sich einen Kranz
von welken Blättern und setzte sich denselben auf das Haupt.
Welche Absicht er dabei gehabt haben mag, ist schwer zu
sagen. Mit diesem sonderbaren Schmucke geziert, begab
er sich in die Domkirche. Das Hochamt war vorüber, der
Bischof und die hohen Geistlichen hatten die Kirche ver=
lassen. Das Volk aber war noch versammelt und hörte
der Predigt zu. Sie wurde vom Domprediger Johann
Dingschlag gehalten. Nichts konnte geeigneter sein, einen
Mann, der von reformatorischen Gedanken erfüllt war,
aufzuregen, als die Persönlichkeit des genannten Predigers.
„Der gemeldter Thum=Prediger Dingschlag hatte ja·so
wohl verdienet, daß er wäre alsobald an den Galgen ge=
henckt; denn er war ein Dieb und stohl bald hernach An=
thonies dem Küster im Thum seine Schlüssel, gieng hin,
schloß damit sein Hauß und ein Cantor in der Stüben auf
und stohl ihm 20 Gold=Gülden Geldes, legte ein Zettel
darin; Lieber Tönnies, meye dich nicht zu sehr, diß Geld
soltu bald wiederum bekommen und die Zinse dazu. Item
er stohl auch einen silbernen Becher auf Herr Johann von
Münchhausen Hofe. Dieser Dingschlag war auch des Ca=
pittuls Stationarius, zog mit unser lieben Frauen Bilde
unher, sammlete damit groß Geld und sparete bißweilen
den dritten Pfenning davon und lernete also das Stehlen

dabei." War es schon empörend, solch einen Mann auf der Kanzel zu sehen, so konnte das, was er predigte, nicht geeignet sein, diesen Eindruck zu mildern. Es war tolles Zeug: „Hier muß einer seyn", sagte er, „der köstliche Kräuterey bey sich hat, denn es raucht besser als Regelein und Muschaten: Es ist der Heilige Geist, der kommt zu mir, mit einem köstlichen Geruch und offenbahret mir heim= liche Dinge, die ich nicht alle sagen und offenbahren muß. Alles, was ich euch predige, ist eben so viel, als wenns der Heilige Geist selber redete; und machte den Leuten ferner weiß, der Heilige Geist hätte ihm geoffenbahret, daß eine grosse Sündfluth kommen würde, also daß das Wasser in der Thum=Kirchen über den Hohen Altar gehen würde" u. s. w.

Bei den albernen Worten dieses Mannes konnte sich Bruder Johann nicht länger halten. Er sprang auf und in feuriger Rede hielt er ihm seine Thorheit vor. Von eigener Kühnheit immer weiter hingerissen, ging er auf das katholische Wesen selbst über, und in hoher Begeisterung predigte er vor dem verstummten Pfarrer und dem erstaun= ten Volke die Herrlichkeit der neuen Lehre.

Es war eine feurige hinreißende Rede. Erstaunt blickte das Volk auf den fremden Mann in Mönchstracht mit sei= nem Kranze von Hasellaub. Niemand außer ihm sprach ein Wort, kein Zeichen des Beifalls oder des Zorns wurde laut, die Ueberraschung war zu groß. Endlich schloß Bru= der Johann seine Rede.

Er hatte ein großes Versehen begangen. Daß er einen katholischen Prediger öffentlich Lügen strafte und unberufen Luther's Lehre verkündigte, war dem Geiste der Zeit gemäß und wohlgethan. Aber er hatte in seiner Uebereilung nicht bedacht, was denn werden sollte, wenn er sein Zeugniß vom reinen Evangelio vorgebracht hätte. Durch seine be= geisterten Worte hatte er seine Zuhörer in der Hand, es war nun aber durchaus nothwendig, daß er dieselben zu irgend einer That aufforderte, um die angezündete Flamme nicht nutzlos verfliegen zu lassen.

Er handelte anders. Als er seine Rede endete, blickte er um sich. Allenthalben stumme erstaunte Gesichter. Er

wußte nicht was er nun zu thun hatte. Bangigkeit kroch
über sein Herz, all sein hoher Muth lief ihm wie Wasser
durch die Finger. Die Ueberraschung in den Mienen der
Leute betrachtete er als Zorn und Drohung. Voll Angst
sprang er von seiner Bank und lief mit eilenden Schritten
aus der Kirche. Alle etwaigen Erfolge seiner Rede machte
diese schmähliche Flucht zu nichte. Als wären die Feinde
ihm auf den Fersen, so eilte er aus der Stadt und erst
in dem tiefen Sande vor dem Norderthore fand er seine
Besinnung wieder.

Ihn der Stadt Verden verbreitete sich die Kunde von
dem Wagnisse des fremden Mönchs in einem Augenblick.
Dem Prediger Dingschlag war schon früher einmal wäh=
rend einer Rede öffentlich zugerufen worden, daß er ein
Dieb und Ehebrecher wäre, und diese Störung des Got=
tesdienstes war damals straflos geblieben. Daß aber Je=
mand Luther's Ketzereien in einem katholischen Dome vor=
tragen wollte, das konnte nimmermehr ungeahndet bleiben.
Bischof und Domkapitel traten in ernste Berathung. Wo
war der Ketzer, der Störenfried, der entartete Mönch, das
Teufelskind? Er war entflohen. Ganz richtig muthmaß=
ten die hohen Herren, daß eine Verfolgung den Flüchtling
schwerlich in ihre Gewalt bringen würde; es war rathsa=
mer, scheinbar gar keine Maßregeln zu seiner Habhaftwer=
dung zu treffen; er werde von selbst schon wieder kommen.

Ihre Berechnung erwies sich als richtig. Als Bruder
Johann einige Stunden hinter einem Sandhügel gelegen
und über seinen kühnen Schritt nachgedacht hatte, ergriff
ihn allmählig Reue und Beschämung, daß er auf so un=
würdige Weise sein Werk beschlossen hatte. Er kehrte in
die Stadt zurück. Niemand achtete seiner. Ein Mönchs=
gewand war damals eine sehr gewöhnliche Erscheinung.
Langsam ging er zum Dom. Jetzt wußte er, was er
wollte. Es war zu spät. Die Kirche war offen, aber
leer. Er ging durch dieselbe, unschlüssig, was er für den
Augenblick beginnen wollte. Aber die Feinde lauerten auf
ihn. Vor der Choralei, der jetzigen Küsterwohnung, faß=
ten ihn die Diener des Domkapitels. Er ward auf das
neue Thor gesetzt, ein Gefangener.

Der Bischof und die Domherren ließen Bruder Johann vor sich kommen. Sein Muth war wiederum verflogen, er war in der Furcht. Nichts wollte er offen eingestehen, weder wer er wäre, noch woher er käme. Er stand vor seinen Richtern nicht als ein Zeuge seines Glaubens, sondern als ein verzagter, verstockter Sünder.

Die geistlichen Herren hatten Mittel, ihn zum Geständniß zu bringen. Ihr Scharfrichter Klövekorn war zufällig in Stade. Eilends ließen sie ihn holen. Es ging zur Marterkammer. Mit furchtbarer Folter ward Bruder Johann angegriffen. Die öffentliche Sittlichkeit gestattet nicht, die Art und Weise zu beschreiben, womit man ihn marterte. Er gestand alles, was er sollte, aber kurz, ungenügend, nicht ohne Widerspruch. Es war aber genug, um ihn verurtheilen zu können. Während er auf der Folterbank lag und der Henker mit heißen Eisen ihn handhabte, standen die Diener des Erzbischofs um ihn und hinter den Dienern stand der Erzbischof selber. Halbtodt ward Bruder Johann in's Gefängniß zurückgeführt.

Eine Aussage „in der Pein", wie man es nannte, war an sich nach damaligen Gesetzen nicht gültig; sie mußte durch ein nachheriges freiwilliges Geständniß bestätigt werden. Bruder Johann erschien wieder vor seinen Richtern, aber diesmal als ein anderer Mensch. Kein Schatten von Menschenfurcht oder Bangigkeit; offen, mit fester Stimme, unumwunden antwortete er auf die Fragen und legte ein vollständiges, freudiges Zeugniß seines Glaubens ab. Es war, als ob die Marterbank seine Seele nicht niedergedrückt, sondern befreit und gekräftigt hätte. Nachdem er das Bitterste empfunden, hatten alle körperlichen Qualen ihre Schrecken für ihn verloren. Der hohe unbeugsame Muth des Lutherthums sprach aus seinem Munde; als er von seinem Glauben Zeugniß abgelegt, schwieg er. In dem Augenblicke war er ein theures Mitglied der neuen Kirche.

Seine Aussage in diesem letzten Verhör ist noch als Protokoll vorhanden. Es ist zu lang, um es hier wörtlich wieder zu geben. Obgleich es von seinen Feinden aufgesetzt und ersichtlich entstellt ist, kann man die reine lutherische Lehre daraus erkennen, wenn auch noch nicht völlig

durchgebildet. Er leugnete in diesem Verhöre das katho=
lische Meßopfer und das Sacrament der Priesterweihe. Der
Pabst wäre der rechte Antichrist, davon prophezeit wäre.
Alle anderen gesalbten Priester, die sich nach Luthers Lehre
nicht richten, seien Pharisäer. „Die Messe sei nichts, auch
nichts zu achtende, man sollte sie fliehen, so weit man ein
weiß Pferd abaugen könne im Felde. Kein Mensch könne
was Gutes thun oder durch seine Werke selig werden.
Marien=Gebilde sei nichts anderes, als ein Teufelskopf,
man sollte das Bild von dem Altar stoßen." Er ward
zum Feuertode verurtheilt.

Bevor man zur Hinrichtung schreiten konnte, hatte
der Erzbischof noch ein ihm heiliges Amt zu verrichten.

Bruder Johann hatte gestanden, daß er Reliquien
mit sich gebracht habe. Er mußte angeben, in welcher Her=
berge er dieselben niedergelegt habe. Der Erzbischof sandte
ihnen entgegen. Als das Faß herbeigeschafft und geöffnet
war, „wurde das Heiligthum mit großer Reverenz und
Solennität herausgenommen," in herrlicher Procession in
den Dom eingeholt, unter dem Geläute aller Glocken, mit
Kreuzen und fliegenden Fahnen begleitet, und unter Ge=
sang und Orgelspiel sorgfältig und ehrerbietig verwahrt.

Die Bücher, welche dasselbe Faß enthielt, waren Lu=
thers Catechismen und Psalmen, „welche der Bischof auf
Herr Michael von Mandelßloh Hoffe auf dem Pfort=Hause
für dem Schornsteine verbrennen lassen mit großem Eyfer."

Darauf wurde Bruder Johann zum Tode geführt.
Vor körperlicher Schwachheit konnte er sich kaum bewegen,
aber sein Geist war klar und muthig. Es ward ein öffent=
liches Gericht über ihn gehalten auf dem Lügenstein — dem
freien Platze vor der jetzigen Apotheke in Verden — und
er feierlich zum Tode verurtheilt, weil er eine Nonne ge=
heirathet und ketzerische Bücher in's Land gebracht habe.
Weder sein Lutherthum; noch sein kirchlicher Angriff auf
den Domprediger wurden erwähnt.

Er ward auf einen Wagen gesetzt und unter Beglei=
tung einer unzählbaren Volksmenge zum Feuer geführt.
Unterwegs bat er die Leute, sie möchten ein Paternoster
und ein Ave Maria für ihn sprechen. Man darf dies

Begehren nicht als einen Rückfall zum Katholicismus an=
sehen. Er wünschte Hülfe, Fürsprache und Gebete; und
die genannten Gebete waren die einzigen, welche das Volk
hatte. Binnen einer Stunde sollte sein Körper in Asche
verwehen — es war nicht der Augenblick, über lutherische
oder katholische Gebete sich zu bedenken.

Darauf ward er aus dem Neuen Thor geführt auf das
Burgfeld nach dem Siechen=Hause bei Brawelskreuze. (Es
ist der Garten, welcher jetzt links von der Chaussee an den
Kirchhof grenzt.) Wir wollen sein Ende mit den Worten
der Chronik wiedergeben. „Allda war ein großer Hauffe
Holtzes zusammen gelegt und angezündet und wie es nicht
brennen wollen, hat der arme Mensch offt gefraget, ob
das Feuer nicht brennen wolte und als der Thum=Prediger
Dingschlag ihm auf Latein angeredet und ihn trösten wol=
len, hat er gesagt: Lieber Herr! redet doch deutsch, daß
es die Leute umher verstehen können, ich habe mehr ver=
gessen als ihr gelernet habt; wie aber das Feuer nicht
angehen wollen, hat man ihn von den Wagen gesetzet und
von des Bischoffs Weingarten dröge Büsche geholt und
also damit das Feuer brennend gemacht. Unterdessen hat
er allezeit fleißig von Gott und den Glaubens=Artikuln
geredet: darnach hat ihm der Büttel auf eine Leiter ge=
bunden und wie er das Corpus also damit aufrichten wol=
len, ist es ihm und seinen Knechten zu schwehr worden,
also daß sie den Armen Menschen fallen lassen und die
Leiter kürtzer abhauen müssen, welches ihm eine grosse Pein
gewesen, hernach ihn wieder aufgerichtet und also ins
Feuer geworfen."

Das war das Ende Johann Bornemacher's. Wir
wollen das Urtheil hinzufügen, welches Andreas von Man=
delslo über ihn abgiebt, der sein Zeitgenosse, Domherr in
Verden, heimlicher Lutheraner, aber auch ein freilich sehr
vorsichtiger Mann war. „So viel man aus seiner Be=
käntniß vermerken können, ist er in etzlichen Stücken seines
Glaubens ein Christe gewesen, sonsten auch mit der Sa=
crament=Ketzerei und Bildstürmerei behafft, hat auch seine
Dinge zu grob an den Tag gegeben, denn es war zu viel,
daß er den Prädikanten Lügen straffte, hätte es wohl

glimpfflicher machen können: er hat nicht gethan, wie St.
Paulus zu Athen, der mit füglichen Worten sie ankam
und mit Glimpf mit ihnen redete, da es aber nicht sein
wolte, ließ er sie bleiben; so sollte Bruder Johann auch
gethan haben."

Die Bremer rächten seinen Tod durch Spottgedichte
und Processionen, in denen sie das katholische Wesen ver=
höhnten.

Wiedemann, Pastor in Bargstedt.

17.

Das Pater-Kleid und der Pater-Busch zu Visselhövede.

(Aus dem Stader Sonntagsblatte. 1855. № 1.)

An einer Anhöhe im südöstlichen Theile des jetzigen Her=
zogthums Verden sprudeln mehrere starke Quellen ihr
kryftallhelles Wasser, das bei der größten Hitze des Som=
mers fast eiskalt bleibt und bei der größten Kälte des Win=
ters wie heißes Wasser dampft. In der sumpfigen Ver=
tiefung fließt dieses Wasser sofort zu einem muntern reichen
Bache zusammen, der nunmher inmitten der öden Haide=
gegend ein frischgrünes Wiesenthal tränkt; das ist die Vis=
sel die nach kurzem Laufe in die Rodau mündet und so=
dann durch die Wümme dem Weserstrome ihren Beitrag
liefert. An diesen Quellen ließen sich vor Zeiten Anbauer
nieder; man nannte daher den Ort Visselhövede.

In den Zeiten des mittelalterlichen Faustrechts, als der
Bischof von Verden bereits seinen Krummstab über das
schon mehr bevölkerte Visselhövede streckte, mußte das schöne
Wasser der Vissel den Einwohnern auch Schutz gegen die
Raubritter gewähren; denn der Bischof ertheilte den erste=
ren das Bürgerrecht und die wasserreiche Vissel füllte zum
Aerger der letzteren den Burggraben von Visselhövede.
Später, in den Zeiten der eingetretenen Sicherheit ist dieser
wieder mit Erde angefüllt; jetzt findet man unter Häusern
und Straßen des Fleckens nur noch Spuren von den

Spitzpfählen des alten Burggrabens. So ist die Wiffel
ihres kriegerischen Dienstes wieder enthoben; sie fließt un-
aufgehalten ihren friedlichen Lauf. Ehe sie aus dem Flecken in das üppige Wiesenthal gelangt, bietet sie dem Dur-
stigen den reinen frischen Trank, liefert den Köchinnen das
weiche Wasser, in dem harte Erbsen bald mürbe kochen,
und bildet die kleine Tränke, aus welcher die Feuerspritze
Wasser schöpft und in der die Wäscherinnen die Leinewand
schneeweiß spülen, wobei das milde Wasser im kalten Winter die Hände bald heiß macht. Und an jener Stelle des
Ursprungs der Wiffel befindet sich noch ein schöner Fried-
hof; das ist der Kirchhof von Wiffelhövede.

Die Kirche darauf stammt noch aus der mittelalterlichen Zeit; sie ist nur durch einen späteren Anbau erwei-
tert worden. In der alten Mauer, welche die Bogen des
steinernen Gewölbes trägt, befindet sich an der Seite des
Altars ein kleiner Schrank. Er ist mit gedoppelten Thüren versehen, zuerst mit einer starken eisernen Gitterthür
und dann mit einer festen hölzernen; durch ein Bord ist
er in zwei Abtheilungen geschieden. Früher mögen darin die
heiligen Geräthe, oder irgend ein Heiligthum in der katholischen Zeit aufbewahrt worden sein; jetzt befinden sich in
dem unteren Raume die Gesangnummerbretter und in dem
oberen — das Paterkleid.

Es findet sich dort eine runde lederne Kappe; ferner
sind da mehrere Stücke Leinenzeug, das aber schon theilweise vergangen ist und anscheinend verblichene Blutflecken
enthält. Das eine davon erkennt man als ein Hemd, das
am Halse und an den Aermeln noch mit Spitzen besetzt
ist; ein Tuch davon ist mit Sternen und Buchstaben, aus
Silberdraht gestickt, verziert. Das merkwürdigste Stück ist
aber das Gewand, welches etwa fünf Ellen lang ist und
an den beiden Enden allmählich breiter wird, als in der
Mitte, wo sich eine Querschlitze befindet. Wenn hierdurch
der Kopf gesteckt wird, bedeckt es bis auf die Arme und
Füße den Leib eines Mannes. Es besteht aus festem Sei-
denstoffe, der auf blauem Grunde röthlich geblümt ist, und
ist mit leinenem Futter versehen. Auf der einen Hälfte
entlang ist ein Kreuz mit verschieden und schön gefärbter

Seide gestickt, woran man in der Mitte das Bild des Hei=
landes, unten das der Mutter Maria und auf den beiden
Enden des Querpfahls zwei Gesichtsbilder erblickt. Das
ist das Paterkleid.

Und der Paterbusch befindet sich in der Nähe von
Vissselhövede an dem Wege von da über Jeddingen nach Ver=
den. Wenn man aber auf diesem Wege nahe bei dem
Flecken hinter dem neuen Kirchhofe an einem Gehölze vor=
bei kommt, so ist das noch nicht der Paterbusch; das ist
das Schützenholz von Visselhövede. Freilich ist dies nur
ein neuer Name für den alten Hundehop, seitdem in den
letzten zehn Jahren, wie ein alter Bürger des Fleckens be=
reits vor zwanzig Jahren im Gesichte gesehen hat, Schü=
tzen ohne Tornister aus Visselhövede dahin maschiren und
das Gehölz alljährlich an einem Abend zu brennen scheint,
ohne daß es davon verzehrt wird; denn das neugebildete
Jägercorps feiert allda das Schützenfest und illuminirt mit
vielen Lichtern das Gehölz. Zehn Minuten weiter auf
dem Wege stehen an demselben einige unbedeutende Buch=
bäume; die haben ihren alten Namen behalten, der uns
jedoch weit hinter alle Paterzeit hinaus führt; diese wenigen
Holzgewächse heißen nämlich noch Hünenholz. Das er=
innert uns an die heiligen Haine unserer heidnischen Vor=
fahren. Wenn aber die starken Wurzeln von riesigen Bu=
chen, an die selbst längst schon die Art gelegt worden ist,
und welche nur die jetzigen verkrüppelten Nachwüchse ge=
bildet haben, nicht Widerstand geleistet hätten, wäre jetzt
auch wohl die letzte Spur von diesem Hünenholze ver=
schwunden. Die mächtigen Hünensteine, die hier vor nicht
langer Zeit noch als merkwürdige Zeugen von einer heid=
nischen Vorzeit an= und aufeinander gehäuft lagen, sind
nunmehr gänzlich verschwunden. Man hat die großen
Granitblöcke, welche die starken Vorfahren in Einem Stücke
zusammen geworfen hatten, nach und nach gespalten und
manches feste Fundament daraus gebildet. Die letzten Reste
hat der Bauer hinweggeschafft, dem bei der Gemeinheits=
theilung dieses Grundstück zugefallen ist und der von den
alten Hünensteinen die neue Grundsteuer nicht zahlen
wollte. Ein Riesenstück, das man weder zu spalten noch

sonst fortzubringen vermochte, hat man sogar in die Erde
vergraben, so daß nun die Pflugschaar, wie vielleicht vor
Zeiten das Opfermesser, darüber hinweg fährt; aber bald
hätte dieser mächtige Stein, gleich dem Simson, in seinem
Falle den Feind mit dem Tode gestraft, und wäre somit
der alte Hünenstein in seinem eigenen Grabe wiederum ein
neuer Leichenstein geworden. Wo ist denn nun der Pa=
terbusch? Wir gehen von dem Hünenholz, das wir zur
rechten Hand hart am Wege liegen lassen, etwa eine Vier=
telstunde weiter, bis wir zu einem kleinen Abhange gelan=
gen. Da stehen zu beiden Seiten am Wege einzelne kleine
Büsche von Hainbuchen; auch erheben sich zwischendurch
einige Wachholdersträuche, die Einem in den wüsten Haiden
dieser Gegend, wie die Wachholder oder eigentlich der Gin=
sterstrauch dem Propheten Elias in der Wüste, Schutz und
Schatten gewähren. Das ist — der Paterbusch.

Was erzählt nun die Sage von dem Paterkleide und
dem Paterbusche?

Jenes Kleid hat dem letzten katholischen Pater zu Wis=
selhövede gehört; und dieser Busch ist seine Begräbnißstätte
und sein Grabmal geworden.

Denn als zu den Zeiten der Reformation längst die
Herzen dieser Gemeinde von der katholischen Lehre abge=
fallen waren und sich der lutherischen zugeneigt hatten, hat
dieser Pater bis auf die letzte Stunde seinen Posten be=
hauptet. Da ist aber ein Prediger der neuen Lehre in
Wisselhövede aufgetreten, um den sich alle gesammelt haben.
Der Pater ist nun mit der Drohung davon gelaufen, die
Gemeinde bei dem Bischofe in Verden zu verklagen und
sich von da Hülfe gegen den neuen Eindringlich zu holen.
Man hat ihn wieder zurück holen wollen und auch bei dem
jetzigen Paterbusch eingeholt. Er hat sich aber zur Wehre
gesetzt und ist von seinen Verfolgern erschlagen worden.
Den Pater hat man nicht wieder mit zurück gebracht, son=
dern sofort an seiner Todesstätte begraben; seine blutigen
Kleider aber sind als das letzte Ueberbleibsel aus der katho=
lischen Zeit in der nunmehrigen lutherischen Kirche bis auf
diesen Tag aufgehoben worden.

Das ist das Paterkleid und der Paterbusch zu Wisselhövede.

18.

Vorrede zu der Wurster Kirchen-Ordnung von 1534*).

Als de gnedige und barmhertige Gott, dessen Name hoch-
gelavet in Ewicheit sy, düssen unsen Wusterlande de
Gnade wedderfaren laten, dat dat Pausdom en Ende namen, ofschon de leidige Duvel unde syne Helpershelper
de Kristglovigen Minschen dessarhalven noch verfolget,
syn de Stende des Landes avereen gekamen, ene krist-
liche Ordnung verfaten to laten, de na Gades Wort in-
gerichtet, ys ok in so fern to Stande kamen, als wy nu
sehen unde Gott davor to danken hebben. Unse gnedige
Gott unde Vater heft to dissen Tyden sine Baden mit
sulken Gaven utgetziert, de Evangelisten gaen mit groten
Scharen in de Werlt, unde erheven ere Stemme. Man
mag wol indenken wesen, wo wy et hier vorfunnen hebben, als wy von Gade beropen syn, hir Kristum lutter-
lik to verkundigen. Wy hadden ok nicks uttorichten
vermogt, wo uns de allmächtige Gott nicht bistaen hadde.
Dat Volk satt in Unwetenheit unde Schadewen des Dodes.
Dit mogen de erkennen, de na uns hir kamen, wo wy
to vorderat de Ban gebraken, dat se nu seker to gaen
in Stande syn. De Wurster syn wol vor velen hundert
Jaeren ut Heyden Kristen worden dor den Deenst des
groten Kaiser Karl ende syner Nafolger; alleen se syn
mit den Jaeren von Kristus luttern Wort up Minschen-
gesette und Gebade geföhret. Se syn wedder tor vorigen
Unwetenheit kehret, unde mehr Heydenminschen, als
Kristen wesen. Nu kann en ider, Gott sy Loff, in Dü-

---

*) Aus Pratje's historischen Sammlungen, Band 3. Seite 209
Die Kirchen=Ordnung selbst ist nie gedruckt worden, und
daher verloren gegangen. Die Vorrede dazu aber hat der
Pastor zu Cappeln Johannes Brandts oder Brandes hand=
schriftlich aufbewahrt. Wie erbaulich und rührend ist doch
dieses glaubensfeste, in schwerer Zeit abgelegte Bekenntniß
der beiden ehrwürdigen Männer, Schramm und Oettinger!
Daß Luther schon 1534 „seligen Gedächtnisses" heißt, ist
ohne Zweifel späterer Zusatz von Brandts.

descher unde vornehmliker Sprake syne Stemme hören, unde salig werden. Wy lesen ok de hillige Scripture in dat Neddersassische avergesettet, de so rein ende fyn ys, dat se vel kostbarer, als Gold, to achten, unde de uns der werdige und hillige Mann Gades, Lutherus, in Handen gegeven. Der syn ok vele redlicke Lüde hier to Lande, de düt dürbare Bok gekoft, unde darin flietigen forschen unde lesen. Godt erholde dat Wort up ere lateste Nakamen, als wy nig twyfeln willen, unde late uns davor danknamiger werden. Darum beflitigen wy uns ok als Dener unses Heren, welkem wy am Evangelio denen, olde unde junge so to unterwysen, als et unse Beroep will, unde wy et vor Gade verantworten willen, unde na der Vermanung des hilligen Apostels Paulus dohen sehen, dat allens ordentlik by uns togae: woto Godt synen Segen uns verlenen wolle. So willen wy denn, als ok dat ganze Land to Wursten angenamen, dat Gades Wort na synen Willen schall verkundigt werden, ok de hilligen Sacramente recht handhavet syn, ane Tosatt der Minschen. Bliven unse Nakamen daby bet an den Dag, wenn de Here kamen ward, de Levendigen unde Doden to richten, weren se wol fahren unde salig werden. Wy bekennen uns ok to de Confessie, de int Jaer 1530 unsen gnedigen Kaiser Karl to Augsburg is overgeven. Desgliken nehmen wy den Catechismum Lutheri, seel. Gedächtnisses, an, unde willen dat de Jugend na dissem Bok in unsern Kerken unde Scholen schall underwiset weren. Als ok Godt ward Gnade verlenen, unde de Stende dahen sehen willen, dat doegtsame Mannen bestellt werden, de sulk Lehramt in Kerken unde Scholen föhren. Un ok allerdings et nodig deit, de Kerkengöder to verbetern, unde nich to verschlimmern, da de Arne so grot, der Arbeiter weinig, unde wat wy seien, segt Paulus, werden wy ok arnen. Alle godtfurchtige Minschen wollen sik dat allgemene Beste to Harten gaen laten, unde unse Vermahnunge folgen. Als den ok dit ganze Kerkenbok, darin ene Ordnung entholden is, von uns Gade, dem allmächtigen, to Lave unde Ehren, is verfatet. De entholde dat reine Licht des

Evangelii up unse Nakamen. Amen. Geschreven am
Dage des hilligen Lehrers Martini to Dornem, des Jares
1534.

Bertramus Schramm,
Karkhere to Dornem.

Desgeliken *Hermannus Oettinger*,
Karkhere tor Kappel.

19.

Gemälde aus dem Schulleben.

1550.

<small>Nach historischen Forschungen. Von Herrn Pastor Wiedemann. Aus
den Blättern für die Volksschule der Herzogthümer Bremen und Verden.
Jahrgang 2. 1850. S. 223.)</small>

Im Jahr der Gnade eintausend fünfhundert und funfzig,
am Tage Petri ad cathedram, war freundliches Wetter und
lieblicher Sonnenschein über die Ufer der Weser ausgegossen.
Es war ein Tag, wie man ihn gern hat, wenn es einmal
Winter ist, kalt, aber still und ohne Wind. Am Deiche
eines Dorfes in dem Osterstader Gebiete lag ein kleines
altes Haus, aus dessen Schornstein eine Rauchsäule sich
langsam und gerade in die Höhe hob, von keinem Luft-
hauche bewegt. Alles weit umher war mit leichtem Schnee
bedeckt. Es war des Morgens um 8 Uhr, als ein alter
Mann aus dem Hause trat und mit langsamen Schritten
auf den Deich stieg. Die Stufen waren glatt, und er
mußte vorsichtig gehen. Als er oben war, hauchte er in
die Hände, schlug dieselben dann zur Erwärmung einige
Mal kräftig unter die Achseln und schaute umher. Das
Oldenburger Land jenseit der Weser war noch in einen
leichten Nebel gehüllt, aus dem nur mit Mühe erkennbar
der schlanke Kirchthurm von Blerum hervortrat. Der Fluß
war mit Eisschollen festgefroren, nur in der Ferne sah man
einen dunklen Streifen, wo der Strom sich einen engen
Weg offen hielt. Kein Schiff war auf demselben zu erblicken; ein paar eingefrorene kleine Fahrzeuge lagen halb

auf die Seite gelehnt am diesseitigen Ufer und sahen trau=
rig und müde aus. Der Mann wandte sich dann um und
schaute in's Dorf, wo über die Strohdächer der hohe Kirch=
thurm hervorragte, dessen Spitze mit goldenem Hahne ge=
ziert weithin leuchtete. Der von der Sonne bestrahlte
Schnee blendete den Mann, er hielt die Hand vor die
Augen. Es war noch Alles still, wenige Leute ließen sich
blicken. Der Alte — es war der Küster des Dorfs —
benetzte seinen Zeigefinger und hielt ihn einen Augenblick
in die Höhe, um den leichten Lufthauch zu empfinden, der
auf diese Weise bemerkbar wird, um dadurch die wahr=
scheinliche Richtung des kommenden Windes zu bestimmen.
Alle Uferbewohner haben das Bedürfniß, über den Wind
Gewißheit zu erlangen. Als er sich diese verschafft hatte,
ging er langsam in's Haus zurück; der Schnee knisterte unter
seinen Füßen, es war, was man einen klingenden Frost
nennt.

Durch die Flur des Hauses, auf welcher eine statt=
liche Kuh und zwei Schafe einträchtig neben einander lagen,
ging er in den Raum, der zugleich Wohnzimmer, Küche
und Schulstube war. Ein sehr einfaches schmuckloses Ge=
mach. Weiße Wände ohne Verzierung, mit Ausnahme
eines kleinen hölzernen Kruzifixes. Früher hatten ein paar
Heiligenbilder daneben gehangen mit einem Strahlenschein
von blitzendem Messingblech um das Haupt; seitdem aber
das Dorf sammt Pfarrer und Küster lutherisch geworden
war, waren sie von der Wand verschwunden. Das Chri=
stusbild war jedoch ein theures Andenken aus des Mannes
trüber Jugend, und er hatte es nicht entfernen mögen.
Ein Ofen war nicht im Zimmer, denn das war damals
ein Luxusgegenstand, den nur vornehme Leute sich erlaub=
ten; ein Kamin vertrat seine Stelle und diente zugleich als
Küchenheerd. Eine alte Magd saß an demselben und hatte
eben das Milchmuß fertig, das mit Schwarzbrod und Salz
als Morgenimbiß von beiden schweigend am Feuer verzehrt
wurde. Auf dem Fensterbrette war mit roher Kunst eine
Art Sonnenuhr angefertigt, ein wichtiger Gegenstand für
den alten Küster, um die Betglocke zu rechter Zeit ziehen zu
können. Leider hatte er den Kummer, daß sein hölzerner

Sonnenzeiger gar nicht gut mit dem an der Kirche befindlichen sich in Uebereinstimmung bringen lassen wollte. Der
Zeitmesser an der Kirche war von Stein, mit einer eisernen
Nase, und hielt Frost und Hitze tapfer aus, aber das Fen-
sterbrett zog sich bald von der Nässe, bald von der Wärme
und war ein stetes kleine Herzeleid für den Küster. Die
in Blei eingefaßten Fensterscheiben waren auch von mangel-
hafter Durchsichtigkeit, so daß bisweilen Ungewißheit über
die Tageszeit nicht zu vermeiden war, die Fensterflügel
waren, wie damals in allen Häusern, nicht zu öffnen;
zur Einlassung frischer Luft diente ein hölzener Laden
an der Seite des Fensters. Das Glas hatte einen viel
zu hohen Werth, um es der Gefahr auszusetzen, in welche
ein beweglicher Fensterrahmen es gebracht haben würde.

Nachdem der Küster noch eine Zeitlang mit seiner Magd
darüber geplaudert hatte, daß der Frost nicht nachlassen
und die Eisblumen an den Fenstern schwerlich bald ver-
schwinden würden, ließen sich leichte und schnelle Tritte vor
dem Hause hören. Mehrere Knaben von etwa 12 Jahren
traten in's Zimmer, die Wangen von Kälte geröthet, mit
den Füßen vor Frost trippelnd, aber heiter und fröhlich.
Sie grüßten den Küster und gaben ihm die Hand; er rückte
seinen Lehnstuhl ein wenig vom Feuer hinweg und ließ sie
sich wärmen. Sie waren gut gekleidet, wenn auch in gro-
ben Stoffen und hatten dicke lederne Schuhe an den Füßen,
von denen das Paar zehn Grote kostete. Nach und nach
versammelten sich immer mehr Kinder, bis ihrer vielleicht
sechszehn waren und damit die Schule vollzählig.

Der Küster erhob sich von seinem Stuhle, die unruhig
im Zimmer umherstehenden Kinder wurden still; es ward
verkündet, die Schule solle ihren Anfang nehmen. Zwei
Bänke, welche bis dahin über einander an der Wand
gestanden hatten, wurden von den Knaben mit vielem
Geräusch herbeigeschoben und in die Mitte des Zimmers
gebracht, die Kinder setzten sich ihrem Alter nach darauf.
Es war eine sonderbare Schule, wenn man sie mit den
Augen unserer Zeit betrachtet hätte. Kein Mädchen war
unter den Kindern, denn Niemand dachte daran, daß das
weibliche Geschlecht irgend einer Schulunterweisung bedürfe,

welche über ein paar von den Müttern erlernte Gebete
hinausgehe. Ein Mädchen in eine Schule zu senden, wäre
eine unbegreifliche Forderung gewesen in den Ansichten des
XVI. Jahrhunderts. Es waren daher nur Knaben, welche
auf den niedrigen Bänken saßen, aber keiner derselben hatte
irgend einen der Gegenstände, welche uns jetzt für den Un=
terricht unentbehrlich scheinen. Kein Buch war zu sehen,
geschweige denn Schreib= oder Rechnenmaterial, die Schule
begann. Der Küster befahl dem ältesten Knaben zu beten,
derselbe stand auf, die anderen Kinder falteten die Hände
und schauten zur Erde; ein plattdeutsches Morgengebet wurde
hergesagt. Während desselben faltete die Magd, welche am
Kamin saß und sich mit Nähen beschäftigte, die Hände;
ihre Lippen bewegten sich, sie sprach im Stillen das Gebet
nach, welches sie durch tägliches Anhören gelernt hatte.

Nach dem Gebete begann der Gesang. Weiter wurde
dazumal in den Dorfschulen nichts gelehrt, als Singen und
Beten. Der Küster konnte freilich fertig lesen und mit
einiger Geläufigkeit schreiben, aber es wäre ihm sonderbar
erschienen, wenn Jemand von ihm verlangt hätte, er solle
diese hohen Künste seinen Knaben mittheilen, und verwundert
würde er gefragt haben, was die Kinder mit diesen Fertig=
keiten beginnen sollten. — Es war ein wunderschöner Ge=
sang, welcher den Kindern gelehrt wurde, ein geistliches Lied,
das der Küster vor noch nicht langer Zeit von einem be=
freundeten Amtsbruder empfangen hatte. Elf Lieder waren
bis dahin nur in der Schule gelehrt; sie hatten viel Arbeit
gekostet; durch mühsames Vorsagen wurden sie erst aus=
wendig gelernt und so lange wiederholt, bis sie im Ge=
dächtniß der Knaben hafteten; dann sang der Lehrer die
Melodie vor und suchte sie den Kindern fest einzuprägen.
Von den Kindern lernten sie wiederum die Eltern und so
wurde der protestantische Kirchengesang, wenn auch mit vie=
ler Mühe, ermöglicht. Den Gemeinden, welche sich dem
gereinigten Evangelio zugewandt hatten, war dieser öffent=
liche Kirchengesang eine theure Errungenschaft, welche sie
mit ganzer Liebe sich aneigneten. Aber derselbe hatte auch
einen Klang! Ein Mann aus unserer Zeit hätte nimmer
gedacht, daß solch' ein Gesang ein kirchliches Lied wäre, so

schnell und feurig wurde er ausgeführt. In den Melo=
dien war man nicht wählerisch, man sah auf ihre Volks=
mäßigkeit und Singbarkeit, aber durchaus nicht auf ihren
Ursprung; die noch jetzt gebräuchliche Melodie von „O Welt,
ich muß dich laffen," war ihrem Ursprunge nach ein Hand=
werksburschenlied, welches lautete „Inspruck, ich muß dich
laffen ꝛc." Wir wollen die Kirchenlieder absichtlich nicht
nennen, deren Melodie „in Herzog Ernsten Ton" oder
„im schwarzbraun Mägdelein Ton" gesungen wird; man=
chen könnten die Gesänge dadurch verleidet werden. Man
legte den Melodien kirchliche Worte unter und sang sie mit
einer Andacht, deren Ernst und Innigkeit uns wunderbar
erscheinen würde. Aber man muß bedenken, die protestan=
tische Kirche war damals eine streitende, auf Tod und
Leben ringende Kirche, jedes ihrer Lieder war gleichsam ein
Schlachtgesang, der rasch und mit Feuer aus dem Herzen
kam. Der langsame Gang des jetzigen Chorals wäre einer
Zeit wenig angemessen gewesen, welche das Psalmbuch in
der Tasche und das Schwert an der Seite hatte, welche
eben so bereit war, den Glaubensfeind leiblich niederzuschla=
gen, als ihn geistig zu besiegen. Es war ein unglaublicher
Trotz in den Menschen jener Zeit; sie suchten keine Größe
im Dulden und würden die moderne Theorie des passiven
Widerstandes verlacht haben. Sie übten Gewalt oder litten
Gewalt, sie waren Sieger oder Besiegte, Herrscher oder
Verbannte — ein Drittes gab es für sie nicht. Solch' eine
Zeit kann in ihren kirchlichen Gesängen kein langsames,
sanftes, hinschmelzendes Wesen ertragen. Mit Recht klagte
der Bischof von Köln, daß Ein lutherischer Psalm der
katholischen Kirche mehr Schaden thäte, als hundert luthe=
rische Prediger Man kann sich die Wirkung eines Gesanges
durch ein Beispiel neuerer Zeit versinnlichen, wenn man
an die Marseiller Hymne in dem Anfange der französischen
Revolution denkt, von der auch staunenswerthe Erfolge
erzählt werden. In neueren Zeiten hat man es versucht,
den alten Kirchenton des streitenden Lutherthums in seinem
raschen Gange durch den sogenannten rhythmischen Gesang
wieder aufzunehmen; es klingt ja auch recht schön, aber
unwillkührlich wird man dabei an das Wort des alten

derben Voß erinnert, „zum Teufel ist der Spiritus, das
Phlegma ist geblieben."

Der Küster hatte eine schöne Stimme. Schon als
Jüngling hatte er sich durch dieses Talent ausgezeichnet und
dadurch den Grund zu seinem jetzigen Lebensberufe gelegt.
Der Pfarrer seines Orts hatte die Begabung an ihm
bemerkt und ihn sowohl zur Ausbildung derselben angeregt,
als auch mit nothdürftiger wissenschaftlicher Belehrung unter=
stützt, damit er in den Dienst der Kirche übergehen könne.
Er war zu seiner Vervollkommnung, wie gebräuchlich, eine
kurze Zeit auf dem erzbischöflichen Seminar in Bremen
gewesen, wo der Singmeister in ihm einen talentvollen
Schüler gefunden und nach besten Kräften ausgebildet hatte.
Bald darauf war er als Küster im Osterstadischen ange=
stellt. Die Stürme der Revolution hatten ihn geistig er=
griffen, und dieser große Kampf war auch ihm ein schwerer
geworden. Er dachte daran, wie der alte Erzbischof, nach=
dem er Bremen verlassen, in Verden grollend und mur=
rend saß, seine Freunde zusammenrief, dem eindringenden
Unheil zu wehren und ihrer nicht viel finden konnte.
Immer in Geldnoth, ohne kriegerische Mittel, mit der Bür=
gerschaft zu Bremen im gespannten Verhältniß, mit seinem
neuerungssüchtigen Domkapitel, wie mit der lauen Ritter=
schaft in Unfrieden, weilte er ohnmächtig in seinem Palast
und mußte eine Lehre sich verbreiten sehen, welche ihm
zugleich gehässig und gefährlich war. Anfangs hatte er
versucht, das Uebel im Keime zu ersticken und einen Prediger
zu St. Remberti in Bremen, der eine Nonne heirathete
und Luthers Schriften verbreitete, auf dem Borgfelde
lebendig verbrennen lassen, auch einige Bürger in Verden,
welche die Fasten gebrochen, auf das Härteste gestraft, aber
die rollenden Räder der Reformation zermalmten die ohn=
mächtigen Hemmungen, welche er dazwischen warf. Die
Stände der Provinz waren zu mächtig geworden, verwei=
gerten ihm zu Basdahl die nöthigen Geldmittel, warfen
ihm öffentlich in einem Schreiben — ob mit Recht, ist un=
sicher — einen im Geheimen unsittlichen Lebenswandel vor
und verweigerten ihm den Gehorsam, welchen er zu erzwin=
gen nicht im Stande war. Es kam zuletzt dahin, daß sein

eigener Bruder dem Domkapitel rieth, ihn abzusetzen und in's Kloster zu stecken, aber es wurde nichts daraus. So mußte er geschehen lassen, was er nicht hindern konnte; es ist schwer, wider den Geist zu kämpfen. Neben dem Kummer, der ihn als katholischen Kirchenfürsten traf, mußte er auch manches andere Herzeleid erleben, welches ihn vielleicht noch bitterer verwundete. Berend von Wersabe zur Meienburg, der so oft an seinem Tische gesessen und fröhliche Stunden bei'm Becher mit ihm durchlebt hatte, sagte sich zuerst offen von ihm los und hielt sich zum Panier der neuen Lehre; es war ein Mann, der eine wilde Jugend am erzbischöflichen Hofe verlebt hatte, ein liebenswürdiger Gesellschafter von unzerstörbar fröhlicher Laune, voll Witz und Scherz, unbesiegbar im Trinken, dem kein Becher zu tief war „und wär's bis zum Grund eine Meile", wie er sagte. Der Erzbischof hatte ihn lieb, und doch war er der erste, welcher ihn verließ und aus einem lockern Gesellen ein ernster fester Mann wurde, schweigsam und in sich gekehrt, seines Willens sich bewußt, und als er einmal mit seiner Vergangenheit gebrochen hatte, weder mit Güte noch Gewalt zu beugen. Seinem Beispiel waren Andere gefolgt und wurden deshalb von denen, die sich unpartheiisch nennen, der Undankbarkeit beschuldigt, — ein Vorwurf, leicht auszusprechen und dann schwer zu tragen, wenn er ungerecht sein sollte: das war die Saite im Herzen des alten Küsters, welche so grell ertönte, als er von dem katholischen Wesen sich lossagte. Was hatte der Erzbischof, diese verkörperte Darstellung der Kirchenherrschaft, ihm zu Leide gethan, daß er ihn verließ? Er hatte ihm sein jetziges gutes Brod gegeben und früher so manches freundliche Wort; und das lastete auf seinem Herzen am Schwersten. Es war ihm eine Erleichterung und Freude, die Kirchenlehre verlassen zu können, deren Verderbtheit er eingesehen, aber es ward ihm schwer, zugleich einem Manne den Gehorsam aufzukündigen, welcher, wenn auch gegen Andere bisweilen hart und ungerecht, von ihm sich Dank verdient hatte.

Aeußerlich hatte die Einführung des gereinigten Evangeliums in dem Wohnorte unsers Küsters gar keine Schwie-

rigkeit, sie brachte nicht einmal viel Unruhe hervor in der
Gemeinde. Man denkt sich bisweilen, die Reformation sei
mit der Schnelligkeit und zerstörenden Wirkung des Blitzes
in's Land gefahren, und in manchen Gegenden war dies
auch der Fall, aber in unser Herzogthum kam sie allmäh=
lich und ohne äußern Sturm. Das katholische Wesen glitt
in das protestantische Leben hinein und die meisten Land=
gemeinden sahen nur geringe und ihr Gewissen anfangs
wenig berührende Merkzeichen der Veränderung. Aeußer=
lich blieb das Meiste, wie es gewesen war; der Pastor ver=
richtete nach wie vor den Altardienst im seidengestickten,
goldburchwirkten Meßgewande und bestieg die Kanzel im
weißen Chorhemde. In vielen Kirchen wurde allsonntäg=
lich gekniet. Der Küster sang mit seinen Knaben die Re=
sponsorien eben so wie früher. Gern aber wurde von den
Gemeinden der Kirchengesang, in welchem sie mit thätig
waren, aufgenommen, und das schien Vielen der bedeutendste
Gewinn zu sein. Der Pabst wohnte zu fern, als daß die
Abwerfung seiner Herrschaft sie besonders hätte berühren
können, und die Gewalt des Erzbischofs blieb scheinbar noch
lange, wie sie gewesen war, wenn ihr auch nicht mehr Ge=
horsam geleistet ward, als man eben für gut fand. Daß die
Prediger heiratheten, schien den Gemeinden nicht nur etwas
Natürliches — in dem benachbarten Ostfriesland hatte der
Cölibat nie durchgeführt werden können — sondern es war
ihnen aus manchen Gründen sehr lieb. In das Innere
des Lutherthums waren die Gemeinden anfänglich gar nicht
fähig einzudringen, nur die Belehrung langer Jahre konnte
es ihnen zugänglich machen. — Als der Küster noch auf
dem Seminar war, hatte er die tiefe Krankheit des Katho=
licismus äußerlich gesehen und später, durch die neuen Leh=
ren angeregt, auch in ihrem Wesen erkannt. Mit Eifer
gab er sich dem Lutherthum hin, aber diese Bestrebungen
hatten ihm viel Herzeleid bereitet.

Der katholische Gottesdienst kann des Gesanges nicht
entbehren, daher waren alle Küster zugleich Singlehrer, welche
einen kleinen Knabenchor auf die kirchliche Feier einübten.
Der Protestantismus mit seinem sichern Tacte und dem
klaren Bewußtsein dessen, was er ausstoßen oder in sich

aufnehmen mußte, erkannte alsbald, wie wichtig ihm diese Knabenchöre werden konnten, welche er vorfand. Der Jugend gehört die Zukunft. Er machte wirkliche Schüler aus ihnen. Unterrichtsanstalten solcher Art hatten nur in den Städten existirt, der Protestantismus versetzte sie auch auf die Dörfer. Das ist der Ursprung unserer Landschulen.

Nachdem die Kinder mehrere Male das zu singende Lied hergesagt hatten, begann die wirkliche Ausführung desselben. Es war der schöne ergreifende Gesang, welcher sich leider in unserm Liederbuche nicht findet „Mitten wir im Leben sind von dem Tod umfangen". Die Knaben hatten ihn schon geübt, und er wurde mit vieler Sicherheit gesungen. Der alte Küster dachte wohl nicht daran, welch' trübe Erinnerungen für seine Heimath sich gerade mit diesem Gesange verbanden. Als einst Ketzerei entstanden war an beiden Ufern der Weser unter der Regierung des Erzbischofs Gerhard II., hielt derselbe es für das kürzeste Mittel, sie durch Krieg auszurotten — einem thörichten Arzte gleich, der das Uebel dadurch am Leichtesten hinwegzuschaffen sucht, daß er den Kranken tödtet. Er ließ einen Kreuzzug gegen die Ketzer predigen, und die landgierige Ritterschaft strömte auf seinen Ruf zusammen, um zur Ehre Gottes und zum Vortheil ihres leeren Beutels die Feinde zu vernichten. Das Heer wandte sich zunächst gegen die Osterstader, und am Tage vor Johannis und Pauli fielen über vierhundert der vermeintlichen Ketzer in heißer Schlacht. Die Gefangenen wurden verbrannt, viele Weiber und Kinder getödtet. Darauf setzte der Erzbischof mit seinem Heere nach dem entgegengesetzten Ufer der Weser über, wo die andere Hälfte des ketzerischen Stammes wohnte, die Westerstader, oder, wie sie gewöhnlich genannt werden, die Stedinger. An einem schwülen Sommertage kam es bei Altenesch zum Kampfe, der lange währte, aber zuletzt mit dem Siege des Erzbischofs endete. Sechstausend Stedinger waren gefallen, aber mit unerwarteter Milde wurden die Gefangenen behandelt, Land und Freiheit ihnen wiedergegeben und nur eine geringe Meierpflicht auferlegt. Während der Schlacht, als der Kampf am heißesten war, standen dreißig Mönche auf einem Hügel in der Nähe des Streits, erhoben die Hände

zum Himmel und sangen in lateinischer Sprache das Lied:
Mitten wir im Leben sind — ein Lied, gesungen in Her=
zensangst, in unmittelbarer Nähe des Todes, unter dem
Gefühl eigener äußerster Gefahr — das mag geklungen
haben! Dies alte lateinische Kirchenlied (Media in vita etc.)
hatte Luther übersetzt, und nun sangen die Kinder des ketze=
rischen Stammes den Siegesgesang ihrer Feinde in der
Dorfschule — wunderbare Vergeltung!

Als der Küster glaubte, daß die Kinder genug gesungen
hätten, ließ er aufhören. Er wandte sich um, nahm lang=
sam einen Schlüssel aus der Tasche, öffnete einen Wand=
schrank, in welchem das, was er an werthvoller Habe
besaß, verwahrt wurde, und zog ein Buch daraus hervor.
Es war Luthers kleiner Katechismus, den der Küster von
Johannes Hobbersen empfangen hatte, dem Pastoren zu
Büttel, der ein persönlicher Freund Luthers und Bugenha=
gens und der eifrigste Verbreiter der evangelischen Lehre war.
Weil die Knaben nicht lesen konnten, so mußte der Lehrer
jeden einzelnen Satz vorsagen, welchen die Schule dann im
Chore so lange nachsprach, bis er im Gedächtniß haftete.
Auf diese Weise wurde das ganze Buch durchgelernt und
immer wieder von vorn angefangen. Das war eine müh=
selige, aber nothwendige Arbeit, und der Segen derselben
blieb nicht aus. Die Knaben nahmen diese Belehrung in
ihre Seele auf, als einen Schatz für ihr ganzes Leben, und
ein so mühsam erworbener Gewinn war ihnen theuer und
werth. Nachdem ungefähr eine Stunde mit dem Hersagen
des Katechismus hingebracht war, sah der Küster nach seinem
Sonnenweiser am Fenster. Derselbe zeigte auf elf Uhr,
und es wurde Zeit, für den Tag die Schule zu schließen.
Nachmittags war kein Unterricht, und länger als etwa zwei
Stunden durfte die Schule Morgens nicht dauern. Wie=
derum wurde der älteste Knabe aufgefordert zu beten. Er
stand auf, die anderen Kinder falteten die Hände; ein Gebet
wurde mit großer Schnelligkeit gesprochen, darauf die Bänke
an die Wand gestellt und hinaus stürmte die Jugend, um
im elterlichen Hause zu rechter Zeit beim Mittagsbrote an=
zukommen. Die Magd am Kamine hatte das ihrige auch
fertig gemacht und deckte den Tisch für den Küster.

20.

Abendgebet der Kinder.

Des Abends, wenn ik to Bedde ga
Veertein Engel mit my ga'n;
Twee to mynen Hö'ten, (Häupten)
Twee to mynen Fölen,
Twee to myner rechten Siet,
Twee to myner linken Siet,
Twee, de my decken,
Twee, de my wecken,
Twee, de my den rechten Weg wies't
In dat himmlische Paradies —
Paradies, Paradies is upslaten
De Himmel is apen. —
Wat seh' ick dort*) hangen?
Slötter un Tangen.**)
Da slap ick so söt
Achter leben Herrgott syn Föt.
Un wenn de bittre Dod kummt
Un will my besluten
So kummt de lebe Jesu
De den Himmel upslut! Amen.

Dieses uralte niedersächsische Kindergebet, aufgefunden und mitgetheilt vom Herrn Pastor Wiedemann, lebt noch heutiges Tages, wenigstens stückweise im Munde der Landleute. Es wird Jeden ansprechen, welcher sich den Sinn für einfache Frömmigkeit und kindliche Naivetät bewahrt hat. Sieben Engel-Paare stehen um das Bett des Kindes, und unter ihrem Schutze fürchtet es sich nicht vor der Hölle und ihren Martern, sondern schläft sicher, hinter den Füßen des auf seinem Throne sitzenden Herrgotts geborgen. Auch der Gedanke an den Tod verliert seine Bitterkeit, weil bei seinem Eintritte Jesus den Himmel aufschließt. —

---

*) Blick auf die Hölle.
**) „Schlösser und Zangen," Strafwerkzeuge für die Verdammten.

21.

Zwei friesische Gesänge.

Morgengesang.

1. Ick kon ich noog thonk sedje, O Gott von hemmelrick, So lung, als ick möth ledje Af erden ön dü sick, That in vergiengen naacht Dü myn liff, siel ün leven Un wat dü my hest jeeven, So trawlick heest bewaagt.

2. Ick badde di vor allen Jeff my thoch the min seen, Dü ick wallen ün ünwallen, Min leevedaag heef dahn. Un beth ock delling my Jaa nat ön unlack kamme, Mi ock hat min nat namme, That ick mey thonke dy.

3. Leeth my am mirn ün erne Min tochte rocht dirhen, That ick mi wahr veer seene, Un alltidd seeth min senn Aff di, that ick allgeh Mei wallig dühn dan walle, Un du mi meist ün alle Behüdde erd ün leh.

4. Leeth nat apthien ün kamme Fiürwere un grawlich win. Hat üsse leth nat namme Dü flödh, störm un gothrinn. Behüdd ver krigh ün brön, Ver schelme, thieff ün heien. Erhiul ja liud un löen.

5. Min hüss, min hoef, miu leeven. Min göd {lönn ün söen} {göe wenn} Uen wat du mi örs jeeven, {Wüff beern} {Min fründ} ün hiele kern. Nam du, o Godd, in aacht, That awr mi ün hat minne, Di böse gist ich finne Meg ynigh waalt ün macht.

Abendgesang.

1. Ick thonck dy, lieve Hiere, That ick an dessen däy, The min netten, üm die ihre Min weerck voldeen, ün mey Uthraw min traate lee Un schleepe me miu mann, Diever schall ick dy thonck wee All di hee wat ün sann.

2. Voll lock heest du mi iefen That ick vollbrocht min werck, Bewahrt min liff ün leeven Als Noah ön sin erk. Din gnae heest dü nat sparet Us her bethürt dyn hön So mächtig weel bewaaret Ver unweer, krigh ün brön.

3. Ick badd, that dü min seene, Dü ick begiengen heff Min leefdegh, dessen erne Werst my thehup thejeff, That ick di kü thonk sedje, That ick dirven befreit, Un rawlick mi kü ledge Un bliffe ma ünheit.

4. Ver unweer, ström ün slaggen' Ver ongst ün tröngigheit, Ver driemen ün ver waagen, Ver all massmödigheit, Ver pest, krigh, börn ün flöhde, Ver öhre nudh ün klagt, Ver sörgen ün unmöde, Behüdd us deese nacht.

5. Laath trinam by mi waage Din ingel, that ick mey Mi oller tochte maage Von ynigh thing ver dey, That ick mey rawlick ledje Un schleep ohn alle plaag Un miren di mey sedge voll Thonck, wenn ick apwaagh.

Die vorstehenden beiden friesischen Gesänge sind aus Heimreich's Nordfriesischer Chronik, abgedruckt in Pratje's historischen Sammlungen, Band 3. S. 207. Daß sie den ersten Zeiten der Reformation angehören, beweist der Inhalt sowohl als die Melodie, und sie scheinen bekannten deutschen Kirchenliedern jener Zeit nachgebildet zu sein. Die folgende Uebersetzung, in der allein eine möglichst wortgetreue Uebertragung erstrebt wird, verdankt der Leser dem Herrn Pastor Vogelsang in Stade, welcher dazu das Plattdeutsche und Englische benutzt hat. Demselben sind jedoch einige Stellen dunkel geblieben, weil sie unbekannte Wörter enthalten: auch fragt sich, ob die Lesart überall richtig ist? Einzelnes scheint aus dem Dänischen erläutert werden zu können.

Morgengesang.

(Die Melodie des Originals ist: „Aus meines Herzens Grunde.“)

1.

Ich kann nicht g'nug Dank sagen,
O Gott vom Himmelreich,
So lang' als ich muß liegen
Auf Erden in der Tief',
Daß in vergang'ner Nacht
Du mein'n Leib, Seel' und Leben
Und was du mir gegeben
So treulich hast bewacht.

2.

Ich bitte dich, vor Allem
Vergieb mir doch mein' Sünd',
Die willens und unwillens
Mein' Lebtag ich gethan.
Und heiß' auch, daß an mich
Ja nicht ein Unglück komme,
Mir auch das Mein' nicht nehme,
Daß ich mög' danken dir.

3.

Laß Morgens mich und Abends
Mein Denken richt'n dahin,
Daß ich mich hüt' vor Sünde
Und allzeit setz' mein'n Sinn
Auf dich, daß ich allje
Mög' willig thun dein'n Willen,
Und du mich mögst und Alle
Behüten, Erd' und Land. (?)

4.

Laß nicht aufzieh'n und kommen
Feu'rwetter, Gräuelwind;
Das Uns're laß nicht nehmen
Die Fluth, Sturm, Regenguß.
Behüt' vor Krieg und Brand,
Vor Schelmen, Dieb' und Heiden;
Erhalt' ja Leut' und Land:

5.

Mein Haus, mein'n Hof, mein Leben,
Mein' Güter, Land und See
Und was du sonst gegeben
Weib, Kind und's liebe Korn,
Nimm du, o Gott, in Acht,
Daß über mich und Meines
Der böse Geist nicht finden
Mög' einig' G'walt und Macht.

Abendgesang.

(Das Original kann gesungen werden nach der Melodie: „Befiehl
du deine Wege.")

1.

Ich dank' dir lieber Herre,
Daß ich an diesem Tag,
Mir nützlich, für die Erde
Mein Werk vollbracht, und mag
Ausruhn mein' müde Glieder,
Schlaf'n mit den Leuten mein
Dafür soll ich Dank weihen,
So viel man weiß und denkt, (?)

2.

Viel Glück hast mir gegeben,
Daß ich vollbracht mein Werk,
Bewahrt mein' Leib und Leben
Als Noah in sein' Arch.
Dein' Gnad' hast nicht gesparet,
Uns hier bezeugt dein' Hut,
So mächtig wohl bewahret
Vor Wetter, Krieg und Gluth.

3.

Ich bitt', daß du mein' Sünde,
Die ich begangen hab'
Mein Lebtag', diesen Abend
Wollst mir zusammt verzeihn.

Daß ich dir kann Dank sagen,
Daß ich, davon befreit
Und ruhig, mich kann legen
Und bleiben mit Einfalt.

4.

Vor Wetter, Sturm und Schlagen,
Vor Angst und Bangigkeit,
Vor Träumen und vor Wachen,
Vor all'r Schwermüthigkeit,
Vor Pest, Krieg Brand und Fluthen,
Vor ihrer Noth und Klag',
Vor Sorgen und Mißmuthen
Behüt' uns diese Nacht.

5.

Laß drinnen bei mir wachen
Dein'n Engel daß ich mög'
Mich alles Tichtens trennen
Nach Einem Ding vor dir. (?)
Daß ich mög' ruhig liegen
Und schlafen ohn' all' Plag'
Und morgen dir mög' sagen
Viel Dank, wenn ich erwach!

22.

Das kirchliche Leben in den Herzogthümern zu Anfang des siebzehnten Jahrhunderts.

(Aus dem Stader Sonntagsblatte. 1853. № 31.)

Am Ende des sechszehnten und im Anfange des siebzehnten Jahrhunderts stand die Kirche unserer Provinz in
ihrer erfreulichsten Blüthe; eine überwiegend große Summe
der Lebensthätigkeit war ihrem Gebiete zugewiesen. Während jetzt das Sinnen und Schaffen der Einzelnen, wie
der Gemeinschaften, auf eine erschreckende Weise dem bloß
äußerlichen Bedürfniß sich zuwendet, glaubte man damals

nichts Wichtigeres vornehmen zu können, als die kirchlichen
Verhältnisse zum Segen der Gemeinden sorgfältig zu ordnen. Diesen Bestrebungen mußten alle übrigen nachstehen.
Wie jetzt für die Erde, wurde damals für den Himmel
gearbeitet. Während man in unserer Zeit die festlichen
Tage auf ein Mindestmaß beschränkt hat, und die Obrig-
keiten fast mit Aengstlichkeit darüber wachen, daß der Arbeit nichts entzogen werde, suchte man damals auch die
Wochentage möglichst mit kirchlicher Feier zu heiligen. Wir
können dies namentlich aus der Kirchenordnung der Stadt
Burtehude erkennen. In dieser Stadt, deren kirchlicher
Sprengel jetzt vielleicht 3000 Einwohner umfassen mag und
in jener Zeit keinenfalls größer war, wurden drei Prediger
angestellt, und im Jahre 1552 ihre geistliche Thätigkeit geordnet. Der Hauptpastor hatte nur ausnahmsweise Amtsgeschäfte: er sollte blos Prediger sein. Zwei Mal wöchentlich bestieg er die Kanzel, am Sonntage und Mittwoch;
seine ganze Zeit und Kraft konnte er diesen Predigten widmen. Die beiden Diakonen, welche ihm zur Seite standen,
hatten die Frühpredigt am Sonntag zu halten, Morgens
5 Uhr im Sommer, 6 Uhr im Winter. Es ist bei den
Protestanten immer Sitte gewesen, abweichend von dem
Gebrauch katholischer Länder, geschmückt zur Kirche zu
gehen; den Armen und den mit der nothwendigen Arbeit
des Hauses Belasteten sollte die Erquickung des göttlichen
Worts nicht entzogen werden; sie konnten diesen kirchlichen
Uebungen früh Morgens in Altagskleidern beiwohnen.
Außerdem hatten die Diakonen die Vesperpredigt oder Mette
und am Freitage einen kirchlichen Vortrag zu halten, wobei jedesmal der ganze kleine Katechismus dem Volke vor-
gesprochen werden mußte; dies war durchaus nöthig, denn
es war das einzige Mittel, dem Gedächtnisse der Leute die
lutherischen Glaubenslehren einzuprägen. Lesen und Schreiben lernten nur Bevorzugte, Volksschulen wurden erst
später eingeführt, Bücher nützen denen nicht, welche keinen
Buchstaben kannten. Erst im Jahre 1780 machten die
Prediger darin Veränderungen. Die Schule war zu Kräften
gekommen und konnte der Kirche in der Unterweisung bei-
stehen.

Die Diakonen hatten außerdem die vorfallenden Amts=
geschäfte zu besorgen, die Sacramente zu verwalten, am
Sonnabend Beichte zu hören, Trauungen zu verrichten und
den Kranken mit geistlichem Zuspruch beizustehen. Letzteres
war der Grund, warum an allen Stadtkirchen mehrere
Prediger angestellt waren. Jeder Kranke wurde täglich
wenigstens einmal besucht, der Prediger betete mit ihm oder
las ihm aus einem Andachtsbuche vor. Wir finden daher
die Gebetbücher aus jener Zeit vielfach in schmalem, läng-
lichen Format, was sonst nicht im Geschmack der damaligen
Welt lag, aber den Predigern mußte ein bequemes, leicht
mitzuführendes Buch bei solchen Gelegenheiten lieb sein.
Diese Krankenbesuche waren die Beschäftigungen, welche
die meiste Zeit der Prediger in Anspruch nahmen.

„Am 1. Dec. 1615 predigte der Pastor Th. Dassow
ernstlich gegen das Hexenwesen und sagte unter Anderem:
Werdet ihr nicht von solchen Greuelsünden ablassen, so
wird Gott mit Feuerdonner darein schlagen. Kaum hatte
er das gesagt, so erfolgte ein furchtbarer Donnerschlag, ein
Blitzstrahl fuhr leuchtend über die Versammlung hin, und
ein großer Feuerklumpen fiel, jedoch ohne zu schaden, auf
den großen Leichenstein vor dem Chor. Alles Volk stürzte
aus der Kirche heraus, und aus den Häusern liefen die
Leute nach der Kirche hin, in der Meinung, dieselbe stehe
in hellem Feuer. Als man aber gar keine Beschädigung
wahrnahm, gingen Viele in die Kirche hinein, wo man
nun die Lieder: Aus tiefer Noth schrei ich zu dir und:
Nun lob' mein Seel' den Herren mit einander sang. Am
10. Dec. (II. Adv.) ward dann von der Kanzel abgekün-
digt, daß zum Dank gegen Gott wöchentlich des Dien-
stags oder Donnerstags in Petrikirche Betstunde gehalten
werden soll." (Pape, Kirchl. Chron. v. Burt. S. 64.)
Es wurden also wöchentlich fünf Predigten und zwei Bet=
stunden gehalten, so daß nur der Montag ohne öffentlichen
Gottesdienst war. Daraus läßt sich auf einen regelmäßi=
gen Kirchenbesuch schließen; denn sonst hätte man sich
schwerlich dazu verstanden, außer dem schon reichlich gebo=
tenen Gottesdienste noch zwei Betstunden und zwar aus
einem Grunde einzuführen, welcher vor den Augen der

jetzigen Welt nur als ein sonderbares Naturereigniß be=
trachtet werden würde. Eine gläubige Zeit sieht Mahnun=
gen zur Buße, wo eine andere Zeit nur gleichgültigen
Zufall entdeckt.

Fragt man aber, ob diese so weit ausgedehnte und
mit dem täglichen Leben stets durchflochtene kirchliche Feier
wirklich so viel Heilsames und Befriedigendes hatte, so müssen
wir es unbedingt bejahen. Unserer Zeit, welcher es schwer
wird, sonntäglich zwei Stunden der kirchlichen Andacht zu
widmen, scheint ein täglicher, öffentlicher Gottesdienst viel=
leicht übertrieben, und es wird gefragt, woher nahmen die
Leute die Zeit dazu? Es war täglich eine Stunde, welche
der Arbeit entzogen wurde; diese Stunde konnte erübrigt
werden. Der Geist der Zeit hatte sich damals noch nicht
auf das Irdische allein geworfen; wenn der gewöhnliche
Mann Nahrung und Kleidung hatte, brauchte er wenig
mehr; ein Wirthshausleben unserer Zeit gab es nicht;
es ward niemand verleitet, den Schweiß der Woche in
einem Sonntagabend zu vergeuden. Die Gelegenheiten zur
Verschwendung lagen nicht täglich vor, wie jetzt, wo man
die meisten Wirthshäuser als Anstalten betrachten kann,
welche nicht dem Bedürfniß und der Nothdurft der Men=
schen dienen, sondern ihrer Vergnügungssucht und Schwel=
gerei. Wirthshäuser damaliger Zeit hatten strenge Haus=
ordnung. Die Reisenden mußten sich derselben unterwerfen.
Wenn sie in ein Gasthaus gingen, aßen sie mit dem Wirth
und seiner Familie; ein Essen zu ungewöhnlicher Zeit zu
bestellen, wäre sehr auffällig und nicht immer von Erfolg
gewesen. Der Morgenimbiß war gemeinschaftlich, wie das
Mittagsessen und Abendbrod. Der Reisende konnte sich
nur einen Trunk geben lassen zu aller Zeit, denn Durst
wurde bei einem Deutschen vorausgesetzt zu aller Zeit.
Vornehme Leute erlaubten es sich, des Morgens nach den
Rathssitzungen die Verhandlungen im Wirthshause oder in
der Apotheke noch einmal zu durchsprechen, wurden aber
oft von den Predigern darüber gestraft. Gemeine Leute
nahmen sich es nicht heraus. Für sie gab es nur Festlich=
keiten bei Hochzeiten, Kindtaufen und Jahrmärkten. Diese
Gelegenheiten dienten dazu, das dem Menschen inwohnende

Streben nach Vergnügen reichlich zu befriedigen. Aber das, was wir eine Erholung und ein Ausruhen von der Arbeit nennen und was eine Unentbehrlichkeit des Lebens ist, fand die damalige Zeit in und mit der Kirche. Diesen Segen hatte die Reformation gebracht. Der dreißigjährige Krieg rüttelte daran und zerstörte viel; was er übrig ließ und was sich kümmerlich wieder erholte, ohne zur alten Blüthe zu kommen, hat das achtzehnte Jahrhundert mit seinem zersetzenden Geiste und mit seiner Gleichgültigkeit gegen die Kirche zum Theil vernichtet.

23.

Merkwürdigkeiten aus der Gegend von Hambergen.

(Mitgetheilt vom sel. Herrn Pastor Golbeck in Hambergen.)

Westlich von Hambergen in den dortigen Wiesen liegt ein mit Busch bewachsener Hügel. An einer Seite desselben zeigen sich noch Ueberreste eines Walles, und vor Jahren hat man Pfähle aus dem dortigen Bache gezogen, die noch ganz gesund gewesen und zu einer Brücke gedient haben. Hier soll in alten Zeiten eine Burg gestanden haben, die Pippelnburg, deren Besitzer Carl Pipp geheißen. Dieser Edelmann soll ferner, als zuerst eine Capelle in Hambergen gebaut wurde, einen Stall dazu hergegeben haben. Doch wird in dem ältesten Documente dieser Capelle, von 1335, wo die dazu gehörenden Dörfer aufgezählt werden, diese Burg nicht erwähnt. Der Name erinnert an die Pipinsburg im Amte Bederkesa; und so wenig bei dieser an den fränkischen Pipin zu denken ist, eben so wenig bei jener.

Andere Oerter in der Nähe, wo Burgen gestanden haben sollen, sind die Wulfsburg bei Teufelsmoor, und die Schnirrenburg im Moor bei Spreddig.

An einer Weide westlich von Hambergen sah man früher Spuren von Wall und Graben. Dahin trieb man, der Sage zufolge, bei Nacht die Pferde, um sie vor den

Wölfen zu schützen, welche sich in einem wilden Dickicht (der jetzigen Weide) sammelten.

Als die Capelle zu Hambergen gebaut werden sollte, war Streit, wo sie stehen sollte. Die Heißenbüttler haben sie im sogenannten Poggenstock bauen wollen, die Hamberger haben aber Nachts die Bau-Materialien weggeführt, und so ist die Capelle nach Hambergen gekommen.

Bei Friedenscheim im Moore soll eine Windquelle sein, die nur Luftblasen auswirft, aber kein Wasser.

Das Wirthshaus zu Giehlermühlen muß im Mittelalter sehr ansehnlich gewesen sein; denn es hat an der damaligen Hauptstraße zwischen Bremen und Stade gelegen, und ungefähr in der Mitte zwischen Bremen und der erzbischöflichen Residenz Bremervörde. Der Erzbischof Johann Rohde hat einmal eine Tagefahrt mit dem Rathe zu Bremen hier gehalten, wegen eines ertrunkenen Knechts des Stadtschreibers. Bekanntlich erzählt die Rastedter Chronik eine Geschichte aus dem 13ten Jahrhundert, wie der Erzbischof Gerhard II. päbstliche Abgesandte, die eine Steuer erheben wollten, hat gefangen nehmen und auf der Giehlermühle Säcke tragen lassen. Die bremischen Bischöfe widersetzten sich nicht selten den päbstlichen Erpressungen, erlaubten auch öfters ihren Geistlichen die Ehe, entgegen dem päbstlichen Cölibats-Gesetze.

Neben dem Dorfe Ströh, auf dem Wege nach Osterholz, findet sich in einem Hügel eine lange Einsenkung, welche jetzt von der Chaussee durchschnitten wird. Als diese Gegend noch mit Wald bewachsen war, trieben dort Räuber ihr Wesen, indem sie ein Seil über die Schlucht spannten, und so durch eine Glocke in ihre Höhle es erfuhren, wenn Reisende vorüber kamen.

24.

Nachrichten über den ersten Schwedischen Gouverneur der Herzogthümer, Grafen Königsmarck.

Johann (Hans) Christoph Graf Königsmarck, Sohn des Conrad, geboren im Jahre 1600, stammte aus einer alt-

schwedischen Familie, welche aber seit längerer Zeit sich in
Deutschland niedergelassen hatte. Frühzeitig zum Kriegs=
handwerk ausgebildet, kam er zuerst an den Hof des Her=
zogs Friedrich Ulrich von Braunschweig, und trat dann
in die Dienste des Herzogs Heinrich Julius von Sachsen,
wo er sich schnell zu den höheren militairischen Würden
emporschwang. Nun schwankend, ob er dem Kaiser oder
den Schweden dienen sollte, zog er als guter Protestant
es doch vor, sich den letzteren zuzuwenden, denen ja seine
Familie angehörte. Er erhielt ein schwedisches Commando
in dem letzten Decennium des dreißigjährigen Krieges, und
wenn er auch keine große Schlachten gewonnen hat, so
führte er doch eine Menge von kleinen Feldzügen mit
ungemeiner Schnelligkeit glücklich aus. Bald war er in
Ungarn und Böhmen, bald wieder in Hessen und West=
phalen, und seine glänzendste Waffenthat war die Erstür=
mung von Prag, in Folge deren er zum Schwedischen
Feldmarschall und Reichsrathe ernannt wurde. In dieser
Eigenschaft erhielt er den Auftrag, die Bisthümer Bremen
und Verden für Schweden zu besetzen; was ihm auch
1645 durch Einnahme der festen Schlösser Langwedel,
Ottersberg und Rotenburg, wie durch das Bombardement
der Festung Stade (wobei die Vorstadt abbrannte) gelang.

Als nun durch den Westphälischen Frieden beide Bis=
thümer unter dem Titel von Herzogthümern an Schweden
gekommen waren, lag es nahe, den Eroberer der Provinz
zum Gouverneur derselben zu machen. Er behandelte die=
selbe aber auch fast als Feindesland, schrieb Contributio=
nen aus, sorgte zumeist für seine Kriegsschaaren und ließ
sich von der Königin Christine die Aemter Rotenburg und
Neuhaus und die Insel Krautsand als Lehngüter schenken.
Die eigentlichen Regierungsgeschäfte besorgte der Kanzler,
als juristischer Stellvertreter des Gouverneurs.

Bald aber wurde Königsmarck unter Christina's
Nachfolger Carl (**X.**) Gustav mit einem neuen Feldzuge
nach Polen beauftragt, welcher jedoch sehr unglücklich aus=
fiel. Angeblich durch Verrath der Schotten, gerieth er zu
Danzig in die Gefangenschaft des Feindes, welche mehrere
Jahre dauerte. Seine letzten Lebensjahre brachte er in

Stockholm zu, wo er am 20. Februar 1662, mit der Sorge um sein Seelenheil beschäftigt, starb.

In demselben Jahre erschien von dem Schweden Aler. Jul. Torquatus eine lateinische Lobrede (ein Panegyricus) auf Königsmarck, prächtig in größtem Folio gedruckt, und mit dem Bilde des Helden und seines Mausoleums, wie auch mit vielen lateinischen Gedichten ausgestattet. In den schwülstig pomphaftesten Ausdrücken wird er hier als der Gothische Hannibal und Herkules gefeiert, mit Alexander dem Großen verglichen und über viele andere Helden des Alterthums erhoben. Aber characteristisch ist, daß der Lobredner von ihm rühmt, er habe in seiner Jugend die Wissenschaften verachtet, sich vielmehr nur auf Reiten und Schwimmen, Jagen und Exerciren gelegt; wie er denn auch seine Thätigkeit als Gouverneur nur im Inspiciren der Truppen und in der Wiederherstellung der Festungswerke zu rühmen weiß.

Für seine Gemahlin Agathe, geb. von Lehsten, hatte Königsmarck das Dorf Lieth, eine Stunde von Stade an der Straße nach Harburg erkauft, und bauete daselbst ein prächtiges Schloß; woher dieser Ort seitdem Agathenburg genannt wird. 1744 kaufte die hannoversche Regierung das Schloß den Königsmarck'schen Erben ab und verlegte dahin den Sitz eines Amtes.

Königsmarck hatte zwei Söhne, Conrad Christoph und Otto Wilhelm. Der erste blieb als holländischer General bei der Belagerung von Bonn, und war der Vater der bekannten Aurora, welche die Mutter des Marschall's von Sachsen wurde.

25.

Kurzer Abriß der Geschichte des Königlichen Consistoriums in den Herzogthümern Bremen und Verden.

(Auszug aus Dr. Fr. Köster's Geschichte dieser Behörde, welche 1851 zu der Säcularfeier derselben erschien.)

In einem Werke, welches sich die Aufgabe gestellt hat, unseres Landes Art und Eigenthümlichkeit und unserer

Väter Sage und Sitte, Glauben und Leben zur Kräftigung
des vaterländischen Sinnes zu hüten, findet mit Recht auch
die Geschichte der Behörde eine Stelle, welche in den letzten Jahrhunderten in unseren Herzogthümern die Trägerin
und Leiterin des kirchlichen Lebens gewesen ist. Volkssitte
und Volksglaube empfangen ihre Richtung durch Kirche
und Schule; darum soll dasselbe Band, welches die Prediger und ihre Kirchkinder an einander kettet, auch die Ge-
sammtheit der Gemeinden einer Provinz mit ihren Ober-
hirten verbinden. Dazu aber kann nicht leicht etwas för-
derlicher sein, als ein Rückblick auf die Geschichte dieser
gottgeordneten Verbindung.

Als unser Dr. Luther das helle Licht des Evangeliums
wieder auf den Leuchter der Kirche gestellt hatte, da leuchtete es stark in die Lande hinein und der Schein drang
auch bis in unsere Gegenden. Es traten hie und da Zeugen der evangelischen Wahrheit auf und sie sind's wohl
werth, daß ihre Namen aufbehalten werden zu bleibendem
Gedächtnisse. Schon 1521, als Luther vor Kaiser und
Reich in Worms von seinem Glauben Zeugniß gab, predigte Andreas Carding im Lande Hadeln das lautere Wort
Gottes, 2 Jahre später trat hier in Stade Joh. Hollmann
auf, und in Bremen sammelte der muthige Hinrich von
Zütphen eine kleine Gemeinde um sich. Aber als die Macht
des Lichtes wuchs, da erhob sich auch die Macht der Finsterniß und wollte jenes unterdrücken. Christoph, der Erzbischof von Bremen und zugleich Bischof von Verden, trug
wohl den Bischofshut, aber ein rechter Christusträger war
er nicht; sonst hätte er nicht so viel List und Gewalt
gebraucht um die römische Kirche zu stärken und das
Lutherthum zu unterdrücken. Aber er konnte doch nicht
gegen die Wahrheit an, und das Märtyrerblut erwies
sich auch hier als die segensreichste Aussaat für die Kirche.
Die Ritter, die Bürger in den Städten, die freien Bauern
in der Provinz entschieden sich für die Reformation und
führten sie in ihren Stadt- und Landgebieten durch. Als
Christoph 1558 starb, da war der größere Theil seiner
Diöcese dem neuen Glauben, der doch kein neuer war, zugethan. Aber der Kampf der Römisch-Katholischen gegen

die Protestanten dauerte noch lange fort bis in den 30jäh=
rigen Krieg hinein und erst als der hochherzige Schweden=
könig, Gustav Adolph, mit seinen Truppen unser Land be=
setzte im Jahre 1630, hatten die Lutheraner Ruhe und
Frieden. Nun war es aber ein merkwürdiges Verhältniß.
Das Volk war evangelisch geworden, in Bremen und Ver=
den aber residirten noch immerfort Bischöfe, die jedoch nicht
mehr dem römisch=katholischen Glauben anhingen, sondern
seit 1567 auch lutherisch worden waren. Nichts desto weniger
wurden sie mitunter noch vom Pabste bestätigt, lebten auch in
Ehelosigkeit. So lange diese evangelischen Bischöfe regier=
ten, gab es noch kein Consistorium. Als aber in dem west=
phälischen Frieden 1648 die Bisthümer Bremen und Ver=
den unter dem Titel von Herzogthümern an Schweden
kamen, da mußten auch die kirchlichen Verhältnisse bei uns
geordnet werden, denn während der entsetzlichen Kriegsjahre
war ein Heer von Mißbräuchen eingerissen. Ein alter Ge=
schichtschreiber klagt, daß alte Treue, Einfachheit und Ord=
nung mehr und mehr verschwänden und statt dessen neue
Unsitte und fremde Laster sich geltend machten. Um das
Verderben gleich bei der Wurzel anzufassen, erklärte die
Königin von Schweden, Christina, die Tochter Gustav Adolfs,
sie wolle „vom Hause Gottes den Anfang machen und die
in kirchlichen Dingen eingerissenen bösen Gebräuche und
Aergernisse abschaffen, auch ein geistliches Consistorium in
Stade aufrichten.“ Diese neue Behörde hielt am 11. De=
cember 1651 ihre erste Sitzung. Sie sollte in der Folge
ihre Sitzungen an jedem Donnerstage halten und ihr Haupt=
augenmerk darauf richten, daß das hochheilige Kirchen= und
Schulwesen recht geordnet, in allen Stücken Gottes Ehre
gesucht und befördert und sein Wort in dem rechten Ver=
stande und nach dem ungeänderten Augsburgischen Bekennt=
nisse recht und rein gelehret werde. Das neue Consistorium
wurde besetzt mit einem General=Superintendenten, dreien
Theologen und zweien Rechtsgelehrten, von denen einer der
Director des Consistoriums sein sollte. Von Allen wurde
gefordert, daß sie in Gottes Wort festgegründete, gottes=
fürchtige und gelehrte Männer seien, damit sie über die
Reinheit der Lehre zu wachen und wo es noth thäte, an

Priestern und Laien rechte Kirchenzucht zu üben vermöchten.
Der General = Superintendent insonderheit sollte die Ober=
aufsicht führen über alle innern und äußern Angelegenhei=
ten der Kirche und darüber in den Sitzungen Vortrag
halten. Er sollte sorgsam darüber wachen, daß der edle
theure Schatz des göttlichen Wortes und der heiligen Sa=
cramente nicht verloren gehe und daß dem gottlosen Wesen
gesteuert, dagegen Zucht und Ehrbarkeit aufgerichtet werde.
Die angehenden Priester sollte er sorgfältig unterweisen,
was ihr Amt auf sich habe und sie ermahnen, daß sie der
Zuhörer Seligkeit und der Kirchen Wohlstand sich treu
eifrig angelegen sein ließen. Die Lehrer, sowohl die an
den Gelehrtenschulen in Stade und Verden, als die an den
Volksschulen sollte er besonders anhalten, fleißig die Artikel
des christlichen Glaubens nach dem Katechismo zu treiben.
Um sich aber durch eigenen Augenschein über Alles zu un=
terrichten, sollte er in 2 bis 3 Jahren sämmtliche Gemein=
den visitiren und zur Herstellung des rechten oberhirtlichen
Verhältnisses zu den Geistlichen seiner Diöcese jährlich oder
alle 2 Jahre eine Generalsynode abhalten. Wer erquickt
sich nicht in der Seele an dieser auf gesunden und ächt
lutherischen Principien gegründeten Instruction. Wäre
man nur auch immer und in allen Stücken derselben nach=
gekommen! Doch trotz aller Mängel in der Durchführung
der so richtigen Grundsätze, die in der Folge verschuldet
oder unverschuldet eintraten, ist der Segen der trefflichen
Verordnung nicht ausgeblieben. Ruhig und fest ging die
Kirche in unserer Provinz ihren Weg und bauete sich, ohne
von den Lehrstreitigkeiten, die das übrige Deutschland bis
in die Mitte des 18ten Jahrhunderts bewegten, sonderlich
berührt zu werden. Ein Nachtheil lag nur darin, daß die
Königl. Residenz Stockholm so weit entfernt war und darum
die Verwaltung der Provinzen nicht immer so gehandhabt
wurde, wie es vielleicht der Wille der Regenten war.
Uebrigens dauerte die schwedische Herrschaft auch nicht gar
lange. Karl XII. führte durch seine tollkühnen und aben=
teuerlichen Unternehmungen selbst den Ruin seines Reiches
herbei. Die schönsten Provinzen desselben mußte er seinen

Gegnern abtreten, unter ihnen auch Bremen und Verden
an den Churfürsten von Hannover, Georg I. 1715.

Die Reihe der Generalsuperintendenten ward eröffnet
durch Michael Havemann. Er war 1597 zu Bremervörde geboren, hatte in Rostock 8 Jahre lang studirt und
selbst Vorlesungen gehalten, wurde dann Lehrer und Rector
des Stader Gymnasiums und kurz darnach Hauptpastor an
St. Cosmä und Damiani. Lauter in Lehre und Leben,
wirkte er in seiner Gemeinde mit großem Segen, mußte
aber auch das Kreuz seines Herrn tragen. Die katholischen
Truppen besetzten Stade im Jahre 1628 und vertrieben
die meisten lutherischen Prediger. Doch schon nach wenigen
Jahren durfte Havemann aus seinem Exil in Ostfriesland
zurückkehren zu seiner früheren Gemeinde. Es wurden ihm
ehrenvolle Berufungen nach Amsterdam und Schleswig zu
Theil, er wollte aber von seinem Posten nicht weichen.
Bei der Errichtung des Consistoriums ernannte Königin
Christina ihn zum Präses desselben, welches Amt er bis
1672 bekleidete. Er that sich als Schriftsteller auf dog-
matischem, ascetischem und kirchenrechtlichem Gebiete hervor;
die Streitigkeiten, welche er führte, scheinen sich theils um
bloße Persönlichkeiten gedreht zu haben, theils aber auch
in den theologischen Gegensätzen, welche damals die ganze
Kirche durchzogen, begründet gewesen zu sein. Havemann
neigte sich zu der Herzenstheologie des Pietismus, wie er
denn zu Spener selbst in freundlichem Verhältniß stand;
der größere Theil der Bremischen Geistlichkeit aber, und
unter ihr Havemanns besonderer Gegner Hackmann, der
Pastor zu Stade war, hielt es mit der kirchlichen Ortho-
dorie. Hackmann errang in diesem Kampfe den Sieg, indem er den von Havemann eingeführten Katechismus durch
den kleinen lutherischen, mit den Fragen von Sotefleisch,
wieder verdrängte. Mit Spener muß er in irgend welcher
Verbindung gestanden haben, wenigstens schrieb dieser zu
einem Werke von Havemann über die Vereinigung der Christen mit Christo eine Vorrede.

Zu den 3 Theologen, welche Beisitzer im Consistorium
sein sollten, gehörten die Superintendenten am Dom zu
Verden und zu Bremen; sie waren aber eigentlich nur no-

minell Consistorial=Räthe, die sich selten an Verhandlungen
betheiligten. Die Stelle des 3ten Beiraths wurde meistens
einem Stabischen Pastoren, nachmals regelmäßig dem Gar=
nisonprediger übergeben. Einer der ersten Secretaire Die=
drich von Staden erwarb sich nicht geringes Verdienst
durch Herausgabe eines Kirchenhandbuches, das von den
meisten Predigern eingeführt wurde und bis auf den heu=
tigen Tag noch nicht ganz außer Gebrauch gekommen ist.

Die neugeschaffene Behörde theilte ihren Sprengel zu=
nächst in 10 Präposituren, und setzte denselben Pröbste vor.
Dann machte sie sich daran, eine Kirchen=Ordnung aus=
zuarbeiten, aber der Entwurf gelangte nie zu kirchlicher
Geltung. Auch die Concordienformel hatte in unserer Pro=
vinz formell nie bindende Kraft erhalten und eine Beeidi=
gung auf dieselbe hat niemals stattgefunden. — Die wich=
tigen Kirchen=Visitationen und Generalsynoden unterblieben
leider fast gänzlich oder wurden oberflächlich abgehalten,
und unsere Provinzialkirche ging der köstlichen Früchte, die
ihr aus dieser Institution hätten erwachsen können, wenn
sie im rechten Geiste und mit wahrer Weisheit wäre ge=
handhabt worden, verlustig. Der Hauptgrund lag wohl
in den staatlichen Verhältnissen, die unter den Nachfolgern
Gustav Adolfs keineswegs erfreulich waren. Die Kirchen=
güter wurden von den Herrschaften verschleudert, die schwe=
dischen Beamten ließen sich die härtesten Erpressungen zu
Schulden kommen, zur Verbesserung der Pfarrstellen und
zur Anlegung von neuen Schulen war kein Geld vorhan=
den. Doch suchte Havemann Zucht und Sitte wieder her=
zustellen. Die Heiligung der Sonntage durch Enthaltung
von Arbeiten und lärmenden Vergnügungen wurde ernstlich
eingeschärft, auf Einfachheit und Mäßigkeit wurde gedrun=
gen, der hohe Werth des heil. Taufsacraments den Ge=
meinden nachdrücklich an's Herz gelegt.

Havemann's Nachfolger wurde Dr. Daniel Lüde=
mann, der aber das Amt nur 4 Jahre, von 1673—1677,
bekleidete. Er konnte in dieser kurzen Zeit um so weniger
Bedeutendes wirken, als politische Wirren die Thätigkeit
des Consistoriums auf eine Zeitlang ganz unterbrachen.
Ihm folgte 1683 Dr. Johann Diekmann, an dessen

Antritt sich große Hoffnungen knüpften. Er hatte 8 Jahre auf Universitäten zugebracht. Zuerst bezog er Gießen, dann Jena und zum Abschlusse seiner Studien Wittenberg, wo er die beiden berühmten lutherischen Dogmatiker Calov und Quenstedt hörte. Diekmann wurde nun zunächst Rector des Stader Gymnasii und hob die Schule zu solcher Blüthe, daß viele junge Leute aus entfernten Ländern dahin kamen. Als Lüdemann starb, wurde er an dessen Stelle berufen, damals erst 36 Jahre alt. Er erwarb sich in Kiel die theologische Doctorwürde, ließ sich in Schleswig von dem dortigen Generalsuperintendenten ordiniren und wurde dann in sein Amt eingeführt. Er besaß eine große Belesenheit und seltene Gelehrsamkeit, besonders in der Kirchen-Geschichte und in Alterthümern. In theologischen Streitigkeiten, denn ohne diese ging es damals nicht ab, war er immer für den gelindesten Weg, ohne doch der Wahrheit etwas zu vergeben. Sein College Hackmann zog seine Rechtgläubigkeit in Zweifel, ist jedoch den Beweis für seine Behauptung schuldig geblieben. Ernst in seinem äußerlichen Aussehen, war er doch ein leutseliger und freundlicher Mann. Sein Christenthum stand nicht in äußerlichem Bekenntnisse, sondern in wahrer Frömmigkeit des Herzens. Ohne vorhergegangene Krankheit entschlief er am 4. Juli 1720, nachdem er noch Tags zuvor in Hollern einen Prediger eingeführt hatte.

Was seine amtliche Wirksamkeit anlangt, so war besonders wichtig die Einführung der Candidatenprüfungen. Es wurden 2 Examina angeordnet: das erste mußten die Studiosen der Theologie gleich nach ihrem Abgange von der Universität pro licentia concionandi für die Erlaubniß zum Prediger ablegen; das zweite war das Haupt- und Amtsexamen der Candidaten. Diekmann besaß selbst eine große Gabe im Examiniren und hielt in seinem Amte nicht weniger, als 350 Prüfungen ab. Die Diener der Kirche ermahnte er zu fleißigem Studium der symbolischen Bücher und zu zweckmäßiger Abhaltung der Katechismuslehren; die Confirmation wurde neu eingeführt. Die Heiligung des Sabbathtages schärfte er abermals ein, die Ehesachen regelte er, und warnte vor pietistischen Lehren der Universi-

täten. Auf Befehl des Königs Carl **XI.** wurden statt der
nie in's Leben getretenen Generalsynoden kleinere Synoden
der einzelnen Präposituren abgehalten. — Eine Aenderung
in der Gestalt des Consistoriums trat 1689 ein. Das Präsidium wurde von dem Generalsuperintendenten auf den Director übertragen, der in Zukunft nicht mehr aus der
Justiz-Canzlei, sondern aus der Regierung genommen werden sollte. Der Generalsuperintendent aber sollte jederzeit
der erste Rath des Consistoriums sein. Von nun an wurden die Kirchen-Verordnungen im Namen der Regierung
erlassen.

Als weltliches Mitglied des Consistoriums aus dieser
Zeit muß noch des Regierungsraths v. Lissenhaim gedacht werden. Er war aus Lissa in Polen gebürtig und
stiftete von seinem Vermögen ein Stipendium, das 500 ℳ
Gold beträgt. Jedes 4te Jahr muß es an einen aus Lissa
gebürtigten Studiosus verliehen werden. Die Verwaltung
dieser Stiftung haben der Generalsuperintendent und ein
Mitglied der Regierung.

Während der Kriegsläufte, die das Ende der schwedischen Herrschaft in unserer Provinz herbeiführten, wurde
Stade und die Umgegend von den Dänen besetzt. Diekmann floh nach Bremen, wo er 4 Jahre im Exil lebte.
1715 trat der König von Dänemark die Herzogthümer Bremen und Verden als ein erobertes Land gegen 6 Tonnen
Goldes an den Churfürsten von Hannover Georg **I.** ab.
Mit diesem Uebergange von der schwedischen unter die hannoversche Hoheit beginnt die 2te Periode des Stadischen
Consistoriums.

Georg **I.** versprach bei seinem Regierungsantritte bürgerliche und kirchliche Freiheiten, Rechte und Privilegien
ungekränkt zu lassen und die Verwaltung auf dem Wege,
der sich historisch herausgebildet hätte, weiter zu führen.
Das hat denn die hannoversche Regierung auch treulich gehalten, aber bei aller Pietät gegen provinzielle Eigenthümlichkeit hat sie doch den Fortschritt zu nothwendigen Verbesserungen nie aus den Augen verloren. Fehlte es früher
noch bisweilen an der nöthigen Energie zur Durchführung
heilsamer Maaßregeln, so vermißte man dieselbe nicht mehr,

als Hannover mit der Thronbesteigung des kräftigen Ernst August ein selbstständiges Königreich wurde.

Das Consistorium wurde schon 1716 wieder hergestellt und Diekmann aus seinem Exil zurückberufen. Directorium und Präsidium wurden wieder von einander getrennt: das erstere erhielt der Director der Justiz-Canzlei, das letztere der Regierungspräsident. Der Generalsuperintendent hielt von jetzt an jährlich in 2 Präposituren General-Visitationen. Die ersten Verordnungen des Consistoriums bestimmten, daß die Pastoren wegen Feuersgefahr das Duplicat ihrer Kirchenbücher einliefern, ihres Predigens sorgfältig wahrnehmen und sich der Kürze befleißigen sollten. Um den Zorn Gottes, der sich durch schwere Heimsuchungen in den hiesigen Landen offenbart hatte, abzuwenden, wurden jährlich 3 Buß-, Bet- und Fasttage angeordnet.

Als Diekmann gestorben war, trat an seine Stelle Lucas Backmeister, der zuvor Probst in Uelzen gewesen war. Auch er besaß, wie Diekmann, eine umfassende Gelehrsamkeit, besonders in orientalischen Sprachen. Die Heilige Schrift im Grundterte zu studiren, war seine liebste Beschäftigung, und dazu hielt er auch seine Prediger und Candidaten an. Seine Wißbegierde führte ihn sogar nach Schweden und Holland, wo er die bedeutendsten Gelehrten besuchte, um von ihnen zu lernen. Er lebte still und eingezogen, im Umgange mit wenigen vertrauten Freunden. Von seinem bedeutenden Vermögen unterstützte er ohne alles Aufsehen schlecht besoldete Schullehrer, Wittwen und Waisen und verband mit seinen vielen trefflichen Eigenschaften die liebenswürdigste Bescheidenheit. Wie er selbst aufrichtig und ohne Falsch war, so konnte er auch an Anderen Heuchelei und Schmeichelei nicht leiden. Treue Prediger fanden an ihm einen milden und liebevollen Vorgesetzten, nachlässige aber hatten Ursache, sein Angesicht zu scheuen; denn seine wenigen Worte pflegten zu Spießen und Nägeln zu werden. In seinen Reden wollte er nicht die Ohren der Zuhörer kitzeln, sondern Erkenntniß des Heils, Glauben und Gottseligkeit bei ihnen wirken. In einen Conflict mit der orthodoxen Geistlichkeit seiner Diöcese gerieth er durch die Einführung des Katechismus von Gesenius, welchen viele Pastoren für nicht rein lutherisch in der Lehre hielten. Backmeister mußte in der That seinen Gesenius wieder zu= rückziehen und der Sötefleisch blieb in alleiniger Geltung. Nach langen und schweren Leiden am Nasenkrebse, die er mit größter Geduld und Ergebung getragen hatte, entschlief er am **2.** December **1748.**

Es folgte ihm Johann Hinrich Pratje. Er war **1710** in Horneburg geboren, wo sein Vater Brauer war. Seine Studien machte er in Helmstädt, wo der berühmte Mosheim damals lehrte; sie dauerten nur **2** Jahre. Seine erste pfarramtliche Thätigkeit entwickelte Pratje in Horne= burg, wo ihm die zweite Stelle übertragen wurde; bald aber berief ihn der Geheime=Rath von Münchhausen, der seine Tüchtigkeit frühzeitig erkannte, als Prediger an die Wilhadikirche nach Stade und in Kurzem beförderte er ihn auch zum Consistorialrathe. Nach Backmeister's Ableben wirkte Münchhausen bei dem Könige Georg II. so kräftig für seinen Schützling, daß Pratje schon einen Monat nach= her seine Bestallung als Generalsuperintendent erhielt. Er war, als er sein wichtiges Amt antrat, erst **39** Jahr alt und hat dasselbe **41** Jahre hindurch mit großer Umsicht und rastlosem Eifer verwaltet. Seine Wirksamkeit steht noch bis auf diesen Tag in großem und verdientem Anse= hen, wenn man auch keineswegs alle seine kirchlichen An= ordnungen gutheißen kann. Pratje stand an der Grenz= scheide der alten kirchlichen Rechtgläubigkeit und der mit Macht hereinbrechenden f. g. Aufklärung. Während er für seine Person noch der kirchlichen Lehre zugethan war, wie seine Predigten zeigen, konnte er doch nicht umhin, der Zeit= richtung manche Zugeständnisse zu machen. Er suchte den alten Lehrgehalt möglichst zu retten, ihn in der Form aber dem neuen Geschlechte mundgerecht zu machen. Leider ging aber mit der Form auch der Inhalt nicht selten verloren. Aus diesem Bestreben Pratje's entstand das neue Gesang= buch, welches er für unsere Provinz ausarbeitete und aus dem wir noch heute singen. Bei aller Pietät gegen Pratje läßt sich doch von diesem seinem Werke nicht günstig ur= theilen; denn die darin enthaltenen Veränderungen der alten Kirchenlieder sind meistens Verschlechterungen.

Nachgeben an den Zeitgeist spricht sich auch in der Verordnung aus, durch welche die meisten kleineren Feste auf den nächstfolgenden Sonntag verlegt, die dritten hohen Festtage aber abgeschafft wurden; dagegen führte man in den sonntäglichen Vormittagsgottesdienst die s. g. Vorlesungen ein. Um die Pastoren zum Fortschreiten in der Theologie anzutreiben, wurde ein neues Examen angeordnet für die Prediger, die eine Beförderung suchten, die s. g. Conferenz. Die Candidaten sollten erst nach vollendetem 24sten Lebensjahre das Amtsexamen bestehen dürfen. Den Studiosen wurde in der Wahl der Universität freie Hand gelassen. Das Schulwesen wurde durch eine treffliche neue Schulordnung geregelt, dagegen die von Pratje neu überarbeitete Havemann'sche Kirchenordnung vom Ministerium abgelehnt. Regelmäßig hielt Pratje jährlich in 2 Kirchenkreisen General-Kirchenvisitationen, die er durch Sendschreiben an die gesammte Geistlichkeit über irgend eine theologische oder historische Materie anzukündigen pflegte. Aber bei der großen Ausdehnung der Amtsgeschäfte fand sein eiserner Fleiß doch noch Muße zu mancherlei schriftstellerischen Arbeiten. Er gab Sammlungen von Predigten der Pastoren seines Bezirks heraus unter dem Titel: Bremische Bemühungen in Predigten. Mit besonderer Vorliebe beschäftigte er sich mit der Geschichte und den Antiquitäten unserer Provinz und lieferte höchst werthvolle Beiträge dazu in den Sammlungen: Altes und Neues aus den Herzogthümern Bremen und Verden. Einer Menge von Zeitschriften sandte er Abhandlungen ein und man muß sich wundern über die Mannigfaltigkeit der Gegenstände, über die er zu schreiben wußte. Da finden sich nicht bloß theologische Aufsätze, sondern nicht minder naturhistorische (z. B. über die Aale, über Regenwürmer), medicinische (z. B. vom Gebrauche des weißen Pfeffers zur Stärkung des Magens), haushälterische (z. B. wie der widrige Geruch der Betten zu verhüten) u. s. w.

Pratje erfreute sich großer Liebe und hohen Ansehens bei Predigern und Gemeinden. Auch außerhalb der Provinz wurden seine Verdienste anerkannt und mehrere Ehrenbezeugungen ihm zu Theil. Die ihm 3 mal angetragene

theologischen Doktorwürde lehnte er wegen der damit ver=
bundenen Kosten ab. 1784 feierte er sein 50jähriges
Amtsjubiläum, bei welchem die allgemeine Liebe und Ver=
ehrung, die der Greis genoß, sich in manchen schönen Zügen
an den Tag legte. Darnach lebte er noch mehrere Jahre,
bis er 1791 am Schlagflusse starb.

Zu Pratje's Nachfolger berief die Regierung den Dr.
Johann Caspar Velthusen. Er war 1740 in Wis=
mar geboren und hatte sich in mancherlei Aemtern, zu
Hameln, London, Gifhorn, Helmstädt und Rostock versucht.
Klein von Statur, aber ehrwürdig im weißen Haar, ge=
wann er die Herzen durch den Ausdruck inniger Frömmig=
keit, so wie durch eine unermüdliche Dienstfertigkeit. Als
Schriftsteller machte er nicht sonderliches Glück. Er ließ
sich sehr angelegen sein, die Provinz Nordcarolina in den
Vereinigten Staaten mit deutschen Predigern und Schul=
lehrbüchern zu versorgen. Kräftig unterstützte ihn sein
College, der Consistorial=Rath Watermeyer (1778—1809).
Das wichtigste Ereigniß während seiner Amtsjahre ist die
Einführung des hannoverschen Landeskatechismus.

Die französischen Kriegsunruhen, welche über unser
Vaterland hereinbrachen, ließen es zu wichtigen kirchlichen
Verbesserungen nicht kommen. Der lutherische Dom zu
Bremen, über welchen das Stader Consistorium bis jetzt
die Oberaufsicht gehabt hatte, wurde an die Stadt Bre=
men abgetreten. Schwere Zeiten erlebte Velthusen, als
warmer Patriot, während der französischen Besetzung der
hannoverschen Churlande 1810 bis 1814. In seinem
Amte aber verblieb er; auch ließen die Franzosen das Con=
sistorium nach den hergebrachten Principien schalten, denn
man war so von den staatlichen Dingen in Anspruch ge=
nommen, daß man zu Gewaltstreichen gegen die Kirche
keine Zeit hatte. Velthusen erlebte noch mit hoher Freude
die Wiederherstellung des angestammten Regentenhauses,
starb aber gleich darauf, erschöpft von den überstandenen
Sorgen und Drangsalen, am 13. April 1814.

An seine Stelle trat nun sofort Dr. Georg Alexan=
der Ruperti, der 1758 in Bremervörde geboren und
bereits Gymnasialrector und Consistorialrath gewesen war.

Obgleich seine Neigung ihn besonders zu philologischen Studien hinzog, lebte er doch seinem Amte mit großer Gewissenhaftigkeit und rief wichtige kirchliche Einrichtungen in's Leben. Zwar in der Feier der Sonn= und Fest=, Buß= und Bettage wurde viel von der alten Strenge nachgelassen, die noch bestehenden dürftigen Reste der früheren Kirchenbuße wurden aufgehoben. Statt der General= führte man Specialvisitationen ein, die von den Superintendenten abgehalten werden sollten. Die Provinz wurde nämlich 1826 in 16 Inspectionen, statt der 10 Präposituren, eingetheilt, deren geistliche Ephoren den Titel von Superintendenten erhielten. Dagegen verdanken wir Ruperti drei äußerst wohlthätige Institute: das Schullehrer=Seminar, welches 1822 eröffnet wurde und sich unter seinem ersten Inspector, dem jetzigen Superintendenten Baring in Rotenburg, schnell zu erfreulicher Blüthe erhob; ferner die Begründung der allgemeinen Predigerwittwen=Casse, deren Fonds sich bereits auf mehr als 84,000 ℳ belaufen, und die Errichtung eines Vereins der Prediger zu gegenseitiger Brandentschädigung.

Als nach dem Wiener Congreß 1815 Hannover ein souveraines Königreich wurde, da hörte die Unterordnung des Consistoriums unter die Provinzial=Regierung in Stade auf und dasselbe wurde unmittelbar unter das Königliche Ministerium der geistlichen und Unterrichts=Angelegenheiten gestellt.

Am 4. Juli 1831 wurde das 50jährige Amtsjubiläum Ruperti's mit herzlicher Theilnahme begangen. Am 14. März 1839 entschlief er. Seine Stelle wurde wieder besetzt mit Dr. Friedrich Burchard Köster. Er wurde 1839 von Kiel, wo er Professor der Theologie und Director des homiletischen Seminars war, als Consistorial-Rath und Garnisonprediger nach Stade berufen. Nach Ruperti's Abscheiden wurde ihm die Generalsuperintendentur Anfangs interimistisch und ein Jahr nachher definitiv übertragen. Zu gleicher Zeit trat auch Christoph Ludwig v. Hanffstengel, der bisher Pastor zu Lesum war, als zweiter geistlicher Rath in das Consistorium ein.

Wichtige kirchliche Veränderungen, welche die neuere Zeit gebracht hat, sind:

1. das Volksschulgesetz vom 26. Mai 1845, 2. die Aufhebung der Consistorial=Gerichtsbarkeit (mit Ausnahme der Ehesachen) durch das Gesetz vom 12. Juli 1848, 3. die Errichtung von Kirchen= und Schulvorständen durch das Gesetz vom 14. October 1848.

Gedacht werde noch der Stiftung der Predigerbiblio= thek, die bereits auf mehr als 2400 Bände angewach= sen ist.

Am 11. December 1851 beging das Consistorium die Feier seines zweihundertjährigen Bestandes, bei welcher Gelegenheit der Consistorial=Rath von Hanffstengel von der theologischen Facultät zu Göttingen zum Dr. theol. er= nannt wurde.

Stade.   **Peters.**

—————

26.

Zur Erinnerung an Georg Haltermann weil. Re- gierungsrath und Mitglied der Königlichen Landdrostei zu Stade.

—————

Unter den ehrenwerthen Männern, welche ihr Leben mit besonderem Erfolge dem Dienste der Menschheit gewidmet haben, darf in unserer Provinz hervorgehoben werden der am 21. Januar 1852 zu Osterholz verstorbene Geheime Regierungsrath Haltermann.

Georg Andreas Siegfried Haltermann, geboren den 3. October 1772, war ein Sohn des im Jahre 1791 verstorbenen Regierungs=Secretairs zu Stade Joh. Nico- laus Haltermann, welchen Rotermund im Gelehrten Han- nover als einen seiner Verdienste wegen unvergeßlichen Mann bezeichnet. Nach vollendeten Studien zu Stade und Göttingen wurde er 1792 Auditor, und 1800 Secretair bei der Regierung in Stade. Während der französischen

Occupation bekleidete er die Stelle eines Receveur des domaines et de l'enregistrement zu Neuhaus a. d. Oste. Nach der Wiederherstellung der Hannoverschen Lande 1814 wurde er Mitglied der provisorischen Regierungs=Commission und bald darauf zum Hofrath und Mitgliede der Provinzial=Regierung ernannt. Als im Jahre 1823 die Landdroftei Stade errichtet wurde, trat er als Regierungsrath in dieselbe ein, und hat in diesem Amte eine lange Reihe von Jahren gearbeitet. 1843, nach 50jähriger Dienftzeit, nahm er seinen Abschied mit dem Titel eines Geheimen Regierungsraths; wie er denn schon früher das Ritterkreuz des Guelphen=Ordens erhalten hatte. Er war zwei Mal verheirathet; aber nur eine Tochter aus erster Ehe hat ihn überlebt.

Mit seinem Eintritte in die Landdroftei eröffnete sich ihm ein weites Feld der Thätigkeit. Alle wichtigeren Arbeiten wurden von ihm entweder selbst besorgt, oder doch unter seiner speciellen Aufsicht betrieben. Er verstand es dabei, durch sein wohlwollendes Benehmen jüngere arbeitstüchtige Kräfte heran zu bilden und sich und dem Staate dienstbar zu machen. Fast alle seitdem in den Herzogthümern Bremen und Verden und dem Lande Hadeln in's Leben getretenen gemeinnützigen Institute, wie namentlich der ritterschaftliche Credit=Verein, die Versicherungs=Caffen für Vieh=Verluste, die Gewerbe=Schulen, sind von ihm angeregt oder doch vorzugsweise durch ihn gefördert; auf die Verbesserung der Armen=Anstalten war fortwährend sein Streben gerichtet*). Die Errichtung eines Krankenhauses vor Stade, welches der ganzen Provinz zu Gute kommt, ist vornämlich ihm zu danken, und dieses sein Lieblingswerk unterstützte er mit großen Opfern, auch durch Herausgabe der Vermischten historischen Sammlungen des sel. Pratje. Zusammen mit dem General=Superintendenten Ruperti gründete er 1822 die Allgemeine Predi=

---

*) Ein Aufsatz über Hamburg's Armen=Anstalten im Hannov. Magazin von 1798 Seite 40 ff. (f. Rotermund's Gelehrtes Hannover) scheint das Einzige gewesen zu sein, was er hat drucken lassen.

ger-Wittwen-Casse und das Provinzial-Schullehrer-Seminar.
Der Vaterländische Verein zu Stade ist besonders durch
ihn gestiftet worden und bis an sein Lebensende widmete
er diesem Institute die regste Theilnahme. Er nahm sich
mit Eifer der Verbesserung der Landstraßen an, und um
so verdienstlicher ist, was er in dieser Hinsicht geleistet,
weil während seiner Dienstzeit nur noch sehr geringe Bei-
hülfen zu solchem Zwecke aus der Landes-Casse erfolgten.
Die Straße über den schwarzen Berg bei Stade, die von
Cadenberge nach Neuhaus, die Landstraße im Amte Lilienthal nach Bremen u. a. kamen auf seinen besondern An-
trieb großentheils durch freiwillige Beiträge und durch
Actien-Zeichnungen zu Stande. Beharrlich wurde von ihm
der Plan der Erbauung des jetzt vollendeten Hadelnschen
Canals verfolgt: auch die Anlage eines Canals zwischen
Bremen und Stade, von ihm öfters zur Sprache gebracht,
unterblieb nur, weil die Mittel dazu fehlten. Mit den
Betheiligten, mit einflußreichen Beamten und Gemeinde-
gliedern in der Provinz setzte er sich zur Erreichung nütz-
licher Anstalten in persönlichen Verkehr, suchte sie zu gewinnen, und scheuete keine Anstrengung, keine pecuniären
Opfer, um das für gut erachtete Ziel zu erreichen, indem
er alle Hindernisse durch nicht zu ermüdende Ausdauer zu
besiegen strebte.

Bei seiner langen geschäftlichen Thätigkeit war sein
Augenmerk immer nur auf das Gemeinwohl gerichtet, und
er wußte dabei mit vielem Scharfblick die Interessen der
Einzelnen thunlichst zu befriedigen. Das Formenwesen
war ihm zuwider; und ohne besonderer Verehrer von neuen
Verfassungen zu sein, huldigte er den Grundsätzen der
freien Bewegung des Verkehrs der Gemeinden sowohl als
der Einzelnen. Seine Milde im Urtheile über Andere, so
wie seine Bereitwilligkeit zu helfen und zu dienen, war
allbekannt: er hat vieler Noth abgeholfen, manchen Kummer gestillt, und manche Thränen getrocknet. Da, wo von
Seiten der Regierung oder der Gemeinden keine Hülfe gewährt werden konnte, veranlaßte er mit ihm gleichgesinnte
Männer, gemeinschaftlich einzutreten, wenn seine alleinigen
Kräfte nicht ausreichten. Daß ein Mann von seinem

Geiste, welcher in der Thätigkeit selbst seinen Lohn fand, sich über Anklagen und Verdächtigungen hinaus zu setzen wußte, war natürlich. Man lächelte wohl einmal über die Menge seiner Projecte; aber wer hat, wie er, so viele Projecte ausgeführt? Man sagte wohl, um dem Einen zu helfen, habe er mitunter dem Andern zu nahe gethan; aber welchem kräftigen Helfer wäre nicht Aehnliches begegnet? Auch schwere körperliche Leiden (er litt viele Jahre an einem nervösen Gesichtsschmerze) und manche Familien = Schicksale konnten seinen Muth nicht lähmen, seinen heitern Sinn nicht auf lange Zeit stören; wie er denn in Gesellschaften stets eine muntere Laune zeigte.

Sein Christenthum war, nach der Richtung jener Zeit, ein ziemlich allgemeines, mehr der Werkthätigkeit zugewandt, als der Glaubensinnigkeit; aber es war ihm Herzenssache; und gern besuchte er den Gottesdienst, wenn die Vorträge des Predigers ihn anzogen. In der Freimaurer=Loge war er lange Jahre Meister vom Stuhle.

Haltermann's kleine, aber bewegliche Gestalt, sein freundlich lebendiges Auge, seine fein geröthete Gesichtsfarbe, und seine saubere perlartige Handschrift werden denen, die ihn persönlich gekannt, noch lebhaft vorschweben.

Sein Andenken, als eines Menschenfreundes, eines Patrioten und patriotischen Beamten, wird in der Provinz im Segen bleiben.

27.

Kurze Geschichte der Städte Stade, Verden, Buxtehude, und Bremervörde, des Fleckens Horneburg, der Schlösser Rotenburg und Ottersberg und der Insel Krautsand.

a. Stade.

(Nach dem Aufsatze des Herrn Pastor Lunecke, in W. Görges Vaterländischen Geschichten und Denkwürdigkeiten der Vorzeit. Jahrgang 2. Braunschweig 1844. Seite 372. ff.)

Ueber das Alter der Stadt Stade ist viel gefabelt worden; allein nach der gewöhnlichen Weise, wie die deutschen Städte im Mittelalter entstanden sind, wird man für das Wahrscheinlichste halten, daß die Burg, welche Graf Siegfried I. 988 hier anlegte, und von welcher der östliche Theil der Stadt noch jetzt den Namen trägt, allmählich immer mehr Ansiedler gelockt hat, sich in ihrem Schutze nieder zu lassen. Jene Burg mag zunächst zur Sicherung gegen die Einfälle der räuberischen Normannen (Askomannen, erbaut sein: ihre günstige Lage aber, an der schiffbaren Schwinge, und nur eine Stunde vom Elbstrome entfernt, mußte sehr bald zahlreiche Einwohner herbeiziehen. Auch der Name der Stadt wird daher am einfachsten abgeleitet von dem Gestade der Elbe, welche, bevor es ordentliche Deiche gab, zur Fluthzeit bis an den hohen Geestrücken, auf welchem Stade liegt, sich ergießen konnte. Die Grafen von Stade, als Gründer der Burg, besaßen auch Ditmarschen in Holstein, also beide Gestade der Elbe (utriusque ripae Comites). Gewiß ist, daß schon im zwölften Jahrhunderte die Stadt zwei Pfarrkirchen hatte: St. Wilhadi und Pankratii, drei Capellen: St. Cosmä-Damiani, Nicolai und St. Spiritus, und ein Mönchskloster St. Georg (jetzt das Gymnasium). Im Jahre 1204 erhielt der Ort Stadtrechte, 1279 seine Statuten, und im Laufe des 14ten und 15ten Jahrhunderts war er ein bedeutender Handelsplatz.

Nach dem Aussterben der Grafen von Stade eroberte Heinrich der Löwe die Stadt; und von da an wurde ihr Besitz ein fortwährender Zankapfel zwischen den Sächsischen Herzogen und den Erzbischöfen von Bremen. 1202 entrissen die Söhne des Löwen sie dem Erzbischof Hartwig; aber nach 1227 kam ein Vergleich zu Stande, wodurch sie dem Erzstifte dauernd beigelegt wurde. Die Bürgerschaft benutzte solche Fehden klüglich, um immer größere Privilegien bald von den Herzögen und Erzbischöfen, bald auch von den Kaisern zu erlangen; z. B. die Zollfreiheit, das Stapelrecht über alle auf der Elbe beladen vorbeisegelnden Schiffe, und den s. g. Ruderzoll. Stade wurde damals ein Mitglied der Hansa, und leistete deßhalb dem Erzbischofe nur bedingte Huldigung: so oft die Erzbischöfe die Stadt betraten, oder ihre Beamten zur Haltung des Botding's schickten (eines Landgerichts, welches seit 1300 am Bischofshofe auf drei großen Steinen unter freiem Himmel gehalten wurde), mußte vom Rathe ein Geleitsbrief nachgesucht werden. Jedoch allmählich sank der Handel von Stade, je mehr das benachbarte Hamburg aufblühte; es kam so weit, daß im sechszehnten Jahrhundert, zur Ersparung der Kosten, Stade und Buxtehude nur abwechselnd den Hansatag beschickten. Auch Pest und häufige Ueberschwemmungen brachten um jene Zeit die Stadt in große Drangsale; woraus die vielen Brüderschaften (St. Antonii, der Schiffer und Kaufleute u. s. w.) zur Unterstützung von Hülfsbedürftigen hervorgegangen sind, welche noch jetzt alljährlich gegen 1000 Thaler zu wohlthätigen Zwecken vertheilen.

Um 1540 nahm Stade, woselbst schon 1521 Joh. Hollmann die reine Lehre gepredigt hatte, den lutherischen Lehrbegriff und Gottesdienst an; auch aus Widerwillen gegen die verschwenderische Regierung des Erzbischofs Christoph: jedoch fand, unter den Kriegsläuften der Zeit, der Katholicismus noch mehrmals wiederum Eingang; zum letzten Male durch das Restitutions-Edict von 1629. Weil aber die Stadt sich selbst reformirt hatte, ist ihr von jeher eine gewisse kirchliche Selbstständigkeit geblieben. Am Ende des 16ten Jahrhunderts gewann Stade viel durch Ansiede-

einem gemeinschaftlichen Magiſtrate, und die verdenſche Rit=
terſchaft, welche ſich bisher auf dem Schaden verſam=
melt hatte, verband ſich mit der bremenſchen. Langſam
gelangte die Stadt zwar von jetzt an wieder zu einigem
Wohlſtande, wurde aber in ihrem Aufblühen aufgehalten,
als der König Karl XI. von Schweden im Jahre 1675
wegen ſeines Bündniſſes mit Frankreich in die Reichsacht
erklärt war, und der kriegeriſche Biſchof von Münſter,
Bernhard von Galen, mit ſeinen Truppen Rotenburg,
Langwedel und Verden beſetzte. Nachdem die Münſter=
ſchen am 14. Januar 1680 endlich dieſe Orte verlaſſen
hatten, kam die Stadt zwar wieder an Schweden, wurde
aber nach den ſelbſtverſchuldeten Unglücksfällen Karls XII.
in Rußland durch den am 9. November 1719 zu Stock=
holm abgeſchloſſenen Frieden mit den Herzogthümern Bre=
men und Verden völlig an den König Georg I. als Kur=
fürſten von Hannover abgetreten. Seitdem gedieh die Stadt,
ungeachtet der ſiebenjährige Krieg auch dieſe Gegend be=
wegte, unter dem Schutze der neuen Regierung zu einem
dauernden Wohlſtande. Im Jahre 1810 wurde ſie dem
aus den Eroberungen der Franzoſen neugebildeten König=
reiche Weſtphalen einverleibt, in demſelben Jahre aber
durch einen Machtſpruch Napoleons zum franzöſiſchen Kai=
ſerreiche geſchlagen. Doch erfolgte die allgemein erwünſchte
Rückkehr unter die alte Herrſchaft in dem deutſchen Frei=
heitskampfe ſchon zu Ende des Jahres 1831.

Vieles iſt ſeitdem verbeſſert und die Zunahme der
Stadt unverkennbar. Unter den bemerkenswerthen Ereig=
niſſen dieſer letzten Zeit verdient die feierliche Einweihung
des Doms im April 1832 hervorgehoben zu werden. Der
Bau deſſelben war nach dem Brande von 1281 von dem
Biſchofe Conrad, einem Guelphen, begonnen, aber erſt
1290 beendigt. Ausgezeichnet in ſeiner Anlage war dies
herrliche Gebäude durch die Geſchmackloſigkeit der ſpäte=
ren Jahrhunderte vielfach entſtellt und im Laufe der Zeit
theilweiſe in Verfall gerathen. Durch den neuen Ausbau
wurde nicht allein die ſchöne Anordnung der Pfeiler, ſon=
dern überhaupt auch die muſterhafte Harmonie des Gan=
zen wieder hergeſtellt, und gewiß nicht mit Unrecht gilt

Lüneburger Stade ein Jahr lang blockirten und es von
1676 bis 1680 behielten, worauf es an Schweden zurück
gegeben wurde. Endlich wurde im Jahre 1712, als
Carl XII. von Schweden zu Bender saß, die Stadt aber=
mals durch ein heftiges Bombardement der Dänen ver=
wüstet, während auch die Pest 1600 Menschen hinraffte.
Aber 1715 kam Stade mit der ganzen Provinz unter
Hannoversche Hoheit, und hat sich seit dieser Zeit, unter
den Segnungen des Friedens und einer milden Regierung,
allmählich erholt und zum Wohlstande aufgeschwungen.
Seit 1840 ist durch Anlegung von Chausseen, Einrichtung
einer Dampfschifffahrt nach Hamburg, und überhaupt durch
die Annehmlichkeiten des Orts der Verkehr ausnehmend
belebt, und die Zahl der Einwohner fast auf 8000 gestie=
gen. 1852 erhielt Stade eine neue Städteordnung.

Die jetzigen Festungswerke wurden 1698 durch die
Schweden angelegt (daher die Bastionen noch Schwedische
Namen tragen), 1757 verstärkt, 1786 abgetragen und
1814 in ihrer gegenwärtigen Gestalt hergestellt. Von
den Thoren führen zwei in die Geest, zwei in die Marsch.
Eingetheilt wird die Stadt in vier Quartiere, das Sand=,
Berg=, Bäcker= und Wasser=Quartier. Außer den Behör=
den und der Garnison, besitzt sie ein blühendes Gymnasium,
ein Schullehrer=Seminar, und eine jetzt neu organisirte
Bürger= und Volks=Schule. In der großen Strafanstalt
befinden sich fortwährend etwa 200 Gefangene*).

h. Verden.

Die Geschichte der Stadt Verden reicht in die dunke=
len Zeiten hinauf, in welchen unsere Vorfahren noch heid=
nische Götter verehrten, und die römischen Kaiser eine dau=
ernde Herrschaft in Deutschland zu gründen vergebens

---

*) Das Wahrzeichen von Stade soll der Thurm mitten
auf dem Kirchendache (St. Cosmä) sein, das von Verden
der Kirchhof mit zwei Kirchen (Dom und St. Andreas).
Hat Burtehude auch ein solches?

versuchten. Denn schon der griechische Erdbeschreiber Pto=
lemäus, welcher um das Jahr 130 nach Christus schrieb,
erwähnt den Ort unter dem Namen Tuliphurdium*),
der sich im Laufe der Zeit in Fardi, Ferdi, Verda
und Verden umänderte und ohne Zweifel der Lage des
Ortes seinen Ursprung verdankt. Damals war es ein
offener, längs der Aller sich hinziehender Ort, dessen Be=
wohner zu dem großen, biedern und tapfern Volke der
Chauken gehörten und, mehr den Frieden als den Krieg
liebend, theils vom Fischfange, theils von der Viehzucht
und dem Ackerbau lebten.

Eine größere Bedeutung erhielt der Ort, als sich die
Chauken im Anfange des vierten Jahrhunderts dem
starken Bunde der Sachsen anschlossen, an deren Raub=
und Eroberungszügen zu Lande und zur See theilnahmen
und mit den Franken in stets sich erneuernde blutige und
verheerende Kämpfe geriethen, welche sie so lange fortsetz=
ten, bis endlich Karl der Große im Jahre 772 auf dem
Reichstage zu Worms den großen, entscheidenden National=
krieg beschloß, in welchem zwei und dreißig Jahre lang die
Sachsen für ihre heimischen Götter und ihre Freiheit, die
Franken für das Christenthum und ihre Weltherrschaft eben
so tapfer, als hartnäckig kämpften. Acht Jahre hatte der
Krieg schon gedauert, ohne daß Carl auf seine Eroberun=
gen auch nur in Westphalen mit Sicherheit rechnen konnte,
als er im Jahre 780, gestützt auf das Bündniß mit den
Thüringern, einen Feldzug an der Elbe unternahm, im
Herbste ein Winterlager am Einflusse der Ohre in die
Elbe bezog und dadurch einen Theil der sächsischen Ost=
phalen nicht nur zur Unterwürfigkeit,. sondern auch durch
die Taufe zur Annahme des Christenthumes zwang. Dar=
aus entsprang eine Missionsanstalt und ein neues Bisthum,
dessen erster Bischof Patto anfangs seinen Sitz in Kuh=
feld in der Nähe der jetzigen Stadt Salzwedel hatte,

---

*) Tuliphurdium heißt wörtlich: Wasserfurt, oder wie
ein neuer Geschichtsforscher übersetzt: Fluthenthor. Es
bezeichnet daher der Name eine Furt oder Fähre am flu=
thenden Wasser.

dann aber der größeren Sicherheit wegen im Jahre 785 in das damals schon blühende Bardowiek verlegte. Indessen bestimmte Karl der Große zehn Jahre später Verden zum bleibenden Bischofssitze, nachdem er im Feldzuge vom Jahre 782 an diesem Orte über die Weser und Aller vorgedrungen war und in dessen Nähe nach der völligen Eroberung des Gaues Sturmi 4500 Eingeborene zur Strafe für den verrätherischen Abfall ihrer Anführer und die schändliche Ermordung wehrloser Christen, ohne Schonung hatte hinrichten lassen. Zwar vereinigten sich die Sachsen, über die beispiellose Strenge des Königs zur glühendsten Rache entflammt, auf's Neue zum Kampfe; doch mußten sie, so muthig und entschlossen sie auch Widerstand leisteten, endlich dem siegreichen und überlegenen Feinde weichen und sich im Jahre 803 in den Friedensverhandlungen zu Selze zur fränkischen Heerfolge, zur unbedingten Annahme des Christenthums und zur Entrichtung des Zehnten von allen Viehheerden und allen Früchten des Feldes an die Kirche bequemen.

Mit der allmählichen Verbreitung des Christenthums gewann auch Verden immer mehr an Bedeutsamkeit und Ansehen in der Umgegend. Die Ansiedelung des Bischofs und seiner Gehülfen erfolgte indessen nicht in dem damaligen Verden selbst, sondern einige hundert Schritte südlich von demselben, wo die Geistlichen die erste unvollkommene Domkirche und daneben für ihren gemeinschaftlichen Aufenthalt ein Kloster erbauten. Aus der ferneren Ausbildung dieser Ansiedelung theils durch Schutz suchende Fremde, theils durch Untergebene des Bischofs und der Geistlichkeit entstand in der Nähe des Doms eine Capitelstadt, (villa episcopalis), aus welcher sodann die Süderstadt hervorgegangen ist, während sich nördlich von derselben ein Verein von Freien zusammenzog und die Norderstadt bildete, welche ihre Unabhängigkeit von der geistlichen Herrschaft das ganze Mittelalter hindurch behauptete. So zerfiel schon frühzeitig der Ort, in zwei wesentlich verschiedene Bestandtheile, deren Unterschiede in Betreff mancher Rechte und bürgerlichen Verhältnisse noch bis auf den heutigen Tag fortbestehen.

Da die erste Domkirche der immer mehr an Mitglie=
dern wachsenden Gemeinde einen zu beschränkten Raum
darbot und ihres leichten Baues wegen allmählich sehr in
Verfall gerieth; so ließ der Bischof Amelung um das
Jahr 960 einen neuen, der Jungfrau Maria und der hei=
ligen Cäcilie geweihten Dom aus Holz bauen, von dem
ältere Schriftsteller rühmen, daß er sich durch Größe und
Pracht ausgezeichnet habe. Gleichwohl sah sich schon im
Jahre 1028 der Bischof Wigger genöthigt, einen Neu=
bau zu beginnen, welcher durch die größere Anlage und
Herbeischaffung dauerhafter Baumaterialien nur langsam
gefördert und selbst durch die unruhigen Bewegungen jener
Zeiten oft unterbrochen, erst nach 160 Jahren unter dem
Bischofe Tammo vollendet ward. Während die Bischöfe
ihre Aufmerksamkeit auf die kirchlichen Angelegenheiten, die
Gründung neuer Klöster in ihrem Sprengel und die He=
bung ihrer Residenz, der Süderstadt, vorzüglich richteten,
begünstigten mehrere Kaiser, besonders Lothar von Sachsen,
die Norderstadt so sehr, daß sich diese im Jahre 1210 mit
Mauern umgeben und durch Thore von der Süderstadt
absondern konnte. Darauf erhielt sie vom Bischof Ger=
hard I., einem gebornen Grafen von Hoya, im Jahre 1259
die Bestätigung der Stadtrechte, sowie des Befestigungs=
rechts. Seitdem stieg die junge Stadt im raschen Auf=
blühen zu Macht und Ansehen empor. Schon Gerhard's
Nachfolger, der Bischof Conrad I. mußte es sich gefallen
lassen, daß sie, als er mit seinen Brüdern, den Herzögen
Albrecht und Johann von Braunschweig=Lüneburg, das
Erzbisthum Bremen überfallen wollte, den dazu bestimm=
ten Kriegsknechten den Durchmarsch verweigerte und die=
selben zwang, zu ihrem Bedarf eine eigene Brücke über
die Aller zu erbauen. Auf gleiche Weise behauptete die
Stadt, im Vertrauen auf ihre Stärke, gegen den Willen
des Bischofs, eine völlige Neutralität, als die Bremer am
22. October 1281 die Süderstadt eroberten und mit dem
Dome niederbrannten.

Unter solchen Umständen durfte die Stadt es wagen,
ohne bei dem Bischofe Anstoß zu erregen, im Jahre 1330
sich selbst nach eigenem Belieben Statuten zu entwerfen,

welche nicht nur ein Bild ihrer inneren unabhängigen
Macht darstellen, sondern auch in Verbindung mit den
Statuten der Stadt Bremen die Grundlage der späteren
Stadtverfassung ausmachen. Je mehr nun die Macht der
Bischöfe in dem ungleichen Kampfe mit den benachbarten
Herzögen geschwächt wurde, desto lebhafter trat in der
Norderstadt das Streben nach der Reichsfreiheit hervor.
Die förmliche Anerkennung derselben fand sie indessen erst,
als nach der Absetzung des Kaisers Wenzel der zum Ge=
genkönige gewählte Pfalzgraf Ruprecht in einer Urkunde
vom 15. December 1405 den Magistrat und die Bürger
ausdrücklich „seine und des heiligen römischen Reiches Ge=
treue“ nannte. Seit dieser Zeit übte die Norderstadt un=
behindert die Rechte einer Reichsstadt aus und ging selbst
gegen ihren Bischof Bündnisse mit den braunschweigischen
Herzögen ein. Aber gerade in diesem Zwiespalte mit den
Bischöfen lag auch der erste Grund ihres Sinkens, da,
während einerseits der Stadt aus den Beiträgen zu den
Reichs= und Kriegssteuern schwere, kaum zu erschwingende
Lasten erwuchsen, andererseits häufiger als früher Prinzen
aus mächtigen Häusern zu Bischöfen gewählt wurden,
welche überdies nicht selten mehrere Bischofsstellen verei=
nigten. Im Jahre 1521 stand neben dem Bisthume die
Stadt zwar noch als reichsfrei auf der Reichsmatrikel;
allein der Anschlag für dieselbe war so hoch, daß sie sich
genöthigt sah, sich selbst zu exhimiren. Da dessenungeach=
tet eine strengere Verfügung des Reichsabschiedes von 1541
die Stadt unter Androhung der kaiserlichen und des hei=
ligen Reiches Acht zur Zahlung ihres Beitrags herbeizog,
so entstand hieraus seit dem Jahre 1548 ein nie zu Ende
gekommener Ercutions=Proceß, wobei die Bischöfe die
Stadt vertraten. So kam es, daß die letztere mehr und
mehr gegen die Bischöfe zurücktreten mußte. In der That
nahm sie auch bald bereitwillig an den bischöflichen Feh=
den, sowie an dem verdenschen Landtage und an der Be=
setzung des Hofgerichtes Theil und leistete dadurch von
selbst auf ihre Selbstständigkeit Verzicht, bis sie endlich im
Jahre 1630 dem Bischofe die verlangte förmliche Huldi=
gung nicht länger mehr verweigerte.

So hart der Druck auch war, mit dem der langsam zehrende Rechtsstreit wegen der Exemtion den Rath und die Bürgerschaft belastete, so litt die Stadt doch noch größere Verluste durch die Kriegsereignisse und die damit verbundenen Erpressungen während der langjährigen und gewissenlosen Regierung Christophs, eines braunschweig-wolfenbüttelschen Prinzen, welcher Erzbischof von Bremen und zugleich Administrator des Stiftes Verden war. Zwar ging die bekannte hildesheimische Stiftsfehde, ungeachtet die einzige entscheidende Schlacht derselben auf dem Gebiete des Stifts Verden geliefert wurde, ohne unmittelbare Nachtheile für die Stadt vorüber; desto härter wurde sie aber betroffen, als im Jahre 1544 der Kriegsoberst Christoph von Wrisberg in Verbindung mit dem Parteigänger Johann Rhode, welche beide im Dienste des Herzogs Heinrich des Jüngern von Wolfenbüttel standen, mit ihren wilden Kriegerschaaren in das Stift einfielen, und Johann Rhode in den ersten Tagen des Monats August sich mit einer Abtheilung seiner Truppen vor der Stadt lagerte. Nach einem vom Dom-Capitel und dem Magistrate mit den Befehlshabern abgeschlossenen Vertrage mußten die Einwohner sich nicht nur zu bedeutenden Lieferungen an Lebensmitteln verstehen, sondern sich auch verpflichten, die Söldlinge auf acht Tage in's Quartier zu nehmen und während der Zeit vollauf zu beköstigen.

Aehnliche kriegerische Auftritte erneuerten sich, als nach der Schlacht bei Drakenburg an der Weser im Mai 1547 Christophs Lande in die Hände der Protestanten fielen. Zuerst rückte der Graf Christoph von Oldenburg mit zwei Regimentern Fußvolk und einigen hundert Reitern über Verden vor, den bald darauf der Graf Albrecht von Mansfeld mit der Hauptmacht folgte und sofort vom Stifte durch eine Schatzung der Landleute 8000 Thaler und durch Abhandlung von der Stadt 800 Goldgulden, sowie vom Dom-Capitel 500 Goldgulden erpreßte. Ungeachtet ein Waffenstillstand, der bis Ostern 1548 dauern sollte, abgeschlossen wurde, erschien doch Mansfeld an der Spitze von 1500 Kriegsknechten von Achim her vor der Stadt Verden und forderte dieselbe zur Uebergabe auf. Da die Bürger

sie ihm aber kühn verweigerten, zog er sich unter heftigen
Drohungen nach dem Dorfe Walle zurück und ließ Geschütze von Rotenburg herbeischaffen. Am folgenden Tage
traten indessen Gesandte der Stadt Bremen und des Grafen Christoph von Oldenburg als Vermittler auf und be-
wirkten durch ihr Zureden vorläufig eine Einstellung aller
Feindseligkeiten bis zum nächsten Mittage. Mansfeld hoffte
jetzt um so leichter die Verdener in sorgloser Sicherheit
zu überraschen und rückte wortbrüchig in der finstern Nacht
gegen die Süderstadt. Vier Geschütze zerschmetterten das
mit Mist und Sand verschüttete und ausgefüllte Thor,
und seine Kriegsknechte erstiegen unterdeß die Wälle; er
fand jedoch unerwartet so tapfere Gegenwehr, daß er sogar auf dem eiligen Rückzuge seine Geschütze im Stiche
ließ, welche er erst wieder an sich zog, als er sah, daß
sich die Verdener ausschließlich auf die Vertheidigung ihrer
Mauern beschränkten.

Nach diesen trüben Vorgängen und so manchem harten Drucke von Seiten des verschwenderischen Landesherrn
erscheint die Einführung der Reformation während der
Jahre 1558 bis 1568 um so mehr als ein heiterer Licht-
punkt in der Geschichte der Stadt, da durch dieselbe glück-
lichere Verhältnisse, wenn auch erst in späterer Zeit, her-
beigeführt wurden. Die nächste, für die Stadt segensreiche
Folge der Reformation war die Stiftung der jetzt noch
blühenden Domschule durch den trefflichen Bischof E b e r -
h a r d v o n H o l l e n im Jahre 1578, welcher dieselbe nach
den Worten der Fundations-Urkunde dazu bestimmte, „daß
die Jugend in wahrer Gottesfurcht, guter Zucht und Disciplin, und dann sonderlich in lateinischer und griechischer
Sprache auferzogen und präparirt werde, damit sie künftig der Kirche und weltlichem Regimente dienstlich und
nützlich sein möge." Anfangs in dem am Dom gelegenen
Schlafhause, dann auf dem Gewölbe des Kreuzganges eingerichtet und mit tüchtigen Lehrern versehen, erhielt sie
gleich in den ersten Zeiten nach der Stiftung einen aus-
gebreiteten Ruf. Doch war leider für die so glücklich und
schnell aufblühende Anstalt eine im Jahre 1610 wüthende
Pest, an der über 4000 Menschen in der Stadt und

Umgegend gestorben sein sollen, nicht ohne nachtheilige Fol=
gen, welche wenige Jahre später durch den verderblichen
dreißigjährigen Krieg noch vermehrt wurden und lange Zeit
um so fühlbarer blieben, als die Stadt unter dem Drucke
dieses Krieges durch Durchmärsche, Einquartierungen, Con=
tributionen und Verheerungen befreundeter, wie feindlicher
Heere gänzlich verarmte. Im Jahre 1625 kam der Dä=
nenkönig Christian IV. als Oberster des niedersächsischen
Kreises am 27. Juni nach Verden und musterte am fol=
genden Tage einen Theil seiner Truppen auf der Hamme=
haide, worauf er sein Hauptquartier nach Nienburg ver=
legte. Nach der unglücklichen Schlacht bei Lutter am
Barenberge besetzte der siegreiche Tilly außer den Flecken
Hoya, Rethem, Langwedel und Rotenburg auch die Stadt
Verden mit zuverlässigen Schaaren, sah sich aber bald
durch Mangel an Sold mit dem übrigen Theile seines er=
müdeten und durch Krankheiten geschwächten Heeres zum
Rückzuge gezwungen. Nun drang auch der König Chri=
stian von Stade her wieder vor und beschoß im Vorbei=
ziehen am 16. November 1626 Verden. Dennoch ver=
mochte er sich gegen Tilly, der sein Heer mittlerweile durch
neue Truppen verstärkt hatte, in Niedersachsen auf die
Dauer nicht zu behaupten, und die Kaiserlichen schalteten
hier nach wie vor mit Willkühr. Nach dem lübecker Frie=
den mußte im Stifte der protestantische Bischof Friedrich
dem Grafen Franz Wilhelm weichen, und der katholische
Gottesdienst wurde überall wieder hergestellt. Am 1. Mai
1630 hielt der neue Bischof mit großer Pracht seinen
Einzug in Verden. Die längst vergessenen Reliquien und
Heiligenbilder wurden wieder hervorgesucht, die verfallenen
Gräber der ersten Bischöfe hergestellt, und der Magistrat,
welcher des noch anhängigen Eremtions = Processes wegen
sich weigerte, die Schlüssel der Stadt zu überreichen, er=
hielt die Weisung, daß er im fortgesetzten Weigerungsfalle
sogleich aufgelös't werden würde. Tags darauf huldigten
die Stände; es erfolgten dabei zwar sehr allgemein lau=
tende Zusicherungen landesherrlicher Huld; allein schon auf
den folgenden 5. Mai wurden alle Geistlichen der Diöcese
zu einer Kirchenversammlung eingeladen. Ein Jesuit hielt

die Synodalpredigt, sämmtliche Prediger des Landes muß=
ten zur Linken der sitzenden katholischen Geistlichkeit
stehen und es mit anhören, wie der Domherr Georg
Marschalck das Glaubensbekenntniß ablas, und wie ein
freudiger Zuruf auf die Worte des Bischofs: „Verflucht
wer anders glaubt und lehrt; dies ist der ein=
zige wahre katholische Glaube, den wir lehren,
vertheidigen und bewahren wollen,“ ertönte.
Die Sitzung ward beschlossen mit der Ernennung katho=
lischer Priester in allen Gemeinden und mit einem Befehle,
laut dessen die lutherischen Geistlichen binnen acht Tagen
das Land meiden sollten. Als darauf der Bischof zum
Reichstage nach Regensburg abging, übte sein Generalvicar
Philipp Lüttringhausen eine rücksichtslose Strenge; die
Steuern wurden verdoppelt und die geringsten Vergehen
gegen den katholischen Gottesdienst aufs härteste bestraft.
Dennoch ließ sich Niemand bewegen den Glauben zu än=
dern, und viele Bürger, die sich bedroht sahen, wander=
ten aus.

In dieser Zeit der Noth trat Gustav Adolph,
der heldenmütige Retter des Protestantismus, in Deutsch=
land auf. Nach der Schlacht bei Leipzig wurde auch Ver=
den im Januar 1632 von dem schwedischen Obersten Dü=
menil eingenommen. Aber die Schweden hausten bald
in der besetzten Stadt und auf dem Lande nicht minder
übel, wie die kaiserlichen Soldaten, und nur die Rückkehr
des Bischofs Friedrich brachte den Bürgern eine Zeitlang
Ruhe und Erleichterung, bis im Jahre 1644 der Graf
von Königsmarck die Stadt am 6. Januar aufs Neue
einnahm, und der Druck harter Einquartierungen sich noch
mehrmals wiederholte. Erst der westphälische Friede gab
der nun gänzlich verarmten Stadt die lang ersehnte Er=
holung, welcher sie so sehr bedurfte. Verden kam mit
dem Stifte und dem Erzbisthume Bremen unter die schwe=
dische Herrschaft und dachte von nun an um so weniger
fernerhin an die Reichsfreiheit, als sie wohl wußte, daß
sich die Schweden schnell Gehorsam verschaffen konnten.

Im Jahre 1667 vereinigte sich die Norderstadt mit
der Süderstadt durch einen Receß zu einem Ganzen unter

einem gemeinschaftlichen Magistrate, und die verdensche Ritterschaft, welche sich bisher auf dem Schaden versammelt hatte, verband sich mit der bremenschen. Langsam gelangte die Stadt zwar von jetzt an wieder zu einigem Wohlstande, wurde aber in ihrem Aufblühen aufgehalten, als der König Karl XI. von Schweden im Jahre 1675 wegen seines Bündnisses mit Frankreich in die Reichsacht erklärt war, und der kriegerische Bischof von Münster, Bernhard von Galen, mit seinen Truppen Rotenburg, Langwedel und Verden besetzte. Nachdem die Münsterschen am 14. Januar 1680 endlich diese Orte verlassen hatten, kam die Stadt zwar wieder an Schweden, wurde aber nach den selbstverschuldeten Unglücksfällen Karls XII. in Rußland durch den am 9. November 1719 zu Stockholm abgeschlossenen Frieden mit den Herzogthümern Bremen und Verden völlig an den König Georg I. als Kurfürsten von Hannover abgetreten. Seitdem gedieh die Stadt, ungeachtet der siebenjährige Krieg auch diese Gegend bewegte, unter dem Schutze der neuen Regierung zu einem dauernden Wohlstande. Im Jahre 1810 wurde sie dem aus den Eroberungen der Franzosen neugebildeten Königreiche Westphalen einverleibt, in demselben Jahre aber durch einen Machtspruch Napoleons zum französischen Kaiserreiche geschlagen. Doch erfolgte die allgemein erwünschte Rückkehr unter die alte Herrschaft in dem deutschen Freiheitskampfe schon zu Ende des Jahres 1831.

Vieles ist seitdem verbessert und die Zunahme der Stadt unverkennbar. Unter den bemerkenswerthen Ereignissen dieser letzten Zeit verdient die feierliche Einweihung des Doms im April 1832 hervorgehoben zu werden. Der Bau desselben war nach dem Brande von 1281 von dem Bischofe Conrad, einem Guelphen, begonnen, aber erst 1290 beendigt. Ausgezeichnet in seiner Anlage war dies herrliche Gebäude durch die Geschmacklosigkeit der späteren Jahrhunderte vielfach entstellt und im Laufe der Zeit theilweise in Verfall gerathen. Durch den neuen Ausbau wurde nicht allein die schöne Anordnung der Pfeiler, sondern überhaupt auch die musterhafte Harmonie des Ganzen wieder hergestellt, und gewiß nicht mit Unrecht gilt der Dom in seiner jetzigen einfachen, aber großartigen Ausführung für eins der vorzüglichsten Bauwerke des nördlichen Deutschlands.

Verden. **G. H. Klippel.**

---

c. Burtehude.

(Nach Herrn Pastor Lunecke, in Görges Vaterländ. Geschichten u. Denkwürdigkeiten. Jahrgang 3. Seite 50 f.)

Der Name Burtehude (Bukstedehude in alten Schriften) wird wohl am natürlichsten erklärt als entstanden aus Buche, Stätte, Hude, also „schützender Buchenplatz". Die Stadt liegt am Fuße von Hügeln, welche eine reizende Aussicht über das Alte Land und nach den Elbufern bis Hamburg gewähren, und ist durch die schiffbare Este mit der Elbe verbunden. Eine Villa Bukstedehude wird schon 959 in einem Schenkungsbriefe Kaisers Otto I. erwähnt: sie lag aber da, wo 1197 das Altekloster für Benedictiner-Nonnen gestiftet wurde; bis sie 1273 von diesem Kloster getrennt, weiter nach der Este verlegt, und vom Erzbischof Gieselbert befestigt wurde, wie auch städtische Rechte erhielt. Die Este diente ihr dabei zugleich als Fleth und Stadt-graben, welcher die Viever genannt wird (wahrscheinlich von vivarium, ein Behälter für lebende Fische). So bil-det die Stadt noch jetzt gleichsam ein kleines Venedig, indem man zu vielen der um sie her liegenden Gärten nur zu Wasser gelangen kann; weßhalb fast jeder Hausbesitzer sich einen eigenen Kahn hält.

Durch seine günstige Lage und unter dem Schutze des nahen Klosters blühete der Ort sehr bald auf; wovon noch jetzt zahlreiche alte Stiftungen für Kirchen, Schulen und Arme (die Halepagensche von 1485) Zeugniß geben. 1369 trat Burtehude mit Stade in den Hansabund; und wie es schon 1362 dem Bischof Albert von Verden Steine und Kalk, die zu einer Burg gegen die Stadt bestimmt waren, weghole, und mit diesen Materialien das Geestthor bauete, so mußte es sich auch im funfzehnten Jahrhundert der räuberischen Angriffe der Herzöge von Lüneburg und von Oldenburg zu erwehren. Das alterthümliche Rath= haus stammt aus dem Jahre 1408. Seit 1579 sank jedoch durch das Aufblühen des großen Hamburg der Handel von Burtehude, wie der von Stade, und beide Städte beschickten von da an nur mit einander abwechselnd den Hansatag. Sie hatten von den Bischöfen gleiche Pri= vilegien erworben, und auch unter Schwedischer Herrschaft schlossen beide den Fundamental=Receß von 1652, der ihre bürgerlichen und kirchlichen Rechte wahrte.

Im siebzehnten Jahrhundert wurde die Stadt schwer heimgesucht durch wiederholte Ueberschwemmungen und Pest= seuchen, noch mehr aber durch die Verwüstung des drei= ßigjährigen Krieges und die Erpressungen des Schwedischen Gouverneurs. 1683 wurden die Festungswerke abgetragen. Wie aber die Noth erfinderisch macht, so hat neuerlich der Speculationsgeist in Burtehude zahlreiche Fabriken in's Leben gerufen (in Cement, Oel, Seife, Porzellan u. s. w.) wie auch der Handel mit den Producten der Provinz und die Schiffbauerei schwunghaft betrieben wird. Da nun die Stadt, außer vielen Gärten, ein ansehnliches Feld= und Weideland besitzt, so ist ihr Wohlstand bedeutend gestiegen, ein eigentliches Proletariat in ihr unbekannt, und die alter= thümlichen Straßen sind durch manche elegante Gebäude ver= schönert worden. Auch die Papier=Fabrik des Herrn Win= ter in Altkloster giebt durch ihre Dampfmaschinen vielen Menschen Nahrung, und ein schöner Garten daselbst ladet zum Besuche ein.

1542 hat Burtehude die Reformation angenommen. Die freundliche Petrikirche, deren Thurm sich durch gefäl= lige Bauart auszeichnete, hat das merkwürdige Schicksal gehabt, daß dieser Thurm schon zwei Mal 1674 und 1854) vom Blitze entzündet und bis auf das Mauerwerk verzehrt ist. Die heil. Geistkirche, die Marien= und die St. Annen= Capelle sind theils abgebrochen, theils nicht mehr im Gebrauch.

d. Bremervörde.

(Nach Herrn Pastor Lunecke a. a. O. Seite 329.)

Der im Jahre 1852 zu einer Stadt erhobene Flecken Bremervörde kommt schon in Ansgar's Leben des heil. Willehadus um's Jahr 800 als ein privilegirtes Weichbild vor, unter dem Namen Midlistanfadervurt (Mittelstewasserfurth). Eine Furth über die Oste in der Mitte der Provinz, zwischen Bremen und Stade, war hier nämlich durch die Natur selbst gegeben; und um dieses Vörde von andern (z. B. Verden) zu unterscheiden wurde es speciell Bremervörde genannt.

Ebenfalls natürlich war es, daß man an diesem Punkte ein festes Schloß anlegte, welches, Anfangs von Holz, zuerst 1035 vom Erzbischof Bezelin besser befestigt wurde. Noch mehr geschah dieses aber durch den Herzog Lothar von Sachsen während seiner Fehden mit den Grafen von Stade 1122, und durch den Erzbischof Hartwig I. um 1145, welcher es aber dann an Heinrich den Löwen abgetreten zu haben scheint. In der Fehde des Erzbischofs Gerhard I. mit dem Herzog Heinrich von Braunschweig über den Besitz der Grafschaft Stade, 1218, wurde das Schloß durch die Stadt Bremen und die Bremischen Ritter für den Erzbischof erobert; indem man eine Prozession zu einem berühmten Wunderdocter und falschen Heiligen, Namens Otbert (s. unten die volksthümlichen Sprichwörter) aus dem Alten Lande, welcher bei Bevern und Bremervörde sein Wesen trieb, benutzte, um den herzoglichen Voigt Ostinkhusen zu überfallen. Von dieser Zeit an verblieb das Schloß den Erzbischöfen und wurde eine gewöhnliche Residenz derselben. Aber unter dem Erzbischof Jonas von Lund in Schweden setzte sich der uns schon bekannte Raufbold Hinrich von der Borch 1308 darin fest, und wurde 1310 wieder vertrieben. Er und sein Freund, Otto Schack, fügten darauf den Erzbischöfen fortwährend großen Schaden zu und brannten Bremervörde ab; so daß erst um die Mitte des 14ten Jahrhunderts die Erzbischöfe wieder in den ruhigen Besitz des Schlosses traten. Im 15ten

Jahrhundert war daffelbe, durch die Geldnoth der Krieg
führenden Erzbischöfe, in tiefen Verfall gerathen.

Nach der Einführung der neuen Schießwaffen mit
Pulver und Blei hatte Bremervörde in den Religions=
kriegen viel zu leiden. 1547 wurde es von den Bremern,
als Schmalkaldischen Bundesgenoffen, belagert und einge=
nommen, 1627 von den Kaiferlichen, und 1645 durch den
Schwedischen Oberften von Bülow erobert. Es war bis=
her, unter den proteftantischen Erzbischöfen, Sitz der Pro=
vinzial=Regierung und des erzbischöflichen geiftlichen Offi=
cialats gewesen, wozu es sich, als Mittelpunkt des Landes,
fehr gut eignete. Als es aber durch den Weftphälischen
Frieden an Schweden überging, wurden die Behörden nach
Stade verlegt, und die Feftungswerke fammt dem Schloffe
abgebrochen. Auf der Stelle deffelben fteht gegenwärtig
das Amthaus.

Seit dem Uebergange der Herzogthümer an Hannover
hat sich der Ort durch feine glückliche Lage an der schiff=
baren Ofte, durch Gewerbe und Handel mit Torf und
Holz zu immer größerem Wohlftande empor gearbeitet.

---

e. Der Flecken Horneburg.

(Nach der, handschriftlich vorhandenen, historisch = topographischen
Beschreibung der Herzogthümer, vom Zollinspector M a n e c k e.)

Daß der Flecken Horneburg (in alten Urkunden manch=
mal verwechselt mit Hornburg im Halberftädtischen) aus
einer ehemaligen Burg entftanden sei, befagt die letzte Silbe
des Namens, und die beiden erften wird man am natür=
lichften ableiten von der wie ein Horn gekrümmten Anhöhe
an dem Fluffe Lühe, in deren Schutze der Ort belegen ift.
Die Burg wurde 1250 von Einigen vom Adel im Stifte
Bremen angelegt. Erzbischof Jonas (um 1308) belagerte
und schleifte diefelbe; aber der Raubritter Otto von Schack
ftellte sie wieder her, und übergab sie feinem Genoffen,
dem bekannten Heinrich von der Borch. 1361 wurde sie
wiederum, aber vergeblich, vom Erzbischof Albrecht bela=
gert; und feitdem machten die dortigen Burgmänner häufige

Einfälle in das benachbarte Lüneburgische; weßhalb der
Ort 1426 von den Herzogen von Lüneburg eine schwere
Belagerung erlitt, wegen deren Aufhebung noch jährlich
auf St. Annentag ein Dankfest gefeiert wird. 1625 wie
1717 erfuhr er eine große Ueberschwemmung, und 1627
wurde er durch die ligistische Armee, die nach Stade mar-
schirte, eingeäschert. Die Kirche wird 1396 zuerst erwähnt,
und seit 1620 hatte der Flecken zwei Prediger, (seit 1814
ist die zweite Pfarre aufgehoben). Die Einführung der
Reformation geschah 1542; im dreißigjährigen Kriege aber
wurde der Ort 1632 von Pappenheim, 1644 von dem
Schwedischen Oberstlieutenant von Bülow erobert. Die
adligen Gutsbesitzer daselbst heißen Burgmänner, weil sie
ihre Güter von den Erzbischöfen unter der Verpflichtung
erhielten, die Burg zu vertheidigen. Die ältesten unter
ihnen waren die Schulte; hinzu kamen die Bliedersdorf,
Borch, Marschalck, Osten und Zesterfleth. Gegenwärtig
sind im Besitz die Herren von Schulte, Düring, Borries
und Holleuffer. Die alte Burg hat im Obergarten des
Schulteschen Hofes gelegen: die Burgmänner aber wohnten vor demselben auf dem von der Doven Lühe um-
schlossenen Platze, welcher noch heutiges Tages die Vor-
burg genannt wird.

---

f. Schloß Rotenburg.

(Nach einem Aufsatze des Herrn Pastor Lunecke in Stade, im
Hannov. Magazin. 1848. № 52. 53.)

Bischof Rudolph von Verden (1189 — 1205) begann
um 1195 den Bau eines festen Schlosses auf der Insel,
welche die Widau und Rodau vor ihrem Einflusse in die
Wümme bilden, und welche von den Besitzern, den Clüver,
für eine Abgabe von jährlich achtzehn Stiege Neunaugen
an den Bischof abgetreten war.

Von der Rodau hat dieses Schloß den Namen Rotenburg erhalten. Weiter befestigt wurde es, indem der
reiche Bischof Nicolaus (1312—1332 einen Thurm und

eine Mauer hinzufügte. Auch Johann III. (seit 1441) vergrößerte es bedeutend durch Thürme und Keller, einen Saal und eine Capelle. Sehr oft aber wurde es, wenn die Bischöfe in Geldverlegenheit waren, an reiche Edelleute verpfändet. 1547, im Schmalkaldischen Kriege, ist es von Graf Albrecht von Mansfeld nach vierzehntägiger Belagerung erobert, bei welcher Gelegenheit Flecken und Kirche niederbrannten. Seit der Erfindung des Schießpulvers verlor es seine Bedeutung als Festung, wurde jedoch noch 1626 von Tilly belagert: 1645 kam es durch die Schwedische Occupation in den Besitz des Grafen und Gouverneurs Hans Christoph von Königsmarck, und wurde noch einmal, 1675, jedoch nur auf kurze Zeit, erobert von den Truppen des kriegerischen Bischofs zu Münster, Bernhard von Galen. Mit dem Eintritte der Hannoverschen Regierung, 1718, brach man aber das Schloß ab, und bauete statt desselben ein Amts= und Gerichtshaus. Nach dem siebenjährigen Kriege wurde durch Demolirung der Wälle der Garten des Beamten vergrößert; und jetzt erinnert nur noch die Bischofshöhe, worauf ein hübscher Pavillon steht, an die alten Zeiten.

Der Flecken Rotenburg bildete sich allmählich durch bischöfliche Dienstmänner, Handwerker u. s. w., welche sich unter dem Schutze des festen Schlosses anbauten. Schon in der katholischen Zeit gab es Drosten zu Rotenburg, und in der protestantischen Amtmänner, denen das große Amt Rotenburg, das sich bis in die Nähe der Stadt Soltau erstreckte, untergeben war. Erst seit 1852 ist davon das Amt Schneverdingen getrennt worden. Die Fleckenskirche stand sonst vor dem Schlosse, wurde aber 1648 an ihren jetzigen Ort versetzt. Im Jahre 1567, unter Bischof Eberhard von Holle, wurde in derselben der evangelische Gottesdienst eingeführt. Seitdem waren die Prediger zu Rotenburg oft zugleich Pröbste oder Superintendenten, wiewohl zum Theil unter der Aufsicht des Superintendenten zu Verden, welcher gewöhnlich den Titel eines Consistorialraths führte. An der Schule zu Rotenburg, die der Bischof Philipp Sigismund um 1609 gestiftet hatte, stand ebenfalls ein theologisch=gebildeter Rector

und Nachmittagsprediger; bis vor etwa **20** Jahren, in
Veranlassung des von der Wittwe Schmidt gemachten be=
deutenden Legats, das Volksschulwesen neu geordnet und
das Rectorat einem tüchtigen Seminaristen anvertraut wurde.
Bei den verschiedenen Belagerungen wurde der Flecken wie=
derholt in Asche gelegt; und auch späterhin, **1647, 1769**
und **1835**, erlitt er große Feuersbrünste: jedoch hat er,
begünstigt durch einen fruchtbaren Boden und seine Lage
an der Heerstraße, sich immer wieder zu ziemlichem Wohl=
stande erhoben.

g. Schloß Ottersberg.

(Nach v. Spilcker's Mittheilungen im Hannov. Magazin von
1824. № 53.)

Schloß Ottersberg, auf einer Insel der Wümme gelegen,
verdankt seine Entstehung den kriegerischen Ereignissen am
Ende des zwölften und zu Anfang des dreizehnten Jahr=
hunderts. Es war die Zeit des Kampfes der Welfischen
Herzöge mit den Erzbischöfen von Bremen um den Besitz
der Grafschaft Stade. Das Schloß wird zuerst **1221** er=
wähnt in der Chronik Alberts von Stade, während von
dem nahe liegenden Kirchdorfe Otterstedt schon eine Urkunde
von **1162** Zeugniß giebt: jenes ist vielleicht von den Her=
ren von Otterstedt angelegt. Erzbischof Gerhard I. bela=
gerte und eroberte es **1221**, trotz der Vertheidigung des
Grafen Bernhard von Wölpe, welcher ein treuer Gefährte
Heinrich's des Löwen, das Schloß dem Neffen desselben,
Herzog Otto von Sachsen, erhalten wollte. Aber **1235**
bemächtigte sich dieser Otto von Sachsen wieder der Burg
Ottersberg durch Ueberrumpelung, und zerstörte sie bei
dem **1236** abgeschlossenen Frieden; worauf sie nach **1273**
vom Erzbischof Gerhard II. wieder erbaut sein soll.
Im Jahre **1396** war im Besitze derselben ein benachbar=
ter Edelmann Johann Clüver, wahrscheinlich nur als
Pfand=Inhaber; denn **1437** wird sie wieder als Eigen=
thum des Erzbischofs Baldewin genannt, und auch hernach

war sie mehrmals an die Familie der Clüver und Frese verpfändet. 1547 wurde das Schloß von dem kaiserlichen Obersten Christoph von Wrisberg und dem Herzoge Erich von Braunschweig besetzt; allein in demselben Jahre wurden diese von den Bremern bei Drakenburg gänzlich geschlagen, worauf ihr Drost v. Steinau es der Stadt Bremen übergab. Unter den Hardenberg'schen Unruhen (1562) suchte Erzbischof Georg Ottersberg wieder an sich zu bringen; aber ein Theil des Bremer Senats, welcher sich nach Bederkesa geflüchtet hatte, verweigerte die Uebergabe. Nun eroberte der Erzbischof die Feste durch Capitulation, worauf sie Eigenthum des Bremer Domkapitels blieb, bis Graf Königsmarck sie 1645 für Schweden in Besitz nahm. 1675 griffen die vereinigten Braunschweigischen und bischöflich Münsterschen Truppen Ottersberg abermals an; wobei die Besatzung nebst dem Commandanten Türk niedergemacht wurde; im Nymwegischen Frieden von 1679 aber, da es an Schweden zurückfiel, wurden die Festungswerke demolirt. 1715 wurde es von Dänemark an Hannover abgetreten. Die Familien der ehemaligen Ottersbergschen Burgmänner, die Clüver, Otterstedt, von der Helle und Honhorst sind längst erloschen. Der Flecken, wie die Burg, waren sonst durch die Wümme und eine Mauer umschlossen: ersterer wurde aber 1676 jenseit der Wümme, wo er noch jetzt steht, verlegt. Ottersberg hatte von jeher eine Schloß=Capelle, gehörte aber übrigens zum Kirchspiel Otterstedt.

---

h. Die Elbinsel Krautsand.

(Nach der handschriftlichen geographischen Beschreibung der Herzogthümer vom weil. Rector Roth in Stade (1718), mitgetheilt vom Herrn Pastor Lunecke.)

Wie die Marschen entstanden sind und die Inseln der Elbe, das wird dem Leser anschaulich werden, wenn wir hier von einer der bedeutendsten und bekanntesten Inseln in der Elbe, von Krautsand, die Beschreibung folgen lassen, wie sie einer ihrer Bewohner im Jahre 1716 einem Freunde mittheilte.

„Das Krautsand ist eine Insel, längs der Elbe er=
wachsen, von südosten gegen nordwesten, ist eine halbe
Meile lang, und da es am breitesten, nicht voll eine viertel
Meile breit. Die Kirche liegt fast mitten darauf. Hat
gegen Morgen die Glückstadt und Kirchspiel Colmar,
gegen Mittag das süderste Theil des Kirchspiels Droch=
tersen, gegen Abend Dornbusch, Wolfsbruch und Wisch=
hafen, gegen Mitternacht Hamelwörden und Brockdorf. Alle
benachbarten Oerter liegen über Wasser, etwa eine halbe
Meile weniger oder mehr ab. — Es wird jetzt unterschie=
den in's Ostende und Westende; dieses liegt nach der See,
jenes aufwärts, und besteht das ganze Sand jetzt aus 46
Wohnhäusern, Pastorat und Schule mitgerechnet.“

„Die Insel, welche schon 1573 als „Krautsand“
vorkommt, hat gewiß ihren Namen von „Kraut“, weil sie
vermuthlich „das erste Sand“ dieser Grenze war, darauf
was Grünes oder Kraut gewachsen, da sonst die „Sände“
oder Sandbänke in der Elbe „kahle oder laufende Sände“
genannt werden.

„Anfänglich ist dieses Sand geweidet und sind Leute
darauf gehalten worden, die das Vieh warteten; nachher
aber, vor etwa 93 Jahren, ist es an gewisse Heuersleute
(Pächter), als: Romundt, Eylmann, Wichers, verheuert,
und nachgerade mehr angebauet. Doch müssen wegen der
öfteren Wasserfluthen erst Erdhügel, so man „Worthe“
(Aufwürfe) nennt, zusammengeführt und die Häuser dar=
auf gesetzet werden, wiewohl dennoch die Gefahr für die
Einwohner bleibet.“

„Es sind in einer Eißfluth vor etlichen und achtzig
Jahren zwei Häuser, nämlich des Jacob und Hans Drewes,
durch Eisschollen gar von den Worthen abgestochen, und
die Familien samt den Häusern weggetrieben, bis sie, jedoch
nicht alle, endlich Stade gegenüber, an der holsteinischen
Seite sind gerettet, ohne ein Kind, das sie entfallen lassen
und nach Ablauf des Wassers auf dem Sande noch wie=
derfanden. Andere Häuser sind zerbrochen, aber doch noch
auf der Stelle geblieben. Von anderm Wasserschaden könnte
viel gemeldet werden, wie die Menschen, sowohl Weiber
als Männer, bei schleuniger Ueberschwemmung an einem

jungen Weidenbaume, da sie nicht alle aufsteigen können
und doch auch keinen Grund haben, die Fluth über sich
gehalten, Andere aber an Pferdeschwänzen an fremde Worthe
geschleppt sind, doch es ist zu weitläuftig. Nur noch von
unserm Gottesdienste will ich einige Meldung thun. Als
der Einwohner mehr wurden, haben sie erstlich einen Schulmeister angenommen, darauf einen lateinischen Schüler, den
sie Friedericus genannt, der ein paar Jahre allhier Schule
gehalten und gepredigt; ferner haben sie zu obgedachter Condition angenommen einen Academicum, Henricum Penselin,
Stadensem, dem es aber hier nicht gefallen, und daher nur
ein halbes Jahr geblieben ist; nachdem aber Warnerum
Ascanium Clausing aus Braunschweig, der vierzehn Jahre
hier, wiewohl in eines gemeines Hausmanns (Hofbesitzers)
Hause, des Wilhelm Tecklenborg, informiret und gepredigt
hat. Nach diesem kam Johann Wilken von Barge, Droch-
tersensis, der nur in's andere Jahr hier war; da fing man
an, auf den Kirchenbau zu denken. — Zuletzt kam Ulricus
Becker, Hamburgensis, und war elf Jahre in obbesagter
Condition hier, und nachher Pastor. Der Gottesdienst ward
so gehalten: Der studiosus stand hinter einer Kiste, darauf
ein weißes Leinentuch lag, mußte selber singen und predigen. Mitten auf der Tenne, da man pflegte zu dreschen,
waren Bänke gemacht, die man aufheben konnte, da saß
das Frauenzimmer, rund herum standen die Mannspersonen.
Allein bald krähte der Hahn, bald blöckete das Kalb, bald
schrie ein Kind im Hause; im Sommer aber pflegten sie
das Predigen einzustellen und hinüber nach Drochtersen zu
fahren, ob ihrer schon zuweilen bei 200 waren; wer aber
communiciren wollte, mußte dorthin, imgleichen mußten die
Kinder zur Taufe dahingebracht werden. Doch, ob das
schon seine Beschwerde hatte, war's doch nichts gegen die
Winterszeit, vorzüglich wenn Treibeis in der Elbe war.
Da starben die Kranken ohne Nachtmahl, Kinder lagen
lange, zuweilen wohl acht Wochen, ohne Taufe, Verstorbene verweseten fast in den Häusern."

„Wegen dieser und anderer Ungelegenheit erlangete
man von Ihrer Majestät zu Schweden Permission, eine
Kirche zu bauen. Unsere damalige Obrigkeit, Graf Chri-

ſtoffer von Königsmarck, war gnädig, das Werk zu fördern, aber er blieb vor Bonn (?). Die beiden jungen Grafen gruben den erſten Soden zur Kirchenworth, die fertig, aber durch den Krieg, der 1675 einfiel, in's Stocken gebracht wurde. Doch fanden wir wieder Gnade bei Ihrer Majeſtät von Dänemark, unter welche wir damals kamen. Denn ob ſich's erſt was contrair anließ, indem aus unſrer Kirchenworth eine Schanze ward, und mit Palliſaden beſetzt, ſo gewann doch endlich die Sache ihren Fortgang, wir fanden einen großen Patron an dem Herrn Ober-Kriegs-Commiſſario Amthor, erhielten Freiheit zur Collecte im königl. Holſteiniſchen zu unſerm Bau. 1680 wurde die Kirche gerichtet und 1682 vorbenannter Ulricus Becker zu Rendsburg ordinirt und Jubilate durch Herrn Superintendenten von Stöcker introducirt. Freilich ſchrieb noch nachdem die Regierung von Stade an die zu Glückſtadt um Einhalt, aber es wurde nicht darauf geachtet. Beſonders förderten den Bau Cl. Eylmann's, Hinr. von Borſtel's, Cl. Nagel's, Marten Romundt's, Joh. Wichers ſel. Söhne; ob ſie nicht in Jurateneide ſtanden (keine Kirchenvorſteher waren), haben ſie doch durch Treue und Fleiß geſchworen. Die Uebrigen thaten, wie ein jeder affectionirt war. Ihre Majeſtät von Dännemark verehrte eine Glocke; das salarium das Pastoris, 100 Thaler, wird von der Gemeinde zuſammengeſchoſſen; das Geld des Klingbeutels wird geſammelt zum Beſten der Kirche und Schule, da keine Armen da ſind."

28.

Volksthümliche Sitten und Gebräuche der Herzogthümer.

a. Die altsassische Jahres-Eintheilung, der Wetterhahn auf den niedersächsischen Kirchthürmen, und der Kehdingsche Bohnenhahn.

Herr Superintendent Wiedemann in Beverstedt macht die höchst interessante Mittheilung, daß die Ausdrücke vörjahr und najahr, vörmiddesummer und namiddesummer, vörmiddewinter und namiddewinter sich im Munde des Bremischen Landmanns bis auf diesen Tag erhalten haben, und daß nach ihnen noch immer die wichtigeren Angelegenheiten, als Weideberechtigungen und Verpachtungen, schriftlich stipulirt werden. Ueber den letzten Punkt wären nähere Aufklärungen gewiß sehr erwünscht. Was aber jene Ausdrücke überhaupt betrifft, so ist zu bemerken, daß unsere Voreltern auf ihren weiten Haideflächen zur Beobachtung des Sonnenlaufes eben so geneigt als geschickt sein mußten. Am nächsten lag es ihnen, das Jahr in Sommer und Winter abzutheilen, deren Mitte durch die Sommer- und Winter-Sonnenwende (um Johannis und Weihnacht) bezeichnet wurde; und so sagt schon Beda in der Schrift: de ratione temporum (von der Zeitrechnung), daß die Angelsachsen nur zwei Jahrestheile, Sommer und Winter gekannt hätten. Weiter aber beachtete man nun die Frühlings- und die Herbst-Nachtgleiche; und wie der Sommer und der Winter in eine Vor- und Nach-Zeit zerlegt wurden, so nannte man auch die Zeit der Frühlings-Nachtgleiche vörjahr, und die der Herbst-Nachtgleiche najahr. Mithin zerfiel das Mondenjahr der Sachsen, von der Frühlings-Nachtgleiche beginnend, in sechs ungefähr gleiche Theile: das vörjahr, (Frühjahr; etwa März und April), vörmiddesummer (Mai, Juni), namiddesummer (Juli, August), najahr (September, October), vörmiddewinter (November, December) und namiddewinter (Januar, Februar). Hieraus erklärt sich wohl auch das Mißverständniß, wenn der Römische Schriftsteller Tacitus Germania, cap. 26)

behauptet: „die alten Deutschen hätten bloß Feldbau ge=
kannt, nicht aber Obstbaumhöfe, Wiesen und Gärten; und
hätten daher auch nur drei Jahrszeiten gehabt: Frühling,
Sommer und Winter; während der Herbst, dem Namen
und der Sache nach, ihnen unbekannt geblieben." Das
Wahre ist wohl nur, daß sie den Namen des Herbstes
(harvest) erst später erhalten haben.

Man hat oft nach den Gründen gefragt, warum in
ganz Niedersachsen ein Hahn die gewöhnliche Zierde der
Kirchthurmsspitzen sei? Eine Anspielung auf den Hahn
St. Petri, und also eine Ermunterung zur geistlichen Wach=
samkeit, ist wohl jenen Zeiten, da man anfing, christliche
Kirchen zu bauen, viel zu fern liegend und zu fein. Son=
dern wie der Haushahn den anbrechenden Tag und die
Witterung durch sein Geschrei dem Gehör ankündigt, so war
es natürlich, daß man sein Abbild auf die Thurmspitzen
pflanzte, und also die Menschen in ihren niederen Woh=
nungen an ihm zuerst den Anfang des schönen Gestirn's,
das dem Tage vorsteht, ferner Wind und Wetter, und selbst
den jedesmaligen Stand der Sonne sichtbar erkennen konnten.

Vielleicht hängt hiermit auch zusammen das weit ver=
breitete Sprichwort: „um heil. drei Könige haben die Tage
einen Hahnentritt gewonnen." Anscheinend ist dabei ein
ländliches Längenmaaß als Zeitmaaß gebraucht; also der
Sinn: um heil. drei Könige haben die Tage zwar nur ein
wenig, aber doch schon bemerkbar zugenommen.

Endlich gedenken wir bei dieser Gelegenheit des im
Kehdingschen üblichen Bohnenhahns. Was es damit
auf sich habe, sagt eine kurze Mittheilung im Stader Sonn=
tagsblatte von 1855, № 33: „Der Bohnenhahn im Keh=
dingschen ist gleichbedeutend mit dem Weizenhahn im Hadeln=
schen. Es wird nämlich in Hadeln, wenn die Erndte zum
Theil vollbracht, und der Weizen zu Hause ist, und im
Kehdingschen wenn die Erndte ganz beendigt ist und die
Bohnen zu Hause sind, auf jedem Hofe den Dienstboten
Tagelöhnern und überhaupt Allen, die sich an der Erndte=
arbeit betheiligt haben, nach altem Gebrauch ein guter
Tag bereitet, der darin besteht, daß man auf einen Sonn=
abend=Abend einen Braten, gewöhnlich ein Lamm, mit Bier

und Branntewein zum Besten giebt; was man im Hadeln=
schen den Weizenhahn, und im Kehdingschen den Bohnen=
hahn nennt."

Also etwa dasselbe, was im Süden von Hannover
„das Erndtebier" heißt. Die dabei vorkommenden Excesse
und zwar am Abend vor dem Sonntage, mögen theilweise
ein polizeiliches Einschreiten veranlaßt haben.

---

b. Der Weihnachts= oder Christbaum*).

Es geschieht nicht ohne Grund, daß wir am 24. Junius
den Geburtstag Johannis des Täufers feiern, und
am 25. December**) den unseres Heilands Jesu
Christi. Die alte Kirche hat es so geordnet, weil Jo=
hannes nach Luk. 1, 36. sechs Monate früher geboren
wurde als das Jesus=Kind; und zugleich wollte sie damit
das Verhältniß des Täufers zu dem Herrn sinnvoll be=
zeichnen. Nämlich mit dem längsten Tage des Jahres
(22. Juni) fangen die Tage an abzunehmen, und mit
dem kürzesten (22. December) fangen sie wieder an zu=
zunehmen; und so erinnert uns die Stellung jener
beiden Festtage an das große demüthige Wort des Täu=
fers, Joh. 3, 30: „ich muß abnehmen, Er aber muß zu=
nehmen."

---

*) Der Christbaum ist zwar keineswegs unserer Provinz eigen=
   thümlich, sondern im ganzen protestantischen Norddeutsch=
   land verbreitet. Weil jedoch über sein Woher? und Wozu?
   seinen Ursprung und seine Bedeutung, von Eltern und
   Kindern manchmal Auskunft gesucht wird, so schien es mir
   nicht unangemessen, einen kleinen Aufsatz darüber, welchen
   ich in Dr. Piper's Evangelischem Jahrbuche für 1856
   Seite 56 mitgetheilt habe, hier wieder abdrucken zu lassen.
                                                        K.
**) Warum gerade der 25. December gewählt wurde? (es ge=
   schah zuerst in der Römischen Kirche um die Mitte des
   vierten Jahrhunderts), darüber hat man zwar mancherlei
   Vermuthungen, aber nichts Gewisses.

Am heiligen Abend nun, vor dem Feste der Nacht
(Luk. 2, 8), da der Heiland geboren wurde (der geweihe=
ten oder Weih=Nacht), ist es im protestantischen Deutsch=
land uralte Sitte, im Kreise der Familie einen Tannen=
baum aufzupflanzen, von brennenden Wachslichtern reich
erleuchtet, und mit Kindergeschenken bunt geschmückt. Die
biblische Deutung dieses Gebrauchs liegt nahe. Denn die
vielen Lichter in den dunkelsten Tagen des Mittewinters
drücken die Freude aus darüber, daß Christus ist das
Licht, welches in die Welt kommend alle Menschen er=
leuchtet (Joh 1, 9), und einen hellen Schein in unsere
Herzen gegeben hat (2 Kor. 4, 6); wie ja schon im Alten
Bunde geweissagt war: die Völker, bisher im Finstern
sitzend, sollten ein großes Licht sehen (Jesai. 9, 2. 60, 1).
So tritt es uns sinnlich vor Augen, wie der himmlische
Vater uns errettet hat von der Obrigkeit der Finsterniß
und tüchtig gemacht zum Erbtheile der Heiligen im Lichte
(Koloss. 1, 12). In manchen Städten zündet man den
Baum erst am Morgen des ersten Festtages nach der Früh=
predigt an; und auch das hat seine Beziehung. Christus
wird ja in der Schrift genannt der (Sonnen=) Aufgang
aus der Höhe (Luk 1, 78), und das Evangelium der
Morgenstern, der in unseren Herzen aufgehen soll
(2 Petri 1, 19). Daneben bedeutet der im Winter
wie im Sommer grünende Tannenbaum das un=
verwelkliche Erbe der Frommen (1 Petr. 1, 3 — 4), den
unvergänglichen Kranz des christlichen Kämpfers (1 Kor.
9, 25), und die bleibenden Gnadengaben des Glaubens,
der Liebe und der Hoffnung (1 Kor. 13, 13).

Die Fülle von süßen, bunten und glänzenden Gaben
an dem Weihnachtsbaume könnte eine Nachahmung sein
jener Geschenke von Gold, Weihrauch und Myrrhen,
welche die Weisen aus Morgenland dem Jesus=Kinde dar=
brachten (Math. 2, 11); aber richtiger werden wir sie
beziehen auf den Reichthum, welchen uns der Heiland
mitgetheilt, indem er um unsertwillen arm wurde (2 Kor.
8, 9), an den mancherlei geistlichen Segen in himm=
lischen Gütern, den uns Gott durch Ihn geschenkt hat
(Ephes. 1, 3), insbesondere an die theuern und großen

Verheißungen, welche wir Ihm verdanken (2 Petr. 1. 4).
Ja, wenn wir's recht bedenken, so stellt sich uns hier jener
Baum des Lebens im Paradiese dar, wie er, durch
die Sünde verloren, durch den Sohn Gottes der Mensch=
heit wieder erworben ist (Offenb. 22, 14).

Die Bescherung zu Weihnacht, als dem Feste der
Kindschaft, wird besonders unseren unmündigen Kin=
dern bereitet. In der Ueberraschung, welche sie beim
Anblicken des hell erleuchteten, reich geschmückten Baumes
empfinden, sollen sie ahnen, was sie späterhin erkennen
werden, die große Freude, welche durch des Heilands
Geburt allem Volke widerfahren ist (Luk. 2, 10); der
Dank gegen die irdischen Eltern soll sie anleiten, dankzu=
sagen dem Vater im Himmel, von welchem alle gute
und vollkommene Gabe herabkommt (Jak. 1, 17); sie sol=
len begierig werden, dereinst mehr zu erfahren von dem
Kinde, das uns geboren ist (Jes. 9, 6), damit wir Got=
tes Kinder werden könnten (Joh. 1, 12). Doch mögen
die bald verglimmenden Wachslichter=Endchen ihnen zugleich
sagen, daß alle Lust der Welt schnell vergeht, so wie
die vergoldeten Aepfel und Nüsse, daß nicht Alles Gold
ist, was glänzt, und der Kern besser als die Schale.
Wir Erwachsenen aber bewegen dabei im Herzen jenes
Wort des Herrn: „wenn ihr nicht umkehret, und werdet
wie die Kindlein, so könnt ihr nicht in das Reich Gottes
kommen" (Matth. 18, 3); und wir gedenken zugleich jener
unschuldigen Kindlein von Bethlehem, welche,
gleichsam als die ersten Märtyrer, um Christi willen von
Herodes getödtet wurden (Matth. 2, 16). Ernsten Eltern
wird damit die heilige Verpflichtung auferlegt, in den em=
pfänglichen Boden des kindlichen Gemüths das Gute zu
pflanzen und nicht das Böse.

Ueber den Ursprung und die Verbreitung
dieses sinnig freundlichen Gebrauchs läßt sich nur wenig
Zuverlässiges sagen. Lichter anzuzünden war von jeher bei
religiösen Freudenfeiern gebräuchlich, z. B. bei dem jüdi=
schen Feste der Tempelweihe und dem christlichen Osterfeste;
und besonders nahe lag es zur Weihnachtszeit, weil diese

in den finstersten Theil des Jahres fällt. Auch die Sitte
des gegenseitigen Geschenke=Gebens war schon bei den
alten Römern um dieselbe Jahreszeit herrschend, nämlich
in den Saturnalien, welche der Erinnerung an das goldene
Zeitalter gewidmet waren. Allein wie kommt es, daß der.
Christbaum vorzugsweise dem protestantischen Nord=
deutschland eigen ist, und namentlich dem Sachsenlande?
In England (wo die Kinder zu Weihnacht Zweige von
Hülsen oder Stechpalmen tragen), deßgleichen in Frankreich
und Italien, war er bisher unbekannt: erst in neuerer
Zeit soll er in England durch die Königin, in Frankreich
durch den Kaiser, in Rom durch die daselbst wohnenden
Deutschen aufgekommen sein: ja selbst unter dem Kriegs=
tumult in der fernen Krimm hat er sein friedliches Licht
verbreitet. Daß er aus dem Mittelalter stammt, ist gewiß;
und natürlich wurde er besonders in solchen Gegenden herr=
schend, wo der perennirende Tannenbaum sich häufig vor=
fand. Allein bei näherer Betrachtung sieht man, daß vom
Mittelalter her eine doppelte Weihnachtsfeier sich in Deutsch=
land geltend gemacht hat: im Süden durch die Heilands=
Krippen in der Kirche, welche von Rom herkamen; im
Norden hingegen durch den Christbaum im Familien=
kreise, welcher heidnischen Ursprungs zu sein scheint. Es
verhält sich damit also: Die heidnischen Völker des nörd=
lichen Europa zündeten um die Zeit der Sommer=Son=
nenwende die noch jetzt nicht ganz verschwundenen (Jo=
hannis=) Feuer an; und eben so begingen sie die Winter=
Sonnenwende durch den lichterreichen Tannenbaum.
Nun scheinen die Bekehrer Deutschlands, ein Bonifacius,
Anscharius u. A. jenem Naturfeste eine christliche Deu=
tung gegeben zu haben; ein Verfahren, wozu der umsich=
tige Pabst Gregor der Große ausdrücklich aufgefordert hatte.
Wenn nämlich das heidnische Winterfest das Herannahen
des Frühlings feierte: hat nicht auch Christi Ankunft
auf Erden gleichsam einen Weltfrühling gebracht, da
es hieß: „das Alte ist vergangen; siehe es ist Alles neu
worden" (2 Kor. 5, 17)? Eine merkwürdige Spur dieses
Uebergangs liefert der Umstand, daß in Dänemark, Nor=
wegen und Schweden das Weihnachtsfest noch jetzt den

Namen jener altnordischen Naturfeier, des Juelfestes, führt. Juel nämlich bedeutet ein Rad; und dieses sollte den neuen Umlauf der Sonne anzeigen. Genug, im lutherischen Norddeutschland wurde der Christbaum, als Symbol der Familien=Freude, im katholischen Süddeutschland die Krippe, als kirchliches Schauspiel, vorherrschend; und so mag denn nach der Reformation, schon um des Gegensatzes willen, bei den deutschen Protestanten der Christbaum vorgezogen sein*). Doch blieben einige Gebräuche beiden Kirchen gemeinschaftlich: unter andern die Beachtung der 12 heiligen Nächte (von Weihnacht bis heil. drei Könige), während welcher man keine Hülsenfrüchte genießen soll; ferner die Darstellung der Hirten zu Bethlehem oder der heil. drei Könige durch verkleidete Knaben oder junge Burschen, welche jetzt wegen des dabei getriebenen Unfugs, polizeilich verpönt ist. Auch der Knecht Ruprecht, womit man die unartigen Kinder schreckte, anscheinend ebenfalls eine ursprünglich heidnische Figur, ist gegenwärtig wohl größtentheils verschwunden.

---

c. Nachricht von dem Heergewette und anderen Rechten im Kirchspiele Debstedt**).

Zum Heergewette in der Börde Döbstedt gehöret Ein Stoel mit einem Küssen, ein Tafel und ein Tafel-Laken.

---

*) Das viel verbreitete Bild von Schwerdtgeburth: Luther im Kreise seiner Familie zu Wittenberg, am Christabend 1536, beruht ohne Zweifel auf historischer Wirklichkeit; und vielleicht hat Luthers Vorgang den Christbaum bei den Evangelischen besonders empfohlen.

**) Aus Pratje's historischen Sammlungen. Band 3. Seite 375. Die halb hoch=, halb plattdeutsche Sprache führt wohl auf den Anfang des siebzehnten Jahrhunderts. Das Stück läßt einen Blick thun in den damaligen Bestand eines ländlichen Haushalts; aber die auf Schlägereien und Injurien gesetzten Strafen sind ohne Zweifel uraltes Saffisches Herkommen. Debstedt stand damals unter Stadt=Bremischer Hoheit, wie das ganze Amt Bederkesa, und Verfasser der obigen Nachricht ist der Bremische Amtmann Johann Coch.

eine Tinnen Kanne, 2 Väthe, alle des Doden Kleeder,
ein Bedde, dar ein fram Mann mit Eren up schlapen
kan, dat beste Pferdt, des Doden Weeren; eine Heidtlehe,
und sein Rattschup, eine Barde, eine Eyse, ein Lehe,
ein Plaggenstegende, sin dar 2, gehören sie beyde dartho,
ein Hartow, ein Moerspaden, ein Ketel, dar man mit
Stewel und Sparen kan intreden, ein Pot dar man ein
Hoen in seden kan, dat vornste Plogisen, ein Vorwagen,
ein Vortau, eine Kiste, dar man Kleed in leggen kan,
ein Misthake, ein Mistforke, ein Ketelhake, de mit um-
geit, ein Gardel mit dem Meste, des verstorwenen Hut
und Schoe, de Querste, Queren-Steen, ein half Schap, ein
Küven sunder Tapholt. Was aber in diesen vorgeschrie-
venen Güdern nicht ist, dat darf man nicht köpen edder
towege bringen. Van den Heergewette nimt der oldeste
Broder, so da mer vorhanden sin, idt overste Kleed
vorab, dat överige thelen sie zu glicken Dele, geit idt
uhtt dem Amte, hefft de Overichheit den drüdden Deel.

Frawen Gerade in der Börde Debbestette.

Der verstorwenen Fruen eer Kisten, alle ere Kleder,
de se gedragen heft und to eren Live tho mate gemaket
sin. darto alle Clenodien und Lennewandt, so unbe-
schneden ist.

Der verstorvenen Frauen Bedde mit aller Thobehör,
also se mit eren Manne darup geshlapen het; dar averst
nene denne neue Bedde mehr vorhanden, so schall de man
einen Poll, ein Küssen und 2 Laken davon hebben, und
dat flass so reine is.

Eine Schwinge und Schwingelblock, ein Spiller und
Wacker, darto 2 Hemten Lins, ein Stappe, ein Karne
und alle Baljen, so davon vorhanden, darto ein Pott,
dar man en Hon in umme kehren kan; dit alles gehört
zum Frowen Geräde, und schall von den nächsten Spil-
sieden getagen werden. Dar anerst dieser vorgeschrie-
venen Stücke wenig oder nicht viel vorhanden, so darf
man die nicht köpen oder leueren, ok schal man von
düssen Dingen, ohne wetendt und vulbordt der rechten
Erven nichts vergeven, dar idt averst geschehe, unge-

weeret sieen. Dar ene Maget edder meer in eres Vaders
Huse oder sunst unberaden, verstorwe, dar schal nen
Fruen-Gerade van gahn, idt si den, dat si erer Moder
Fruen-Gerade by sick beholden, edder Fruen-Gerade in-
getragen hette. Entlich und tho letesten ist ock im
Caspel Debbestette also recht und bruchlich geholden, wo
der Bruttschatt wedderum gefordert, sollen düsse baven
geschrievenen Dinge alle so vele nah Caspels Rechte ge-
wohntlich, gefordert und afgerecket werden.

Von Schlägereien.

Für dieser Zeit haben sie an diesem Ort das barba-
rische Recht gehabt: frei schlan frei bessern, ist aber von
einem Ehrbaren Hoch= und Wohlweisen Rhat der Stadt
Bremen, als der von Gott fürgesetzten Obrigkeit, in Ao.
90 abgeschaffet, dergestalt, daß wer hinfort sich mit Schlägen vergreift, darüber nach Gelegenheit der Verbrechung
in billige Strafe genommen wird.

⸲ Wer einen auf'm Felde oder Wege schlegt, muß den
Schaden bessern; wer Einen bey seinem Pflug schlegt, muß
den Schaden doppelt bessern. Wer mit Gewalt Einem auf
seine Thür läuft, bricht 5 Ferding auf die Were und 5
Ferding von Dwere; hat er Gewalt auf der Were geübt,
ist der Bruch doppelt, und nach Gelegenheit der geübten
Gewalt in Acht zu nehmen.

Injurien.

Wer den andern um seine Ehre spricht, muß ihn bitten um Vergebniß, oder sich auf den Mund schlagen und
sprechen: er habe es gelogen; und darüber der Obrigkeit
geben 32 Mk., jeder Mark zu 32 Gr. jeder Groten zu 4½
Schwaren gerechnet.

d. Bursprake des Magistrats zu Stade *)

Ehrsahme günstige Leven Börger.

Wy bedanken jow von wegen enes E. Rahdes dat gy gehorsahmlyk un gudtwillig erschenen zyd un ledt E. E. Rahdt na older gewahnheit alhier holden eene Bursprake, gebühd un will.

Vort erste, dat ein jeder hebbe enen haveschen mundt up Heren Forsten, Praelaten, Ridder, Knapen, Vrouen, Jungfrouen en alle gude lude.

Tom andern, schal ein jeder, wol utreisen un wandern wil, sick allenthalven wol vorschn, dat he andern luden nenen schaden to föge un ock sulvest kenen schaden neme.

Tom dorden schal en jeder wol tosehn, wen he huset un herberget up dat de wehrt des gastes nicht entgelde.

Tom verden gebühd un wil en Ehrb. Raht ernstlichen dat en jeder gude upsicht hebbe tho licht und führ, unde sonderlings dat man neen Flas ofte hennep hantere up den dahren, in den dornsen by dem kachlaven edder by dem führ up dat he dardorch sick sulvest unde ock andern lüden to foge nenen schaden un noht to bringe.

Tom föften schal en yder sick entholden det vorkopen buhten den Daren, wol darjegen doon wert schal in 5 m̄ bröke dem Rade verfallen syn.

---

*) Aus den mehrmals erwähnten „Handschriftlichen Nachrichten". Es war eine jährlich wiederholte Ansprache an die versammelte Bürgerschaft; woher sie aber den Namen Bursprake führt, wird nicht gesagt. Merkwürdig ist darin die Verbindung von Höflichkeits- und Klugheits-Regeln mit polizeilichen Vorschriften. In Pratje's (handschriftlichen) Nachrichten von dem politischen Zustande der Stadt Stade heißt sie die alte Bursprake; und die Erwähnung der Festungs-Wälle und des Schießens mit Feuer-Röhren oder Büchsen führt etwa auf die erste Hälfte des 16ten Jahrhunderts. Im Jahre 1609 erhielt sie, nach Pratje, eine zeitgemäße Verbesserung, scheint aber seit der Schwedischen Periode außer Gebrauch gekommen zu sein.

Tom sösten schal sick ock en yder wol vorsehen mit weme he handel, wandel un kopenschap drive up dat he sick dar dorch nicht in schaden un nadeel vöre, un E. E. Raht moye un beweer make.

Tom sevenden, dewyl allerley unflaht int fleth geworpen un gesegt wert, daer man dat sülvige jo billig als een edel un kostlyk klenoot disser Stadt scholde in eeren holden, so gebühd E. E. Rahd dat een yder sick des henforder entholde, wol darjegen dohn wert, schal in jeböhrlyke strafe genamen werden.

Tom achten gebüht un wil ock E. E. Raht dat en yder up de wacht un to walle ga wenneer eme wert togesecht by strafe der pandung un wol up de wacht bescheden schal nüchtern dahen kamen, un men schal sick up de wacht des drinkens gantz und gar entholden un so jemand dar wurde kamen un drunken syn de sulvige schal afgewiesen un op syn unkost een andern genamen werden, schall darto dem Rade in bröke verfallen syn.

Tom negenden gebüht E. E. Raht un wil ock ernstlyk geholden hebben dat nemant by nacht edder dage der Stadt feste bestiege wol daröver befunden schal am live bestrafet werden. Idt schal sick ock nemandt na dem toslutende un vor dem upslutende der dahre aver de Swinge setten edder setten laten, by des Rahdes swere straf.

Tom teinden schal sick ock en yeder sonderlings by nachtlyker tyt entholden alle kryschende, juchende unde klinkebylens upr strate, desglyken ock des schetendes mit rören edder büssen, wol daröver begrepen wert schal in geböhrlicke strafe genamen werden.

Tom elften schal ock nemandt waschen in der Stadgraven; wol aber waschen wil, schal sodanes in der treppen un in andern gewöhnliken örden des fletenden waters dohn, by des Rahdes strafe.

Tom twölften gebüht un wil E. E. Rahd, dat en yder syn rüstinge un wehr verdig holhe, dat he dat sulvige könne unn möge gebruken, wenn idt wert nölig syn.

Tom letsten scholen de Brauer brauen un de Backers backen to rechter tyt, also dat an beer un brod nen mangel sy,

Hier na wete sick en jder to richten un vor Schaden to wachten.

———

e. Kleidertrachten, besonders des siebzehnten Jahrhunderts.

———

1. Nach der Hadelnschen Polizeiordnung von 1597 (vergl. die Hadelnsche Chronik, Seite 201) sollen sich die Frauen in der Kirche nicht mit Hoicken verhüllen, außer in der Trauer. Dies war, nach dem Stader Sonntagsblatte 1855, № 6, eine Art Mantel, welchen die Lüneburgische Patricier-Familie Hoycke noch in ihrem Wappen führt. Deecke, Lübische Geschichten und Sagen, S. 376 sagt davon: „Die Weiber aus dem Alterthum hatten dicke krause Kragen mit langen Hoicken voller Falten vom Kopf bis auf den Fuß; und wenn sie die vom Kopfe abnahmen, hatten sie einen Gürtel voll kleiner Ringe um den Leib, womit sie den Mantel konnten zuschnüren. Die jungen Weiber aber (seit 1650) hatten Hoicken bis an die Knie auf dem Rücken hängen und eine güldene Kette mit einem Brustbilde um die Schultern."

2. (Kobbe, Geschichte der Herzogthümer Br. u. V. II. Seite 258): „Die Sitten der Herzogthümer erlitten durch den dreißigjährigen Krieg, durch die vielen Ausländer, welche er in's Land brachte, große Veränderungen. Damals war es noch nicht ganz abgekommen, daß sowohl der Adel, wie der Landmann seine breite Plempe an der Seite trug. Dies gab bei Hochzeiten und anderen feierlichen Gelegenheiten oft Anlaß zu blutigen Auftritten und zum Todschlage. Schon der Erzbischof Christoph hatte 1556 ein scharfes Verbot gegen das Waffentragen erlassen: nach gerade kam es auf dem Lande ab. Sehr sonderbar war die Tracht der Schlirr- oder Schweizer-Hosen, welche bis auf die Füße gingen und wo jedes Bein aus Tuch

von verschiedener Farbe geschnitten war. Eben so waren die kurzen Wämser, welche man trug, zweifarbig. Die Schuhe waren spitz und wie krumme Hörner gestaltet. Die Hüte hatten die Form von Käsen; die Kriegsleute waren mit Stiefeln angethan, an welchen Sporen, die fast kleinen Tellern glichen, befestigt waren. Vor einigen Jahren, klagt Sittmann, hielten sie alte Tracht noch in Ehren. Sie gingen in gutem Tuch, auch wohl in Seidenzeug mit silbernen Gürtel, worin ein Dolch angebracht war. In seinen Tagen aber, fährt der treuherzige Geschichtschreiber des Hadeler Landes fort, wäre Alles anders geworden; alte Treue, Einfachheit und Ordnung wären verschwunden, und statt dessen nur Unsitte und fremde Laster herrschend geworden; wie namentlich seine Landsleute der Gurgelfreude allzu geneigt worden wären und von Schwedischen Soldaten den Gebrauch des Tabacks erlernt hätten."

In dem Entwurfe einer Kirchenordnung des GeneralSuperintendenten Havemann (1652) wird die Kanzel jedem Studiosus verboten, der im Reuterhabit kommt daher gezogen, mit Haarlocken, die uff die Achsel herunter hangen, mit güldenem Ringe und anderen dergleichen ungebührlichen Phantaseien. Eine Verordnung von 1684 befiehlt den Candidaten, sich des Degentragens zu enthalten, vielmehr in ehrbaren Mänteln einherzugehen. Solche Ungebühr muß also doch öfter vorgekommen sein.

3. Eine Verordnung des Magistrats zu Stade vom 27. Oct. 1689 (in der Polizeiordnung, Kap. 2. §. 10.) klagt über die zunehmende Ueppigkeit in den Kleidertrachten der niedrigeren Stände. Verboten werden daher alle güldenen und silbernen Spitzen und Gallunen, item die s. g. Tabberts, ganze seidene Kleider, sodann die Santheen und dergleichen fremde Kopf-Zierrathen des Frauenzimmers, die kostbaren Spitzen und Kanten an Hemden und Schnupftüchern, imgleichen die von Ilken, Luren und anderen kostbaren Pelzwerken gebräuchlichen Unterfutter. Zu den alamoden Trachten und Galantereyen werden namentlich auch gezählt die s. g. Chamelouken, Soltans, Cornetten und Fontangen, florene auch tafftene niederhangende Kappen mit Gold oder Silber oder gemengetem Bandwerk. — Man

sieht daraus einerseits, daß nach dem dreißigjährigen Kriege die französischen Moden gewaltsam in Deutschland eindrangen, und andererseits, daß gegen den Kleider = Luxus die Gesetzgebung so gut als nichts auszurichten vermag.

4. Die eigenthümlichen und alterthümlichen Kleidertrachten sind seit dem Anfange des gegenwärtigen Jahrhunderts fast überall in der Provinz verschwunden. Auch die Hochzeits-Aufsätze der Bräute von gemachten Blumen und Knittergold kommen mehr und mehr ab. Nur im Alten Lande hält sich noch bei dem weiblichen Geschlechte die Sitte, das Haupthaar gänzlich zu verhüllen, und bei s. g. (feierlichen) Begebenheiten der zuckerhutförmige Kopfputz von Schedook (Scheituch d. i. feines, weißes Zeug). Gehalten hat sich auch die Tracht der Brauerknechts-Gilde in Stade, welche seit undenklichen Zeiten das Privilegium der Leichenbestattung inne hat; angeblich weil sie einst in der Pestzeit sich allein dem Beerdigen der Todten unterzogen. Die Leichenträger erscheinen nämlich in langem Mantel, dreieckigem Hute und breiten Bäffchen ganz schwarz gekleidet und mit großen silbernen Schuhschnalen.

f. Der Wurster Gruß und Trinkspruch.

Bezeichnend für eines Volkes Herz, Sinn und Sitte ist sein Gruß und Trinkspruch von Alters her. — Der Harzer spricht:

„Es grüne die Tanne, es wachse das Erz,
Gott gebe uns Allen ein fröhliches Herz!

Das Wurster Land hat keine Berge, es umschließt kein Erz und Gestein. Der Weser Geschenk und des Meeres Beute ist es namentlich dem letzteren abgerungen durch kühnes Wagen und beharrlichen Fleiß der Vorväter, dem Meerestoben und Anprall gegenüber erhalten durch der Nachkommen Anstrengung und Ausdauer, aus Meeresgrunde stets noch hervorwachsend und sich erweiternd durch der letzten Geschlechter und der jetzt lebenden Bewohner Arbeit und Umsicht. Aber eben dieser Kampf mit den Elementen hat in den Bewohnern den Sinn für eine gewisse Selbstständigkeit immerfort erhalten.

In uralten Zeiten war der politische Gruß der Wurster: Eala frya fresena, Heil dem freien Friesland! Später lautete der häusliche: God dröge (segne) de bottern un den kornhupen! In der Gegenwart lebt noch der fromme Trinkspruch:

„Gott bewahre unse Land
Vör Krieg, Water, Pest und Brand,
Newst den Dämmen und den Diefen,
Schlüsen, Towass*) und derglieken!
Und en ehrlich Wuster Blood
Sy beschützt mit Hab' und Good!" —

g. Eine Hochzeit im Altenlande.
(Vom Herrn Pastor Lunecke in Stade.)

Gerade weil die ursprünglichen Anbauer des Altenlandes als Fremde eingezogen waren, so hielten sie auch fester zusammen und vermischten sich nicht leicht mit den Landesbewohnern, was noch jetzt sich dadurch zeigt, daß der Altländer meistens in der Heimath die Lebensgefährtin sich sucht. Sie zu finden, dazu verschaffen gemeinschaftliche Fahrten nach dem nahen Hamburg, wo die reichen Producte des Ländchens abgesetzt werden, die großen festlichen Zusammenkünfte bei Hochzeiten, Taufen und Begräbnissen vielfach Gelegenheit. Hat aber der junge Mann gewählt und das Jawort erhalten, so geschieht die Verlobung noch besonders, in Gegenwart der Eltern und Verwandten, wobei die Braut vom Bräutigam die „Echte" bekommt, die

---

*) Towass = Zuwachs ist das jenseit des äußersten Seedeiches gelegene Außenland, dessen Anwachs durch Wasserbau-Arbeiten befördert wird. Das ganze weite und reiche Neufeld ist ein solcher „Towass", seit 1619 besonders eingedämmt gleich den Poldern in Holland und Ostfriesland.

in etwa sieben bis neun Münzen, gleichsam das Pfand, daß nun der Bund echt und gültig ist, besteht. Es sind dies meistens geschichtliche Thaler, alte Wildemannsgulden ꝛc., die später Familienheiligthum werden und welche vielleicht einmal der Sohn und dessen Sohn wieder seiner Gewählten schenkt. Einen schönen Anblick gewährt es dann, wenn ein solches Paar in der mit einem Pferde bespannten „Carriole", oder beide, auf einem Pferde Freunde besuchen oder sich nach dem Gotteshause begeben, wohin nur das treue Thier die oft grundlosen, gefährlichen Pfade auf Deichen und im Lande sicher führt.

Kommt nun aber die Zeit der Hochzeit selbst, dann werden diese gemüthlichen Stunden von der lauten Geschäftigkeit verdrängt. Schon zwei Tage vor dem Hintritte an den Altar beginnt das „kleine Brotbacken", wodurch, nachdem bereits Ochsen zum Festschmause geschlachtet und Würste gemacht sind, für Kuchen und Brot gesorgt wird, wobei Gewürz, Corinthen und Rosinen nicht gespart werden und wozu Nachbaren und Gefreundete bereitwillig Butter und Milch spenden. Am Abend kommt die Aussteuer, von vier muthigen Pferden gezogen, in vollem Galopp vor die Hauptthür, wo der Bräutigam, der sie längst erwartete, mit dem Knechte scherzweise um dieselbe zu handeln anfängt, aber gegen eine gerechte Belohnung erhält, was nun in gefüllten Schränken und Koffern, oft mehre Geschlechter hindurch, der Schmuck der Wohndiele ist. Mit dem andern Morgen bricht der Tag des „Brotbackens" an, der aber nichts als den Namen davon hat und nur dazu bestimmt ist, auf mächtiger Dreschdiele die Tische und einfachen Bänke zu ordnen für die 500 —800 Gäste, die die Hochzeitsbitter mit buntbebändertem Stabe und mit schönen Reimen zum „Freitage", dem hier gewöhnlichen Hochzeitstage, geladen hat. Alt und Jung hat schon vom Beginn der Woche diese Stunde sehnsüchtig erwartet und springt freudig vor die Thür, wenn endlich unter Musik und Schüssen der Bräutigam zu Wagen oder zu Pferde die glückliche Erkorene geholt hat, nicht selten gefolgt von einem jubelnden Haufen der früheren Gespielen und mit ihm herangewachsenen Freunde.

Im ungewöhnlichen Schmucke, der noch im vorigen Jahre 800 Thaler kostete, begrüßt die Braut an der Seite des Verlobten vor dem Hause die herbeiströmenden Gäste, bald einem Verwandten, bald einem Bekannten aus der Ferne, bald einem nahen Städter die Hand reichend. Einfach tritt der Bräutigam auf, im schwarzen oder jetzt auch wohl blauen Oberrocke; die Braut aber im bunten Kranze von gemachten Blumen und knitterndem Silber- und Goldblech, mit ein paar Fuß langen Flügeln, den gewöhnlich die Predigerfrau gegen eine Vergütung, je nach der Pracht desselben, herleihet, während die übrigen Frauen heute nur eine blendendweiße dutenartige fußhohe Kopfbedeckung (Schedock) haben; die sonst üblichen sechs bis acht Reihen Silberperlen haben an diesem Tage einem Bernsteinschmucke, oft achtzig Thaler werth, Platz gemacht; eine Jacke mit zwölf silbernen Knöpfen, die halb auf, halb unter dem Aermel sitzen, ist angelegt, das Brusttuch (Roddur), mit goldenen oder silbernen Tressen besetzt, deckt die Mitte der Brust, wo wieder Silberknöpfe und eine große Spange von einer 9 — 12 Ellen langen silbernen Kette (Bossen) als Schnüre umschlungen werden; während den Leib nicht selten zwölf, ja dreizehn Röcke umhüllen, die aber wegen ihrer Schwere auf einem daran festgenäheten hedenen Polster (Wulst) ruhen. Eine Taftschürze, die schon bei der letzten Abendmahlsfeier, wenige Wochen vorher, eingeweihet wurde, ist auch jetzt die äußerste Kleidung und dient dazu, die braunen wollenen Strümpfe und die hohen Hackenschuhe mit ihren großen silbernen Schnallen glänzender hervortreten zu lassen.

Nachdem die Gäste versammelt sind und unter ihnen der Prediger, der sich vor sämmtlichen Tischen der Diele in einem Lehnsessel niederläßt, wird dieser gebeten um die eheliche Einsegnung, zu welcher der Bräutigam zuerst aus der „großen Kammer" *) erscheint dann aber die Braut,

---

*) Die „große Kammer" ist eine wirkliche Kammer neben der Stube, die mehr zum Gebrauche einer Stube dient, wenn diese besetzt ist, da man sonst in der Stubenwand „Bettschränke" hat, die zur gewöhnlichen Schlafstelle dienen.

indem sie hinter dem Lehnsessel des Pastors und dem Bräu=
tigam herumgeht, um, ihm zur Seite, vor den geschmückten
Trautisch zu treten. Ist die heilige Handlung beendet, so
nimmt der Geistliche seinen alten Platz wieder ein und
der junge Mann tritt hinzu und opfert, ihm folgen die
männlichen Verwandten und Andere, denen es beliebt;
auch die Braut naht jetzt mit einem saubern weißen Tuche,
in welches sie ein Opfer für den Prediger geknüpft hat
und eins mit der Hälfte für den Küster, was ein Wink
für die weiblichen Verwandten und Freundinnen ist, die
nun ebenfalls ein Geschenk darbringen, worauf das ver=
bundene Paar wieder zurück in die große Kammer geht.
Hier legt der junge Ehemann seine Jacke mit silbernen
Knöpfen an, theils, was jetzt außer Gebrauch ist, um bei
Tische aufzuwarten und behender die Wünsche seiner Gäste
erfüllen zu können, theils um leichter seine Ehrentänze
zu machen, was aber erst nach der Mahlzeit erforderlich
ist, weil ein Bruder oder Verwandter die junge Frau „in
den Tisch tanzt", d. h. sie im Reigen nach ihrem
Platze, gewöhnlich unter dem Spiegel, hinführt, wo die
Suppe mit Rosinen und Fleisch, das „Fattstück" (ein
großes Stück Rindfleisch, das in einem Fasse liegt) mit
Zwetschen, Butter und Brot trefflich schmeckt, je länger
schon auf diesen Augenblick der Essenszeit, gegen drei Uhr
Nachmittags, gelauert und manches Thonpfeifchen von
Männern und einzelnen Frauen gestopft wurde. In
dieser Freude giebt dann gern jeder auf hergereichtem Teller
eine Kleinigkeit für die Musik, die Köchin, die verschiede=
nen Aufwärter, so wie den Armen vor der Thür von
den Frohen mancher fette Bissen gereicht wird.

Am Ende wird auch der sich erhebenden Braut, un=
ter Abspielung einer eigenen Melodie, deren Zweck jedem
bekannt ist, eine Liebesgabe gegeben, gewöhnlich zwei bis
drei Gulden. Das bringt manchmal eine Summe von
4 — 500 Thalern, die wieder der Frau vom Manne
im Scherze abgehandelt, aber gewöhnlich für ein Glas
Wein erstanden wird, worauf die junge Frau das Tisch=
laken von sich wirft, um die nächste Braut zu erfahren,
nämlich die davon Getroffene.

Der Tanz der jungen Gatten, „aus dem Tische", in Gemeinschaft der beiden verwantesten Paare, der Frauen Schwester und des Mannes Bruder oder solcher ihnen nahe stehenden Tänzer, die das zweimal wiederholen, hebt das Mahl auf, dessen Gäste sich nun im ganzen Dorfe zerstreuen, bei diesem oder jenem alten Bekannten Kaffee zu trinken, bis die Tische weggeräumt und von der jungen Frau die schwarzen Kleider abgelegt und mit carmoisin= rothen, einer weißen Batistschürze (Platen), die mit einem vier Finger breiten Bande (Schnur) besetzt ist, und Per= len vertauscht sind. So beginnt der Tanz, dessen letzte Töne erst am Morgen verhallen, wo oft zum Schluß die jungen Eheleute mit nahen Verwandten noch einen Ehren= tanz machen. Sich Erholende, Alte und Nichttänzer be= wundern während der Zeit das hochaufgethürmte Prunk= bett, mit feinen Spitzen besetzt, und die kostbaren Hand= tücher mit Frangen, die auf buntgeschnitzter Welle (Dwele) hängen, aber von Kindes Kindern eben so noch angestaunt werden können, da sie nie gebraucht werden, sondern nur ein Bild des Reichthums und der Fülle sind. Wenn so das Fest der Ungebundenheit für die Einen, der strengsten Etiquette aber für die Anderen vorüber ist, so giebt's noch eine, meistens angenehme Arbeit am Sonntage, dem Tage des Kirchgangs; am Nachmittage findet sich ein Kreis lie= bender Verwandten zum Kaffee ein und die Gaben, die Jeder mit seinem Namen bezeichnete, sei's Geld, sei's ein Silbergeräth, werden aufgeschrieben, um eben denselben Werth wieder zu schenken, wenn einer der Anwesenden sich verheirathet.

h. Von allerhand Glocken.

In alten Zeiten haben die Glocken Namen erhalten; wie sie auch noch jetzt in der katholischen Kirche getauft wer= den. Die Namen hatten ihren Nutzen, wenn es in Einer Kirche mehrere, ja viele Glocken gab. Am liebsten nannte man sie Maria. Auf der zu Kirchlinteln steht: Maria MCCCCX. (1510) und ferner die Mönchsverse:

Maria parens, labe carens, nostrorum tolle reatus,
Filioque tuo miseros nos redde pacatos.

Zu deutſch: „Mutter Maria, du fleckenloſe, nimm weg die
Schulden der Unſrigen, Und mache uns Armen verſöhnt
mit deinem Sohne!" Dieſe Vergötterung der Maria, die
den Zorn (?) ihres Sohnes beſänftigen ſoll, kurz vor dem
Eintritte der Reformation, erinnert an das Bild im Dom
zu Bremen (von 1509): Maria, ihrem Sohne die bloße
Bruſt zeigend; welches ebenfalls auf den Glauben hindeu=
tet, daß wir eines Mittlers und Fürſprechers bei dem Hei=
lande bedürften (Stader Sonntagsblatt 1855, № 12).

Sehr paſſend iſt dagegen die Inſchrift der Marien=
Glocke zu Verhövede von 1475 (Pratje hiſtor. Sammlun=
geu III. Seite 479):

do gods dens ik ju lade
lat alle varck un kamet drade.

d. h. „Zu Gottes Dienſt ich Euch lade:
Laßt alle Werke, und kommt fleißig!"

Die Bramſtedter Glocke hieß Margaretha. In Sand=
ſtedt aber, ſo erzählt die Legende, iſt eine übrig geblieben,
die keinen Namen bekommen hat. Darüber wird dieſe
Glocke ſo aufgebracht, daß ſie das Thurmdach ſprengt und
davon fliegt. Sie kommt in der Luft bei dem Bramſtedter
Thurme vorbei, und ruft der dortigen zu: „Margaretha,
willſt du mit?" Die aber antwortet: „Nein, ich will hier
bleiben, bis Bramſtedt wird nach Sandſtedt treiben."
Darauf iſt die Glocke in den Mühlenteich zu Gackau ge=
fallen und liegt noch darin. — Worauf mag dieſe Legende
ſich beziehen?

Blieders̄dorf, Inſpection Harſefeld, hat zwei Glocken
von ſchönem Klange. Einſt wollte man ſie an Auswär=
tige verkaufen, welche eine große Summe dafür geboten
hatten. Allein ſie konnten mit noch ſo vielen Pferden
nicht von der Stelle geſchafft werden. Klare Perlen von
Schweiß und Thränen liefen an den Glocken herunter.
Als man ſie aber an Ort und Stelle zurückbrachte, ging
Alles ohne Schwierigkeit von Statten. Der Sinn dieſer
Sage liegt auf der Hand: „unſere Glocken ſind ſo ſchön,
daß ſie uns für kein Geld feil ſein ſollten." — Aehnliches

berichtet Roth in seiner Beschreibung der Herzogthümer von der hölzernen Bildsäule des heil. Valerius zu Bevern, als die Römisch-Katholischen zur Zeit der Reformation dieselbe wegführen wollten.

I. Ueberreste alten Volks-Aberglaubens.

1. **In** der Börde Lamstedt findet sich noch der Gebrauch, Kranke unter einen Eichbaum zu tragen, damit derselbe, unter Anwendung gewisser Formeln, die Krankheit an sich ziehe (Stader Sonntagsblatt 1855, № 4). Anderwärts spaltet man junge Eichen mittelst starker Keile, und zieht gelähmte Gichtbrüchige drei Mal schweigend durch die Spalte; worauf der Baum sorgfältig wieder zusammen gebunden wird, weil seine allmähliche Vernarbung als nothwendige Bedingung der Genesung gilt (daselbst № 10). Ist das nicht ein Ueberrest des heidnischen Wodan-Dienstes? Denn die Eiche war im Glauben der alten Sachsen Wodan, dem obersten der Götter, geheiligt.

2. Ehe die Leiche von den Trägern aus der Thür getragen wird, müssen die Bretter, worauf dieselbe gestanden, verschoben werden; sonst erscheint der Todte wieder. — In Neuenkirchen (Amts Rotenburg) darf bei Beerdigungen der Fuhrmann des leer zurückkehrenden Leichenwagens die Strohwische, auf welchen der Sarg bei der Hinfahrt gestanden hat, nicht wieder nach dem Leichenhause zurückbringen, sondern muß sie, namentlich an Kreuzwegen, abwerfen. Zu jeder Zeit sieht man daher auf den Leichenwegen solche Strohbündel liegen, welche Keiner aufzunehmen wagt, so groß auch das Stroh-Bedürfniß bei manchen Armen sein mag. Sobald die Leiche aus dem Sterbehause getragen ist, wird die große Thür desselben zugemacht. Auch diese Gebräuche sollen ein Wiedererscheinen des Todten abwehren. Die Sitte, mit einer gewissen ängstlichen Sorgfalt die Ruthe, oder den Stock, mit welchen die Gräber den Sarg gemessen haben, um darnach die Länge des Grabes zu bestimmen, auf oder **neben** den Sarg in das

offene Grab zu werfen, wird in den meisten Gemeinden
unserer Provinz gefunden.

3. Am Weihnachts = Abend putzen Mann und Frau
zwei Lichter aus: wessen Docht am längsten glüht, der lebt
am längsten. Wenn die Pferde mit den Ohren klappen,
kommen sie bald vor einen Leichen=Wagen; wenn sie aus
der Nase schnauben, vor einen Braut=Wagen. Wenn der
Pastor einen Kranken das heil. Abendmahl reicht, und
tritt zuerst mit dem rechten Fuß in die Stube, so wird
der Kranke gesund; mit dem linken, stirbt er bald. Wenn
Jemand ein Vieh gekauft hat, so muß es, ehe es in das
Haus oder den Stall tritt, über Stahl gehen, sonst ge-
deihet es nicht.

4. In der Gegend von Posthausen ist der Glaube
an Hexereien noch lebendig; eine Frauensperson, die als
Hexe gilt, wird allgemein gemieden, und ein für behext
gehaltenes Schwein wird verscharrt, ohne daß man das
Geri..gste davon genießt.

5. Ein systematisch formulirter Aberglaube findet sich
im Lande Wursten. Man sieht zuweilen aus einem Gebäude dicken Rauch aufsteigen, und das Haus in Flammen
zusammen sinken, worauf die dahinter liegenden Gegenstände deutlich gesehn werden können. Aber nach einigen
Stunden ist die ganze Erscheinung spurlos verschwunden,
und das Ganze ist ein Vorspuk, welcher bedeutet, entweder
daß Vater oder Mutter des Hauses bald sterben, oder daß
das Haus bald abbrennt. Eilt man nämlich auf das
scheinbar brennende Haus zu, und die Mauern fühlen sich
warm an, so bedeutet es Brand; kalt, so bedeutet es
Tod. Im letzteren Falle muß man beachten, wo das
scheinbar brennende Dachstroh zuerst zur Erde niederschießt:
geschieht dies an der Vorderseite des Hauses, so stirbt binnen Jahr und Tag der Hausherr; geschieht's dagegen an
der Hinterseite, so stirbt binnen derselben Frist die Hausfrau.

6. Gewisse Krankheiten, wie die Rose und dergleichen,
werden gebötet oder besprochen in folgender Weise:

Die Person, welche das Böten vollführt, nimmt einen
Wermuths = Strauch und schlägt leise mit demselben auf

dem leidenden Körpertheil hin und her, folgende Formel
sprechend:

> „Das Freffen, dat hil'ge Ding, de Rofe un' de Blat=
> „terrofe! schafe di! Un schafeft du di nich so sehr,
> „so jaget di de Wörmkenstruk noch veel mehr!"

Gegen das **kalte Fieber** brauchen manche Land=
leute folgenden Spruch, in der Einsamkeit zu einem Wei=
denbaume gesprochen:

> „Wichelnboom, if flag di,
> „Dat kohle Feber plagt mi,
> „Datt et di fate,
> „Un mi verlate!
> „Im Namen des Vaters, des Sohnes und des heil.
>   Geiftes!"

Leider behaupten viele Menschen die Wirfsamkeit und
Heilfraft dieser Zauberformeln mit großer Hartnäcfigkeit,
und hält es sehr schwer, sie zu überzeugen, daß der Ge=
brauch derselben mit dem zweiten Gebote streite.

Gegen eiternde Geschwüre und ähnlichen Schäden ge=
brauchten früher die Landleute verschiedene abergläubische
Mittel, als:

> sie fuhren mit einem alten Messer durch den Eiter
> der Wunde, warfen es irgend wo auf einen Weg,
> und glaubten, daß, wenn Jemand dieses Messer
> finde und gebrauche, e r das ihnen anhaftende Uebel
> erhalte, und sie davon frei würden.

Oder:

> sie setzten Daumen und Zeigefinger dreimal ins Kreuz
> auf das Geschwür, und dann dreimal in's Kreuz
> auf die Erde, und meinten, daß sie dadurch das
> Uebel von sich ab in die Erde versenken könnten.

7. Merkwürdig ist der weitverbreitete Glaube, daß
das laute Preifen eines Glückes, welches man selbst ge=
nießt, oder an Anderen wahrnimmt, gar leicht einen Um=
schlag in's Unglück herbeiführe; daher man solches Prei=
fen bald mehr bald minder fräftig abzuwehren sucht. Die
f. g. Gebildeten sprechen dazu ein: Unberufen! Der Land=
mann aber sagt, wenn der Umschlag eintritt, wenn seine
wegen ihrer Schönheit bewunderten Kinder sterben, seine

gepriesenen Saaten verderben: „man hat es verschiert."
(Stader Sonntagsbl. 1855, № 34.) Sehr stark ist dieser Glaube in Italien: ja, daß er schon im heidnischen
Alterthum herrschend war, zeigt unter anderen Schiller's
Ballade: der Ring des Polykrates. Man könnte ihn hin-
gehn lassen, wenn er nichts wäre, als ein Ausdruck der
Wandelbarkeit menschlicher Schicksale, oder ein Zurückwei-
sen frevelhaften Glückesstolzes. Allein offenbar geziemt er
sich nicht für den Christen, sofern er ein heidnisches Fatum
und neidische Schicksalsmächte voraussetzt. Der Christ
weiß, daß er in der Hand des himmlischen Vaters steht,
von welchem alle gute Gabe herkommt, und welcher auch
das Böse zum Guten lenkt: er spricht also nicht: Unberufen?

8. In unserer alten Polizei=Ordnung von 1668
Kap. 1. heißt es: „Als wir auch glaubwürdig berichtet
werden, daß in diesen Unseren Herzogthümern sich Leute
anfinden sollen, die keine Scheu tragen (wiewohl dennoch
außer Gespräch und Gemeinschaft mit dem Teufel) des
Wahrsagens, Christallsehens, Planetenlesens, Käseschneidens,
Mißbrauchung des Evangelii St. Johannis (dies bezieht
sich ohne Zweifel auf die damaligen Schwärmereien eines
Petersen und Dippel), Siebe=, Schlüssel= und Buchlau-
fens oder Drehens, Augenausschlagens, Segensprechens,
Bötens, Stillens und anderer abergläubischer und verbote-
ner Mittel sich zu gebrauchen; So setzen, ordnen und gebieten Wir hiermit und Kraft dieses, daß hinführo jeder=
männiglich sich solches abgöttischen Aberglaubens enthalte,
oder, im Verbleiben dessen, ohnfehlbar gewärtig sey, daß
er zu ernster, willkührlicher Strafe gezogen, auch nach
Beschaffenheit der Sachen an Gut, Ehre, Leib und Leben
gestraffet werde." — Sind solche Künste noch jetzt üblich?
Eine Verordnung vom 5. Februar 1683 verbietet
die auf dem Lande eingerissenen bösen Gewohnheiten von
Begehung des Osterfeuers, Meygreffschaften und
Pfingstbiers. Der Maigraf scheint eine Figur aus uralten, vielleicht heidnischen Zeiten zu sein. Man hatte
nämlich eine Frühlingsfeier, wobei der schönste Bursch
des Dorfes zum Maigrafen ernannt wurde; aber sie

artete allmählich in zügellose nächtliche Schwärmereien aus. Ein Beispiel davon liefert Deecke in den Lübischen Sagen, Seite 41.: „Im Jahre 1226, als der Dänenkönig in Lübeck Hof hielt, kam der Tag, da nach altem Brauch der Maigraf mit Jubel und Lust den Mai aus dem Walde holte. Des Abends zog man auf das Burgfeld: da waren die kostbarsten Zelte und Paulune gemacht, es wurde bei Fackellicht bankettirt und getrunken, gespielt und getanzt, und seltsame Mummen von wilden Männern und Frauen gingen dazwischen hin und her. Nach Mitternacht riefen die Hörner, daß man die Maien und den Maibaum hole, um vor Sonnenschein die Häuser und Kirchen zu zieren. Da sind die Vornehmsten der Bürger neben dem König in den Wald hinab geritten. Etliche junge Gesellen aber gingen im Mummenschanz mit Jungfernkleidern angethan auf die Burg, wo man sie gar lustig empfing: doch als sie an das Schloß kamen, zogen sie ihre fertigen Wehren hervor und warfen die Wächter nieder u. s. w." Gegenwärtig ist von allen diesen Gebräuchen wohl nur noch das Johannis = Feuer hin und wieder übrig geblieben.

29.

Noch lebende Volkssagen und Legenden.

a. Aus dem Amte Lehe.

(Vom Herrn Hauptschullehrer Knöner zu Lehe.)

1. Die Brille bei Lehe.

In der Leher Haide, rechts an dem Wege von Lehe nach dem Beermoore, liegen zwei runde Möre in kleiner Entfernung neben einander, die Aehnlichkeit mit den beiden Augen einer Brille haben, auch so genannt werden und der hiesigen lutherischen Pfarre gehören. Einige hundert Schritt nördlich von diesen Mören stehen zwei Hügel ebenfalls neben einander, die aber bei Cultivirung der Haide jetzt zum Theil schon abgetragen worden sind. In diesen Hügeln wohnte in den Zeiten, wo es noch Riesen auf der Erde gab, ein Hühne oder Riese. Darin führte er ein gar einsames Leben, hatte aber einen Zwerg als Diener bei sich, welchen er, als er selbst alt und schwach geworden war, als Bote gebrauchte und auf die benachbarten Dörfer schickte. Eines Tages hatte er ihn nach dem Dorfe Spaden gesandt; nach des Riesen Meinung blieb der Zwerg über die Zeit lange aus; denn der alte Riese hatte früher diesen Weg in wenigen Schritten zurückgelegt, zu dem der Zwerg mehre tausend nöthig hatte. Voll Sehnsucht blickt er der Ankunft des Zwerges entgegen, der läßt aber noch immer sich nicht sehen. Da denkt der Riese: „Vielleicht kann ich ihn nicht sehen, weil er so klein ist und meine Augen vor Alter dunkel sind, ich will meine Brille aufsetzen und sehen, ob er kommt." Er setzt die Brille auf die Nase, geht einige Schritte vorwärts dem Zwerge entgegen. Da er aber die Nase der Brille wegen recht hoch halten muß, so bemerkt er nicht zu seinen Füßen die Unebenheiten und Löcher in der Haide; kurz, er stolpert und fällt so schwerfällig auf die Kniee, daß ihm die Brille von der Nase fliegt. Zornig greift er sie auf und wirft sie, da er sie als die Ursache seines Fallens betrachtet,

weit von sich und würde den Zwerg ihr ganz gewiß nach=
geworfen haben, wenn er ihn gehabt hätte, so erboßt war
er über sein langes Ausbleiben; und er stampft dabei mit
den Füßen so gewaltig auf die Erde, daß sie erbebt. Der
Zwerg war aber nicht weit mehr entfernt, nur hatte ihn
der Riese durch die Brille übersehen, so wie der Zwerg
den Riesen nicht bemerkte wegen des langen Haidekrauts,
das zur Seite am Wege stand, über welches hinaus der
Zwerg nicht sehen konnte, und meinte, daß es ein Erdbeben
sei, als er das Zittern unter seinen Füßen fühlte. Die
Brille war in einen Sumpf gefallen und tief hinein ge=
sunken und wiewohl der alte Riese sie nachher gern wie=
der gehabt hätte, so konnte er sie selbst aus dem Sumpf
nicht herausheben, weil er von wegen seiner Schwere hin=
ein gesunken wäre; der Zwerg aber konnte sie kaum be=
wegen, geschweige denn tragen. So mußte sie wohl liegen
bleiben und liegt dort noch bis auf diesen Tag unter einer
Torfschicht, die sich in den Jahrhunderten nach des Riesen
Tode darüber gelagert hat und genau die Stelle anzeigt,
wo die beiden Augen der Brille liegen. Zwischen beiden
hin zieht sich ein schmaler Strich Haidland, wo der Nasen=
bügel derselben liegt. Unter einem von jenen zwei Hügeln
liegt der Riese auch begraben, nur kann niemand genau
sagen, unter welchem?

---

2. Das Hexen=Kreuz vor dem Ekkerfelde.

Nordwestlich von Lehe, eine Viertelstunde weit von dem
Flecken liegt ein, einige hundert Morgen großes Feld, das
sich aus den umgebenden Niederungen sanft erhebt und
Ekkerfeld heißt. Merkwürdig ist es wegen der Tausende
von kleinen bemoos'ten Hügeln, die seinen südlichen Ab=
hang bedecken. Es wird bis jetzt dieses Feld nicht be=
bauet, sondern liegt als Gemeinheitshudeplatz. Hier in der
Tiefe hatte zu der Zeit, als es noch Hexen gab, dieses
Gesindel seinen Lieblingsaufenthalt, daher man auch noch
jetzt das bewegliche Kreuz, das beim Eingange steht, und
von Jedermann der hinauf= oder hinuntergeht, auf einem

eisernen Stiken muß umgedrehet werden, das Herenkreuz
nennt. Einst kommt ein Mann aus Lehe spät in der
Nacht über dieses Feld; als er bei diesem Kreuze angelangt
ist, fällt er plötzlich in die Tiefe hinab. Sein Fall ist
indeß nicht unsanft, eben so wenig erschrickt er, als er in
der Tiefe angekommen ist, denn er befindet sich in einem
herrlichen Palast, wo die Tische mit allerlei köstlichen Spei=
sen bedeckt sind. Nun merkt er, daß er in einem Heren=
palast ist. Die Heren nöthigen ihn, von den Speisen zu
genießen; als er sie gekostet, findet er sie gar nicht nach
seinem Geschmack, es fehlt nämlich das Salz daran, wel=
ches bekanntlich den Heren zuwider und unausstehlich ist.
Da sagt der Mann unbesonnener Weise: Alles ist so schön,
die Speisen sind so köstlich, aber Eins fehlt daran, näm=
lich das Salz. In Einem Augenblick wird er wieder auf=
gehoben und auf die Oberfläche der Erde geschleudert.
Als er sich nun besinnt, wo er sein mag und mit den
Händen umherfühlt, gewahrt er, daß er in einem tiefen
Sumpfe steckt, aus dem er sich mit großer Angst und An=
strengung herausarbeitet.

---

3. Das Grab des heiligen Dionysius.*)

Südöstlich von Lehe, nahe an der Chaussee, die von Lehe
über die Geestebrücke nach Geestendorf bis Bremen führt,
liegt der Klushof, der früher als Armenkirchhof benutzt
wurde, seit Anlegung des neuen Kirchhofes im Jahre 1827
aber nur noch als Grasplatz jährlich zum Besten der Armen
vermiethet wird. Hier stand in alten Zeiten das erste
christliche Gebäude in dieser Gegend, die Capelle zum hei=
ligen Kreuz. Fromme Mönche verkündigten hier zuerst das
Evangelium den heidnischen Sachsen; in welchen Jahren
dies geschah, kann nicht mit Bestimmtheit angegeben wer=
den. Wahrscheinlich war es kurz vor oder nach der Zeit,

---

*) Vergl. Pratje Altes und Neues X. 10. Uebrigens ist
dieser Dionysius, welcher für den ersten Apostel von Gal=
lien angesehn wird, von dem Areopagiten wohl zu unter=
scheiden.   K.

als Karl der Große das Bisthum Verden stiftete, also etwa
um das Jahr 776 nach Christi Geburt. Während der
blutigen Kriege, die Karl der Große mit den Sachsen
führte, geschah es, als er eben in Spanien gegen die Mau-
ren kämpfte, daß die Sachsen unter Anführung ihres
Herzogs Wittekind blutige Rache übten an allen christlichen
Sendboten des Evangeliums, die unter ihnen lehrten, sie
tödteten und ihre kirchlichen Gebäude zerstörten.

Dieses Loos traf auch den Friedensboten, der hier in
der Capelle auf dem Klushof lehrte. Es war der heilige
Dionysius aus Frankreich. Dionysius sieht seinen Tod
als unvermeidlich an. Um aber der Lehre und dem Herrn,
in dessen Namen er das Wort der Wahrheit verkündigt
hatte, auch im Sterben noch einen Dienst zu erzeigen und
seinen Mördern mit seinem gewaltsamen Tode zu nützen,
sagt er zu ihnen: „Ihr glaubt nicht an dieses Wort, das
ich euch verkündigt habe, aber es ist gewiß wahr; und zum
Beweise, daß es Wahrheit ist, sollt ihr mir, wenn ihr
mich enthauptet habt, meinen Kopf unter meinen Arm geben und ich will mit ihm noch eine Strecke Weges fort-
laufen. Da, wo ich niederfallen werde, sollt ihr mich begraben." Dieses Wunder reizte seine rohen Mörder gar
zu sehr, als daß sie ihm das Leben gelassen hätten. Sie
gingen die Bedingung ein, schlugen ihm den Kopf ab, gaben ihm denselben unter seinen linken Arm und der Ent-
hauptete lief mit ihm von dem Klushof gegen den Büttel
bis zu der Stelle, wo man noch jedem Fremden sein
Grab zeigt, der es sehen will. Von einem Grabe ist hier
freilich nichts zu sehen; früher hat da aber ein aufgewor-
fener Hügel gelegen mit einem darauf stehenden Kreuze,
jetzt ist es ein Rasenplatz, ein paar Ruthen groß, am
östlichen Ende eines Stückes Ackerland, dessen Besitzer sich
aber wohl zu hüten hat, diesem Platze mit dem Pfluge
zu nahe zu kommen. Pilger aus Italien und Frankreich
sind früher hier hergekommen und haben diese Grabstätte
besucht, von ihrer Erde mitgenommen und sich beides von
dem damaligen Beamten schriftlich beglaubigen lassen. Das
hiesige Kirchensiegel stellt den heiligen Dionysius dar, wie
er seinen Kopf unter dem linken Arme trägt.

4. Der Willehadus-Brunnen.

In dem Pfaargarten von Blexum im Oldenburgischen ist ein Brunnen, welcher der Willehadus-Brunnen genannt wird. Da der Ort unweit der Weser und in der Marsch liegt, so ist es um so merkwürdiger, daß dieser Brunnen ein gutes klares Quellwasser hat. Seinen Namen hat er von dem frommen Willehadus, der von England her kam, den Friesen nach dem Tode des Bonifacius*) das Evangelium verkündigte und von Karl dem Großen zum ersten Bischof von Bremen gemacht wurde. In der Gegend, wo jetzt Blexum liegt, hat er sich lange aufgehalten und ist als Gründer der Kirche und des Dorfes anzusehen. Lange lehrte Willehadus unter den Friesen dieser Gegend das Evangelium, ohne daß er besondere Frucht seiner Arbeit unter ihnen wahrgenommen hätte. Sie waren eben so roh als unwissend, und glaubten weder an Gott, noch an wundervolle Thaten die er gethan hat, und wenn Willehadus ihnen davon erzählte, so spotteten sie darüber und verlangten von ihm, daß er sie ein Wunder sehen lassen solle, dann wollten sie ihm glauben und auch an Wunder; wo aber nicht, so wollten sie ihn als einen Lügner und Betrüger todtschlagen. Willehadus wußte schon, daß von ihrer Rohheit das Schlimmste zu erwarten stand, und sie mit kaltem Blute ihre Drohung an ihm wahrmachen würden, wenn er ihnen vor ihren Augen keine wunderbare That zeige. Hierüber gerieth der fromme Mann in Verlegenheit und Bekümmerniß; nicht, weil er sein Leben so sehr liebte, nein, das hätte er wohl zehnmal für sie verlieren mögen, wenn er ihnen damit hätte geistlichen Nutzen verschaffen können, sondern, weil sie dann noch mehr in ihrem Unglauben bestärkt worden wären. In dieser Noth wandte er sich im Gebet an den allmächtigen Gott, er wolle es nicht zugeben, daß die Ungläubigen aus dem ewigen Worte der Wahrheit einen Spott machten und ihn,

---

*) Der heil. Bonifacius wurde in Dockum von den Friesen erschlagen. Auf dem Kirchhofe zu Dockum zeigt man noch einen Bonifacius-Brunnen. Pontoppidan Dänische Kirchen-Geschichte Th. 1. Seite 17.   K.

seinen Diener, in Uebermuth und Sünde tödten. Und
Gott erhörte sein Gebet. In der nächsten Nacht träumte
ihm, daß nahe bei seiner Capelle in der Erde eine reine
Quelle süßen gesunden Wassers sei, das man sonst in dieser Gegend nirgends hatte. Die Stelle wurde ihm im
Traume genau angezeigt; er solle seinen Stock nehmen
und ihn daselbst tief in die Erde stoßen, dann würde die
Quelle zum Vorschein kommen. Den andern Tag ruft
Willehadus die Friesen herbei und sagt ihnen, daß er sie
jetzt ein Wunder sehen lassen wolle. Dann nimmt er seinen Stock und spricht zu ihnen: „Ihr sehet, daß hier
überall kein Wasser aus der Erde quillt, wenn ich aber
meinen Stock hier in die Erde stecken werde, so soll frisches, klares Wasser aus der Erde hervorquellen." Und
hierauf stößt er den Stock tief in die Erde und als er
ihn wieder herauszieht, quillt reines süßes Trinkwasser aus
dem Loche hervor. Die Friesen trinken davon und finden
es gar köstlich. Von nun an fingen sie an, an die Lehren des Evangeliums nicht nur, sondern auch an die Wunder zu glauben, die darin erzählt werden. Willehadus
grub den Quell größer und machte einen Brunnen daraus.
Die Friesen nannten ihn aber aus Dankbarkeit gegen ihren
Lehrer mit Recht den Willehadusbrunnen und so heißt er
noch bis auf diesen Tag.

5. Der Buller-Siel.

Zwischen der Mündung der Weser und der Jahde liegt die
nördlichste Spitze des Butjahdingerlandes, die sich in alten
Zeiten viel weiter in das Meer erstreckte als jetzt. An der nördlichen Spitze hinter Feddewarden hinaus liegt in dem dortigen Deiche ein Siel, welcher der Buller-Siel heißt.
Wenn das Meer vom Sturm bewegt seine Wogen gegen
diesen Siel treibt, so hört man dort einen dumpfen, schauer-
lichen Schall, daher der Name Buller-Siel. Die Leute
in jener Gegend deuten diesen Schall als eine warnende
Erinnerung an das schreckliche Ereigniß, das Gott der Herr
vor Alters über diese Gegend kommen ließ. Eine frucht-

bare Landstrecke lag nämlich vor vielen Jahrhunderten da,
wo jetzt Seeschiffe segeln, und blühende Oerter voll Reichthum und Wohlleben prangten zwischen grünenden Fluren,
wo jetzt die tückische Meereswelle dem Schiffer Verderben
drohet. Land, Oerter, Menschen und Vieh liegen tief im
Meere begraben.

Die Bewohner dieses Landstrichs waren durch ihren
Reichthum übermüthig und gottesvergessen geworden und
gingen in ihrem gottlosen Wesen so weit, daß sie über
göttliche Dinge spotteten und die heiligen Sacramente lä-
sterlich entweiheten. Ihren Reichthum und Uebermuth
zeigten sie auch darin, daß sie ihre Siel-Thüren von Erz
machen ließen und sich dessen gegen ihre Nachbarn rühm-
ten und damit prahlten. Unter ihnen wohnte ein frommer Geistlicher, der sie in seinen Predigten zur Buße und
Bekehrung ermahnte, sie aber lachten über ihn und seine
Ermahnungen und trieben es nur desto ärger. Einstmals
hatten sie sich einen gar argen Streich ausgedacht, durch
den sie den Prediger recht empfindlich verhöhnen wollten.
Sie kleideten eine Sau an und legten sie in einer Kammer in das Bett, schickten dann zum Prediger, daß er kommen möge und einem Sterbenden das heilige Abendmahl
geben. Er kommt; sie erheucheln Mitleid mit dem Kranken und führen ihn in dessen Kammer und wenden sich
dann wieder zurück. Als nun der fromme Mann diese
Schandthat inne wird, brechen sie in ein lautes spöttisches
Gelächter aus. Der Pfarrer aber drohet ihnen mit Gottes gerechter Strafe; doch hört er nicht auf, für ihre Bekehrung und Verschonung zu Gott zu beten. Einige Zeit
nach diesem Vorfall kommt plötzlich seine Magd zu ihm
herein und verkündigt mit Schrecken, daß aus den Rissen
in dem Boden der Küche drei große Aale hervorkröchen.
Hieran merkt der Prediger, daß der Untergang dieser Gegend nahe sei und Gottes Strafgericht die frechen und un-
bußfertigen Verächter seiner Wahrheit ereilen werde und
Gott durch dieses Zeichen ihn selbst warnen und erretten
wolle. Sogleich läßt er darum seinen Wagen anspannen,
packt seine Habe, so viel er davon mitkriegen kann, darauf und verläßt von Stund an sein Haus und diese

Gegend in eilender Flucht. Aber die Zerstörung folgt
schnell nach. Noch ehe er sie verlassen hat, sinkt ein Theil
nach dem andern unter entsetzlichen Krachen in den Ab-
grund des Meeres. Endlich, als er nicht weit mehr von
einer Anhöhe entfernt ist, bricht der Sticken in der Deich-
sel seines Wagens; er muß ihn stehen lassen und rettet
nur sein nacktes Leben. Bis dahin dringt die Zerstörung,
der Wagen aber bleibt im Wasser stehen, versinkt nicht in
die Tiefe und hat noch lange Zeit nachher da gestanden.
Jetzt zeigt ein Pfahl im Wasser die Stelle noch an, wo
er soll gestanden haben, und nicht weit von dem Wasser
entfernt ist später ein Dorf entstanden, das den Namen
Stickhusen führt.

---

h. Aus dem Amte Beverstedt.
(Von Herrn Superintendent Wiedemann in Beverstedt.)

---

1. Der Drachenstein.

Die folgende aus dem Munde des Volks aufgezeichnete
Sage kann im weitern Umfange Aufmerksamkeit erregen,
nicht als Sage, sondern durch den Gegenstand, an welchen
man sie anknüpft.

Der Wanderer erblickt nämlich an dem Wege, der
vom Dorfe Donnern (Kirchspiels Beverstedt) nach Wedel
führt, rechts von der großen Weide ein einzelnes altes
Grab, in dessen Nähe ein ansehnlicher Granitblock sich
befindet, der kaum aus dem Boden herausragt und auf
dem die große Seltenheit zu sehen, eine versteinerte Schlange
von 11 Fuß Länge. Die Leute nennen den Stein den
„Drakensten“. Man wird demselben eine große Wichtigkeit
für die Geschichte unserer Erdbildung beilegen müssen, da
er einen neuen Beweis liefert, daß unsere Erdkugel erst
flüssig gewesen und daß die nach einander folgenden Nie-
derschläge nicht heiß, sondern kalt müssen gewesen sein.
Man nahm bisher an, daß im Granit, als dem Urgebirge
oder dem ersten Niederschlag, keine organische Ueberreste
gefunden werden, die Annahme kann aber nicht mehr auf-

recht erhalten werden, denn der Drachenstein zeigt ein
wirkliches, eigentliches Petrefact. Ein anderes Exemplar,
eine versteinerte Baumwurzel, findet sich vor in der granitnen Mauer der Küsterei zu Gnarrenburg und heißt „de
bunte Sten." Ein gründliches und umfassendes Studium
über Granit kann man am leichtesten und bequemsten an
den Steinmauern in den Dörfern und an den Blöcken
auf der Haide vornehmen. An den Drachenstein nun
knüpft man folgende Sage.

Einst kam der Hirte von Donnern, ein beherzter und
standfester Mann, der mehrere Kämpfe mit Wölfen*)
siegreich bestanden, bald nachdem er seine Heerde ausge-
trieben, mit derselben ganz bestürzt in's Dorf und meldete
den Einwohnern, es sei in letzter Nacht ein großes Wunder geschehen; denn oberhalb der Weideniederung an der
Anhöhe, in der Nähe des altes Grabes, sei ein großer
See entstanden und es röche da pestilenzialisch nach Schwe-
fel, weshalb er das Vieh zu Haus getrieben, damit es
nicht von dem giftigen Gestank erkranke und verderbe.
Das ganze Dorf, sogar Mütter mit ihren Kindern auf
den Armen und hochbetagte Greise und Großmütter gingen
hin und besahen, was in ihrer Mark sich ereignet hatte,
rochen aber nichts mehr von dem Schwefelbrodem. Da
nahm eine alte Frau, die wegen ihres hohen Alters und
ihrer langen Erfahrung die kluge Frau hieß, das Wort
und sprach: „Mir hat meine Großmutter erzählt, daß der
Bültensee und der Silbersee früher auch nicht dagewesen,
aber durch Erdfälle plötzlich entstanden wären; wir haben
also nichts zu befürchten, unser Vieh hat sogar eine
Tränke mehr;" wobei sich die Leute beruhigten und heim-
kehrten. Der Hirte aber sprach bei sich: „Ich habe nicht
geträumt, als ich den Gestank roch, und es will sich wohl
bald ausweisen, daß es mit dem See nicht ganz richtig
ist." Um das zu erspähen, trieb er am Nachmittage das
Vieh auf die Weide, auf einem Wege, der weiter ablag

---

*) Auf dem Boden der Kirche zu Beverstedt befand sich ein
großes Wolfsnetz, wie die Kirchenrechnung im 30jährigen
Kriege der Zeit ausweiset.

von dem alten Grabe und schlich nun hinter's Grab, von wo er, durch die lange Haide verdeckt, seitwärts auf den See schauete. Zu seinem großen Erstaunen erblickte er bald einen ungeheuern Drachen, der im Wasser aus Lust sich tummelte und zuletzt auf's Ufer sich im Sonnenschein hinstreckte; Muße genug hatte der Hirte, seine Länge auf ungefähr 22 Fuß zu schätzen; gern hätte er mit ihm ge= kämpft, aber die ungeheure Größe des Drachen war zu unverhältnißmäßig gegen seine, um einen Strauß voraus= sichtlich mit Erfolg bestehen zu können. Was er geschaut, erzählte er im Dorfe und den Leuten ward bange; allein die Bangigkeit steigerte sich gar bald zur Angst; als der muthige Hirt am andern Tage sein Vieh in die Nähe des See's trieb, soffen einige Thiere aus dem See und waren am Abend schon todt. Schnell ging die Kunde davon von Haus zu Haus mit der Aufforderung, sich eiligst zu ver= sammeln, um das Nothwendige zu berathen. Man kam überein, weil man den See schwerlich ausschöpfen oder durch einen tiefern Abzugsgraben trocken legen könnte, so wolle man ihn einhegen und dem Vieh unzugänglich machen. In Folge dieses Beschlusses fuhren sie auf Wa= gen und Karren am andern Morgen Busch= und Pfahl= werk hinaus und unter Anordnung des klügsten Mannes machten sie einen hohen Zaun, den sie überher von Außen mit Dorngesträuch bespickten. Damit meinten sie gegen die Gefahr und gegen die Unfälle hinreichende Vorkehrung getroffen zu haben; allein das ganze Bollwerk, ungeachtet seiner Festigkeit, erwies sich als völlig unzulänglich. Kaum gelangte am nächsten Tage die Heerde in die Nähe des See's, so rannte sie wie bezaubert im Galopp nach der Umzäunung, bohrte mit ihren Hörnern in das Flechtwerk und da der große Drache von innen ihnen tüchtig Hülfe leistete, so war bald eine Bresche gemacht, durch welche das Vieh zum Wasser drang, voll Gier soff und unter Aechzen und Gestöhn einige Stunden später verendete.

Von solchem harten Verluste getroffen, wandte Don= nern sich zu seinem Pastor in Beverstedt und bat um ein öffentliches Gebet, die Drangsal abzuwenden. Aber der Drache wollte nicht weichen, sintemal die Macht der Hölle sich mit ihm vereinigt hatte. Da bestellten sie Gebete in noch 6 anderen Kirchen: in Berhövede, Lorstedt, Altluneberg, Brameln, Schiffdorf und Geestendorf und die siebenfachen Gebete fanden schnell Erhörung.

Am Montag Morgen sahen einige Männer, die des Weges nach Wedel gingen, daß der See verschwunden war und als sie das näher besehen und untersuchen wollten, erblickten sie den Granitblock, auf welchem die Schlange zu Stein geworden und zwar verkleinert zu 11 Fuß Länge, weil der Block nicht größer war, jedoch mit niederhangendem Hals und Kopf zum offenbaren Zeichen, daß sie nie wieder die Zischzunge geifernd züngeln werde, sondern vollständig überwunden worden sei.

Als man vor ungefähr 50 Jahren in der Nähe des alten Grabes einen andern großen Stein ausgrub, der auf Saugsand lagerte, wurde letzterer ungewöhnlich nachgiebig befunden: mit der Schaufel stieß man leicht tief hinein, ein längerer Pfahl drang auch ohne Aufenthalt leicht in den Grund. Nun holte man einen Windelbaum herbei und selbst der traf noch beim Hineinstecken auf keinen festen Untergrund: da ward es den Leuten klar, daß sie auf die Stelle gekommen, wo der See versunken wäre, und aus Angst füllte man schnell das Loch und ebnete den Boden.

———

Zu vorstehender Mittheilung des Herrn Superintendenten Wiedemann in Beverstedt über den Drachenstein füge ich, mit Erlaubniß des Verfassers, die abweichende Ansicht des Herrn Conrector Krause in Stade, abgedruckt in J. W. Wolf's Zeitschrift für deutsche Mythologie und Sittenkunde. Band 2. Heft 3. Seite 294 ff.:

„Im Bremischen befindet sich ein eigenthümliches Monument beim Dorfe Donnern, dessen ich weder bei Schambach und Müller (Niedersächsische Sagen und Märchen p. 335, 336), noch bei Wächter (Statistik der heidn. Denkmäler) Erwähnung gethan finde, und dessen Existenz unbekannt geblieben zu sein scheint. Der Königl. Hannov. Geometer W. Meyer lieferte von ihm in der Weserzeitung vom 5.

Juni **1853** die nachfolgende Beschreibung, die wahrschein=
lich unbeachtet blieb, weil sie in einem politischen Blatte
Platz gefunden. Ich selbst habe den Stein, den das Volk
der Umgegend nach Angabe eines meiner Bekannten nicht
D r a c h e n s t e i n , sondern Snàkenstèn nennt*), nicht besu=
chen können; ich hörte, daß sich früher Sagen an ihn hef=
teten; einer meiner Schüler aus der Nachbarschaft jenes
Ortes übernahm es, sich nach ihnen zu erkundigen, konnte
aber keine mehr finden, „sie seien verschollen"; vielleicht
wäre dennoch bei genauerem Nachforschen einiges aufzu=
treiben."

„„In öder Haide, schreibt Meyer, liegt der von den
Dorfbewohnern sogenannte D r a c h e n s t e i n , ein röthlicher
Granitblock von beiläufig 7½ Fuß in's Gevierte. Auf dem
Steine sieht man das naturgetreue Abbild einer Schlange
von reichlich **11** Fuß Länge, welche sich in **23** Windungen
über die obere Fläche des Steins hinzieht und seitwärts
an demselben hinunter reicht, wo sich der Kopf befindet.
An dem Schwanzende ist sie ⅛ Zoll breit und nimmt all=
mählich an Dicke zu, bis auf 3½ Zoll hinter dem Kopfe,
welcher 4½ Zoll breit ist. An der Stelle, wo sie die obere
Fläche des Steins verläßt, etwa **2** Fuß vom Kopfe ab=
wärts, zeigt sich eine sehr breite und flache Partie, wie
von einer Quetschung. Obwohl die Masse des Schlangen=
körpers aus denselben Bestandtheilen zu bestehen scheint,
als der übrige Stein, spricht doch vieles für die Annahme,
daß eine wirkliche Versteinerung vorliegt, nicht Menschen=
werk, da der Körper der Schlange sich gleichmäßig erhaben
über die raubern Theile des Steins hinzieht, ohne daß
eine Ausmeißelung des letztern sich irgend wie bemerklich
machte.""

„Soweit der Berichterstatter, der aber in seiner eben
angeführten Muthmaßung entschieden das Falsche getroffen
hat; wir haben es bestimmt mit dem Bilde, nicht
mit der Versteinerung der Schlange zu thun.
Denn erstens kann der Granit — und in dessen Erken=

---

*) **Snake** heißt beim Volke die Ringelnatter, die von ihm
geehrt wird; die giftige Kreuzotter nennt er **Adder**.

nung kann jener sich bei der Menge ähnlicher erratischer
Blöcke in unseren Gegenden nicht geirrt haben — als
plutonisches Gestein niemals eine Versteinerung enthalten;
zweitens aber könnte niemals der gesammte Schlangen=
körper mit Fleisch und allen Weichtheilen versteinern, es
würde von ihm, wie bei allen Fossilien, nur das Knochen=
gerüste erhalten sein. Es ist also unmöglich eine Verstei=
nerung, es ist ein Menschenwerk."

„Dem Monument der Schlange möge sich ein Schlan=
genglaube hier aus der Provinz anschließen; er betrifft
die unschuldige und doch so gefürchtete Blindschleiche;
„Hatworm" nennt sie das Landvolk, und ruft auf der
Geest zwischen Stade und Harburg jemand: „de Hatworm,"
so rennt alles aus dem Wege, selbst ein Fuder Heu weicht
ihm aus; denn „he springt," und wenn einer auf ihn
tritt oder über ihn fährt, „dem springt he vör de Boss
(Brust) un he werd blind." Um Nordheim im Göttingi=
schen heißt die Blindschleiche „Haselworm" oder Hassel=
worm," und man meint, sie spränge wie Glas, wenn man
sie mit der Haselgerte berühre. Bekanntlich springt bei ihr,
wie bei der ebenso falsch als giftig gefürchteten Eidechse,
der Schwanz unter einem einfachen Ruthenstreiche ab."

Herr Superintendent Wiedemann schreibt mir ferner,
nachdem er den Drachenstein an Ort und Stelle genau
untersucht hatte, Folgendes:

„Daß nicht von Menschen= oder Künstler=Hand das
Bild der Schlange auf dem Granitblock ausgehauen wor=
den ist, zeigt schon ein flüchtiger Blick auf den Stein, denn
auch mit bewaffnetem Auge wird man keine Spur eines
Meißels entdecken können. Woher sollte der Idiot die
naturgetreue Gestalt nehmen? Schlangen von elf Fuß Länge
hat es hier zu Lande nie gegeben. Ein Künstler kann die
Gestalt nicht dargestellt haben; dawider spricht Folgendes.

Ich setze voraus, der Stein war nicht größer wie jetzt,
als er aus seinem ursprünglichen Lager und aus seiner
frühern Stellung durch eine Erdrevolution gehoben wurde.
Die jetzt nach oben gekehrte Seite mißt 7 Fuß Länge und

eben so viel Breite; sie ist größtentheils eben, mit Aus=
nahme der Theile, über welche sich die Schlange hinstreckt
und welche Erhöhungen und Vertiefungen bilden. Die
Schlange folgt aber diesen Unebenheiten ganz getreu. Da
läßt es sich nicht füglich denken, daß der kunstsinnige Mei=
ster solchen Störungen nicht abgeholfen hätte und noch
weniger läßt sich annehmen, da die ebenere Fläche vor=
handen war, daß er diese aus unerklärlichem Eigensinne
nicht sollte für seine Darstellung gewählt haben, sintemal
diese ihm Platz bot, das vollständige Bild des Drachen
hinzulegen, wozu ihm sich ein Dutzend schlicklichere Blöcke
außerdem anboten. Das Bild liegt aber nicht auf der
Mitte des Blockes, sondern zwei Fuß auf der einen Kante
fängt die Spitze des Schwanzes an und der übrige Körper
erstreckt sich nicht nach der Mitte, sondern hält sich an die
nähere Kante und zieht sich nun an die Seite hinab, so daß
er nicht in der Ebene bleibt. Die Folge davon ist, man
kann die ganze Schlange nicht mit einem Blick sehen, wenn
der Stein die Stellung hat wie jetzt; aber wenn auch die
horizontale zur senkrechten gemacht wird, bleibt doch derselbe
Uebelstand. Und den sollte der Meister des Bildes nicht
vorausgesehen haben?

Ich will eine andere Annahme voraussetzen: der Block
hätte nicht mehr die erste Größe, nach Vollendung der
Arbeit soll mehr als die Hälfte abgebrochen sein; so wider=
spricht dem, daß die Seite des Steins in der Nähe der
Schlange keine Spur eines spätern Bruches zeigt, sie ist
eben so anzufassen als die übrigen andern d. h. weich, nicht
scharf, als wenn die Masse als Teig aus der Tiefe her=
ausgehoben wäre. Ueberhaupt kann die Erhebung des
Granits und seine Versprengung über die norddeutsche
Steppe nur zu einer Zeit stattgefunden haben, als er
noch nicht ganz erhärtet war, weil allen Blöcken scharfe
Ecken und rauhe Seiten mangeln.

————

Noch bliebe eine dritte Möglichkeit, daß die Schlange
weder ein Petrefact, noch ein Manufact, sondern ein Na=
turspiel wäre. — Wir haben hier also ein interessantes
Problem vor uns, welches gewiß verdient, von einem

Sachkundigen weiter erforscht zu werden, unter Berücksichtigung der Streitfrage, ob im Granit Versteinerungen vorkommen?

---

2. Der Wagen am Himmel.

Am Stillen Freitage Morgens, wann alles Getöse verstummt und alle lärmenden Geschäfte in christlichen Ländern feiern sollten, unternahm ein zwar zu den Christen sich zählender, aber gottloser Fuhrmann aus schnöder Gewinnsucht eine Reise, die er ganz gut am andern Tage hätte antreten können. Er zog seine 3 Pferde aus dem Stalle, legte ihnen das Geschirr auf und spannte sie an den Wagen. Mißbilligend standen die Nachbarn, welche zur Kirche gehen wollten, still und sahen dem Beginnen zu. Auf des Fuhrmanns Ruf hörten die Pferde nicht, mit niedergesenktem Kopf standen sie. Die Peitsche knallte, doch Pferde und Wagen bewegten sich nicht im Mindesten. Da schwang sich der Fuhrmann mit höhnendem Fluch auf das Pferd in der Mitte, dem er mit seinen Sporen, dem vordersten und hintersten Pferde aber mit der Peitsche unbarmherzig zusetzte. Was geschah? die schnaubenden Thiere drängten und schoben den Wagen rückwärts. Auch dieses deutliche Zeichen von des Himmels Mißbilligung beachtete der Gewinnsüchtige nicht, sondern setzte seine Fluchen und Schelten ohne Unterlaß fort. Da verschoben sich die Achsen am Wagen, die Lünzen hoben sich und fielen zu Boden, ab rollte ein Rad und die andern donnerten dasselbe zu thun. Dennoch, dennoch fluchte der Fuhrmann ein Vorwärts in des Satans Namen und — im Nu waren Fuhrmann, Rosse und Wagen verschwunden und versunken. Am Abend sahen die bestürzten Zeugen das Bild der vorletzten Katastrophe in Sternen am nördlichen Himmel, wo alles aus dem gehörigen und richtigen Verhältnisse geschoben ist und der bespannte Wagen nun seitdem allabendlich rückwärts fährt.

3. Die Dornenkrone.

In einigen Fugen der granitnen Kirchhofs-Mauer in Beverstedt wachsen wilde Rosenbüsche, die das Volk mit dem Namen Kronendornen bezeichnet. Die fingerdicken Stämme derselben von dunkler grüner Farbe sind von unten bis oben mit sichelartigen starken Stacheln besetzt; und diese geben durch ihre schmutzige Bläße das Ansehn, als wären sie wie etwas fremdes auf die Stämme genagelt. Die Blattstiele haben 7 Blätter, von denen das größte vorn an der Spitze steht und da an jeder Seite des Stieles 3 Blätter sich befinden, welche sich gerade gegen einander über stehen und die untersten kürzer und schmaler sind, so erhält das gefiederte Siebenblatt ein ganz besonderes Ansehn, aus dem die Phantasie leicht einen spitzen Spaten oder einen Speer bilden kann. Die Blattstiele sind unterhalb ebenfalls mit scharfen Haken versehen, nur nicht von der Größe, wie diejenigen am Stamm.

Die Blüthen (5 blaßrothe Blättchen) hauchen einen lieblichen Geruch aus und wachsen zu dreien auf einem Stiel neben einander. Die Früchte ähneln denen von andern Hahnbutten.

Die Sage meldet, daß die Dornenkrone, welche die Kriegsknechte flochten und auf des Erlösers Haupt setzten, von solchem Strauch gewesen und führt zur evidenten Gewährleistung an, daß seit jener Zeit die Blätter desselben, wenn man sie zerreibt, den Duft des wohlriechenden Apfelobstes verbreiten, den sie vorher nicht hatten.

Dornen gehörten zu dem Fluch, womit der Herr den Acker Adam's belegte; den Fluch hat Christi Krone hinweggenommen.

---

4. Der dumme Teufel.

Als noch keine Stadt und kein Dorf in unserem Lande vorhanden war, und die Menschen das Eisen nicht kannten, trug es sich zu, daß auf einem Bauerhofe ein kluger Mann eine große Verbesserung an seinem Pfluge vornahm. Der Pflug war zu der Zeit bloß ein Balken ohne Räder; am Hinterende hatten sie ein Loch eingebrannt, durch welches sie einen spitzen Stock steckten. Er brannte aber noch ein Loch vor den Stock und keilte darin ein Kuhhorn fest, so daß das Horn als unser Voreisen war und zuerst den Boden aufreißen mußte. Den Hinterstock machte er breiter und gab ihm eine solche Richtung, daß er die Erde umwarf. Der Mann pflügt nun mit seinem verbesserten Pfluge, und der Acker bekam ein Ansehn, wie er nie gehabt, so daß dem Manne das Herz im Leibe lachte und er seine Nachbarn herbei rief, sich mit ihm zu freuen. Die Nachbaren kamen und als sie den Acker beschaut, staunten sie und riefen: „nun wollen wir's wol machen! nun kann Einer zweimal so viel ernten." Aber gerade als sie dabei waren, sich dies neue Verfahren vormachen zu lassen, kam der Teufel zu ihnen und redete sie mit harten Worten an: „Gut, daß ich Euch alle hier beisammen habe! Ich bin der Teufel, und mir gehört alles Land hier zu. Denn als Eure Vorfahren hier in's Land kamen (sie trieben ihr Vieh über's Eis auf der Elbe), da ließ ich sie ungestört darin wohnen, weil mein Vieh, Bären und Wölfe, Drachen, Habichte und Fliegen, nicht dabei zu kurz kamen. Nun wollt ihr aber mit dem neuen Pfluge die anmuthige Wildniß ausroden, und meine Lust vermindern: das werd' ich nicht leiden! von Allem, was ihr auf dem Acker gewinnt, will ich die Hälfte als Zoll haben!" Den Bauern standen die Haare zu Berge, und sie brummten: die Hälfte? Aber was half das? Sie gaben endlich nach und fragten ganz kleinmüthig: ob er das obere, oder das untere Ende des Ackers haben wollte? Der Teufel meinte, sie wollten ihn anführen, und antwortete: er wolle nicht die Hälfte des Ertrags; denn Maaß und Gewicht wären unsicher; auch nicht die eine Hälfte des Ackers, weder in der Länge noch in der Breite; denn sein Stück würden sie weniger gut düngen und pflügen; sondern er wollte haben, was über der Erde wüchse, und sie könnten nehmen, was unter der Erde stände. Damit ging der Teufel weg, und die armen Bauern beriethen sich in großer Betrübniß. Am Ende aber sprachen sie: wir woll'n ihm eine Nase drehen! Nun pflügten sie den

Acker und säeten Rübsaat. Die Saat ging auf; die jun=
gen Rüben, von der Sonne angelacht, wurden immer dicker,
und als das Kraut anfing gelb zu werden, riefen sie den
Teufel, seinen Theil zu nehmen. Aber wie verjagte der
sich, als er sah, daß er angeführt war! Doch tröstete er
sich damit, daß der Klügste sich wohl Einmal über's Ohr
hauen läßt, aber nicht zum zweiten Mal. Voll Aerger
rief er den Bauern zu: „über's Jahr könnt ihr nehmen,
was über der Erde steht, und ich will haben, was in dem
Boden wächst." Nun waren die Bauern fleißig dabei,
Winterrocken zu säen; und der liebe Gott gab Regen und
Sonnenschein; und bald statt der braunen Windeln den
ersten grünen Kinderrock, so daß der Acker grün wie eine
Wiese war. Dann warf er eine weiße Decke darüber,
daß Frost und Eiswind nicht schaden könnten.

Da wurde den Leuten die Zeit lang und ihr Verlan=
gen nach Ostern immer größer. Kaum aber hatte die
Sonne den Winter nach Norden verwiesen, da gingen sie
frisch wieder an's Werk und warfen in das übrige Land
Gerste, Hafer und Buchweizen. Nach vollbrachter Arbeit
falteten sie ihre Hände und sprachen ihr Gebet: „gebe
Gott uns Seinen Segen und helfe uns gegen den unver=
schämten Teufel." Von Nacht zu Nacht, von Tage zu
Tage wuchs nun das Winterkorn und das Sommerkorn
in die Wette: es war, als wenn in der Nacht Engel vom
Himmel mit kleinen silbernen Kneipzangen, vom Thau be=
netzt, jeden Halm länger zogen. Die Aehren kamen her=
aus; sie duckten gen Himmel demüthig bittend, und darum
bekamen sie auch in voller Maaße das Ihrige. Aus Dank=
barkeit neigten sie sich immer tiefer und tiefer: einstmals
duckten sie vor Sonnen=Aufgang ihre Füße an und erkann=
ten, daß die alle gelblich würden. Da sprachen sie zu
den Menschen: „jetzt ist es Zeit: schneidet uns ab mit
Jauchzen, daß wir fröhlich sterben und legen uns in
Garben!" Die Leute thaten, wie ihnen gesagt war; und
wenngleich das Schneiden mit Feuersteinen, weil sie keine
Sense, Sichel oder Messer von Eisen oder Kupfer hatten,
nur langsam ging, so kamen sie doch damit zu Ende.
Darauf stellten sich bei dem Acker alle Manns= und

Frauensleute auf, die halbwachsenen Kinder voran, und riefen aus vollem Halse den Teufel, den sie auslachen wollten. Er schnob herbei und als er verwegen fragte, warum sie ihn riefen? antwortete der Bauer, Namens Paul: vertragsmäßig könne er seinen Part von dem Acker nehmen, die Wurzeln in der Erde: indeß müßten sie, zukünftiger Fälle halber, auf der Bedingung bestehn, daß er die Stoppeln liegen ließe: im Falle jedoch, daß er damit seine Dönse im Winter wärmen wolle, so wollten sie ihm diese schenken. Ueber diese unendliche Güte wurde dem Teufel ganz grün und gelb vor Augen: er schnappte nach Luft und konnte doch augenblicklich keinen Laut von sich geben; denn unter allen Kornwurzeln fand er, das wußt' er gewiß, nicht die elendeste Trostwurzel. Da brach ein kleiner flachsköpfiger Junge in die Worte aus: de dumme Düwel de! was die ganze Versammlung aufgriff und dem Teufel in's Gesicht schrie. Der lief davon, und hat sich seit der Zeit nicht wieder bei den Bauern sehen lassen.

---

c. Aus dem Lande Wursten.

(Vom Herrn Pastor Vogelsang.)

---

1. Die Sage vom Dr. Faust im Lande Wursten.

Merkwürdig ist es, wie die mittelalterliche Faustsage von ihrem heimischen Boden, dem mittleren Deutschland, heraus einen Absenker nach dem äußersten nördlichen Küstensaume unseres deutschen Vaterlandes, in's Land Wursten hinein, getrieben hat. —

Die Wurster Faustsage ist ihren Hauptzügen nach diese: „Der Dr. Faust hat einen Bund mit dem Teufel geschlossen, demselben seine arme Seele verschrieben und dagegen außer vielem Gelde und Gute insbesondere noch dieses sich ausbedungen, daß er zu jeder Jahrszeit, im Winter, wie im Sommer, stets die schönsten, saftreichsten Kirschen in großer Fülle haben wolle, und daß ferner, so oft er ausfahre, stets unmittelbar vor und unter seinem

Wagen eine feste gepflasterte Chaussee sein müsse, die aber
sofort hinter ihm zerfließe, so daß für andere Menschen-
kinder derselbe Weg, den er so eben passirt, in der früheren Unergründlichkeit vorliege. Der Teufel habe diese
und andere Bedingungen denn auch getreulich erfüllt und
zuletzt den Dr Faust in die Hölle geholt. Das Haus, in
welchem dieser letzte Vorgang stattgefunden haben soll,
wird noch jetzt gezeigt. Es liegt im Kirchspiele Cappel
am Oberstrich auf einer s. g. Hofstelle oder Worth. Die
Sage fügt noch hinzu, in jenem Hause sei eine Kammer,
durch deren Außenwand der Teufel mit dem Dr. Faust
hinausgefahren sei, und an der inneren Fläche dieser Wand
könne man noch jetzt das Blut des Mannes erblicken, das,
so oft auch die Wand übergeweißt werde, dennoch immer
wieder durch alle Tünche hervordringe und sichtbar werde.

So die Sage, wie sie hier noch im Munde des Volkes lebt.

Die beiden oben erwähnten besonderen Bedingungen
des Paktes haben gewiß ihren Entstehungsgrund in der
Eigenthümlichkeit des Landes Wursten, das früher nur
Weide und Kornland war und an Bäumen so gänzlichen
Mangel hatte, daß außerhalb des Landes noch jetzt ja das
Gerede geht, in demselben wachse kein einziger Baum, obwohl jetzt Obst-, Zier-, Nutz- und Schutzbäume dort reichlich sich finden und alljährlich noch angepflanzt werden.
Da mochte denn in früheren Zeiten Obst und namentlich
die schwerer zu transportirenden Kirschen als ein ganz besonderer Leckerbissen gelten. — Ebenso findet die Bedingung der stets vorliegenden Chaussee ihren hinreichenden
Grund in der Beschaffenheit der Wege des Landes Wursten, das als ein angeschwemmtes Marschland sich fester
Wege eben nie hat rühmen können; mithin war der Wunsch
nach einer stets vorliegenden Chaussee ein ganz natürlicher.
Merkwürdig ist aber ferner, daß ein dem Namen Faust
oder Fust ziemlich gleichklingender Name von einer in
früheren Zeiten eben im Kirchspiel Cappel wohnhaften
angesehenen Wurster Familie geführt ist.

In Pratje's Altem und Neuem V. 12. werden die
Cappeler Viertels = Artikel vom Jahre 1620 mitgetheilt,

und wir finden dieselben unterschrieben von einem **Eide
Fouwes**, Capitain und Voigt zu Dorum, „**Karckswar** und
Erbgeseten tor Cappel;“ im Alten und Neuen VIII. 2.
ist uns aufbewahrt Joh. Diedr. Hakens Quitung und Ver=
sicherung auf einen Vergleich wegen der Commenda S.
Nicolai zu Cappel vom Jahre **1655**, in welcher wir **Eide
Fouws** und **Johann Fouws** antreffen. So haben wir
also eine Familie **Fouws**, gewöhnlich wohl „**Fuß**“ ausge=
sprochen, und kommen damit dem mitteldeutschen Namen
„**Fust**“ sehr nahe. Wie Leichensteine auf dem Cappeler
Kirchhofe aber anzeigen, hat sich diese Familie späterhin
selbst „**Fust**“ genannt, im Wappen eine „**Faust**“ geführt,
und unter ihren Gliedern mehrere mit der Voigtswürde
geehrt gesehen.

Als mit dem Vorstehenden in einiger Verbindung
stehend, mag hier noch erwähnt werden, daß es jetzt noch
ein s. g. **Faust'sches** oder **Fust'sches** Stipendium giebt, wel=
ches, zum Besten studirender Wurster bestimmt, auf einen
im Kirchspiele Dorum belegenen Hof und dessen Einkünfte
fundirt ist und zu welchem die Mitglieder und Seitenver=
wandte vieler angesehener Wurster Familien in und au=
ßer dem Lande Wursten berechtigt sind.

---

2. Wo dat togeit, dat de Imser Kark so alleen steit?

Die vor mehr als **600** Jahren erbauete Kirche zu **Imsum**,
mit Pastoren= und Küsterhaus, liegt ganz einsam hart am
Weserdeiche, von den beiden Dörfern Dingen und Wedde=
warden gleich weit entfernt. Darüber giebt nun die Sage
folgenden Aufschluß: die von Dingen und Weddewarden,
welche von jeher Eine Gemeinde bilden, wollten auch gern
eine eigene Kirche haben, wie die von Wremen und Dorum;
aber weil die Einen sie durchaus in Dingen, die Andern
in Weddewarden bauen wollten, so ging das Werk nicht
vorwärts. Endlich traf man folgendes Abkommen. Jeder
Theil sollte einen Ochsen stellen: die wollte man gerade
in der Mitte zwischen beiden Oertern zusammen binden

und laufen lassen; und wo sie sich dann zuerst niederlegen würden, da sollte die Kirche stehen. Die Dinger dachten nämlich, ihr starker Ochse sollte den Weddewardener mit sich schleppen; und die Weddewardener hofften dasselbige ihrerseits; jeder Theil fütterte deshalb seinen Ochsen auf's Beste, und ließ ihn am letzten Tage vor der Entscheidung hungern. Aber die beiden Thiere, weil ein jedes wieder nach seinem Dorfe wollte, fingen an einander zu beißen und zu reißen und verwirrt von dem Geschrei der Leute liefen sie bis dicht an die Weser in einen Sumpf, wo sie nicht weiter konnten. So beruhigten sich denn beide Theile, und baueten an diesem Orte ihre Kirche, welcher sie von dem Platze den Namen „Im Sumb" oder „Imsum" gaben. —

Vorstehende Sage lebt noch im Munde des Volks, und noch steht die Imsumer Kirche allein und so nahe dem Weserstrome, nur durch den Deich davon getrennt, daß bei hoher Fluth und starkem Westwinde der Salzschaum nicht selten an die Fenster des Studirzimmers im Pastorenhause hinanschlägt. Ob aber die Begründung, welche jene Sage bietet, auf geschichtlichen Werth Anspruch machen kann, ist wohl mehr als zweifelhaft. Eine andere, vereinzelt noch auftauchende Sage, die wohl das Richtigere treffen dürfte, erzählt dagegen, in alten fernen Zeiten habe dort, wo nun der Weser Bett ist, noch ein Dorf gestanden, das mit Dingen und Weddewarden Eine Gemeinde gebildet habe, und gerade in die Mitte zwischen diesen drei Dörfern sei die Kirche hingebaut. Später habe bei einer furchtbaren Sturmfluth die Weser ihr Bett geändert, jenes dritte Dorf unter ihren Fluthen begraben und ihren jetzigen Lauf genommen, nahe am Fuße der Imsumer Kirche. So sei die merkwürdige Lage der letzteren zu erklären, die allerdings jetzt auffallend genug ist, indem die Kirche mit ihren beiden Dörfern fast ein gleichseitiges Dreieck bildet.

d. Der Balkſee und der Otterſtedter See.

1. Der Balkſee im Amte Neuhaus an der Oſte und ſeine Sagen.

(Vom Herrn Aſſeſſor Hintze, in der Zeitſchrift des hiſtoriſchen Vereins für Niederſachſen. Jahrgang 1851. Heft 1.)

Der Balkſee im ſüdlichen Theile des Amts Neuhaus an der Oſte, am Rande der Wingſt, einer hohen waldigen Haidegegend, belegen und ſeine Fluthen zu Norden durch die Auc in die Oſte entſendend, iſt, ſeinem Flächen= und Waſſerinhalte nach, etwa fünfhundert Wenden oder tauſend Calenberger Morgen — bei einer mittleren Tiefe von 30 Fuß — der bedeutendſte See des Bremiſchen.

Durch ſeine alljährlichen, im Frühlinge beſonders zer= ſtörenden Ueberfluthungen — welche gegenwärtig durch eine auf 60,000 Thaler veranſchlagte Canaliſirung beſeitigt werden — war der See ſeit längeren Jahren ein Gegen= ſtand beſtändiger Furcht ſeiner ackerbautreibenden Umgebung, deren Ernte faſt nie ohne erheblichen Tribut an denſelben zu Hauſe kam.

Dieſer in der Gegenwart unheimliche Charakter des Sees ſcheint ſich denn auch in den vereinzelt noch vorhan= denen Volksſagen über ſeine Entſtehung abzuſpiegeln, deren folgende Mittheilung vielleicht einiges Intereſſe bietet.

1.

In alter Zeit ſtand an jetziger Stelle des Sees ein reiches Dorf, Balk mit Namen, deſſen Bewohner ein der= geſtalt übermüthig üppiges Leben führten, daß ſie ihre Hausräume, ſtatt mit Sand, mit reinem Weizenmehl be= ſtreuten, — „den edlen Weizen unter die Füße traten.“

Als nun, dieſem vermeſſenen Treiben Einhalt zu thun, ein Mönch zu ihnen kam, Mäßigung und Buße predigend, widrigenfalls nahen Untergang durch Waſſer= fluth verkündend, ward ſeiner Ermahnungen nicht geachtet, vielmehr der Mönch unter Hohn und Fluchen aus dem Dorfe nach der nahen Wingſt=Höhe gejagt. Kaum jedoch hatte er flüchtigen Fußes dieſe Höhe erreicht und ſich um=

gewandt, als mit Donnergetöse das Dorf vor seinen Augen
in einen aufbrausenden See versank, Häuser und Bewoh=
ner in seinen Fluthen verschlingend.

2.

An der Stelle des jetzigen Balksee's stand in der
Vorzeit eine reiche Stadt, Balk geheißen, darin ein Kloster,
dessen Bewohner den Gottesdienst nicht hielten, nicht läu=
teten, nicht beteten, mit den Bewohnern der Stadt im über=
müthigen hartherzigen Lebenswandel wetteiferten.

Ein Pilger aus fernem Lande, auf seiner Wander=
schaft zu ihnen kommend und um gastliche Aufnahme bit=
tend, das Evangelium zu predigen, ward hier, wie vor den
Thüren der Stadtbewohner, barsch und höhnisch abgewie=
sen, bis nach langem Umherirren eine ärmliche Frau ihn
aufnahm in ihre Wohnung, und ihn sorgfältig gastlich dort be=
wirthete, seiner Lehre und Predigt ein aufmerksames williges
Ohr leihend. Als nun bei seinem Abschiede die Frau einen
Lohn ihrer gastlichen Aufnahme weder verlangte, noch an=
nehmen wollte, bat der Pilger, sie möge statt dessen eine
besondere Gunst sich auswählen, worin sie dann willigte,
indem sie bat: „die erste Arbeit, die sie verrichte,
möge kein Ende nehmen.“

Nachdem der Pilger ihr die Erfüllung dieser Bitte
gewährt und sich damit verabschiedete, nahm die Frau ihr
Leinenzeug aus der Truhe, fing an, solches zu recken, daß
bald das Leinen unter ihren reckenden Händen zum großen
Haufen anwuchs und kein Ende nahm, zum großen Neide
ihrer herbeigekommenen Nachbarin.

Geraume Zeit später, um's Osterfest, führte den Pil=
ger seine Wanderschaft in die Stadt zurück. Hier ward
er sofort von der neidischen Nachbarin erspäht, von dieser
in ihr Haus zur Herberge geladen, dort überaus schlecht
bewirthet, seinen Reden keine Beachtung irgend gewährt,
dagegen ihm bei'm Aufbruche folgenden Tages die seiner
ersten uneigennützigen, dienstwilligen Wirthin gewährte
Gunst, als gleicher Lohn der jetzt erfahrenen Behandlung,
gebieterisch abverlangt.

Der Pilger, widerstrebend, gab seiner selbstsüchtigen Wirthin herrischem Verlangen zuletzt nach, jedoch mit dem warnenden Bemerken und Bevorworten, daß ihre trotzige unverdiente Forderung, ohne vorgängigen bußfertigen Sinn und Wandel, ihr kein Heil, sondern nur Verderben bringen werde, und entfernte sich mit dieser ernsten Mahnung seines Wegs. Die Wirthin, über diesen Ausspruch des Pilgers sofort heftig erbost, ergriff eilig in ihrem Zorne einen nahestehenden Eimer mit Wasser, solchen dem Fortwandelnden unter Verwünschungen und Flüchen nachgießend. Aber von Stund an nahm diese ihre erste Arbeit des Wassergießens kein Ende, der Eimer blieb in ihren Händen, das Wasser ergoß sich und entquoll demselben, bis Kloster und Stadt den Untergang gefunden, wo jetzt der See fluthet.

Als das geschah und sich begab, war es um die Osterzeit, bei deren wiederkehrendem Eintritte im Frühlinge der See stets besonders weithin zu sausen und mit den Wellen zu rauschen pflegt, weshalb man hauptsächlich in der Osternacht die Glocken des versunkenen Klosters, von den Wellen bewegt, aus der Tiefe des Sees dumpf vernehmbar ertönen glaubt.

3.

Bei den Bewohnern des reichen Dorfes Balk war vor Zeiten Uebermuth und Mißachtung von Gottes Wort im Wachsen; sie besuchten keinen Gottesdienst mehr, hielten bei ihrer Kirche keinen Prediger, und wenn dennoch ein benachbarter freiwillig zu ihnen kam, suchten sie durch Spott ihn zu vertreiben. So hatten jene Dorfleute, ihren Spott des Heiligen auf's Höchste zu steigern, eines Tages den Geistlichen beschickt und aufgefordert, er möge zu ihnen kommen, einem bußfertigen Kranken das heilige Abendmahl zu ertheilen. Als nun der Geistliche, ihrer Botschaft willig folgend, herbeigekommen, ward er mit den Sacramenten an das Krankenbett geführt, fand jedoch hier alsbald zu seinem Entsetzen, unter höhnendem Jubel der Dorfbewohner, statt des bußfertigen Kranken ein als Mensch verkleidetes Schwein im Bette liegend. Nahen baldigen Untergang bei'm erfüllten Maaße ihrer Sünden prophezeiend,

wandte sich der Geistliche schleunig von dannen. Seine
Verkündigung traf ein. Bereits folgenden Morgens früh
wurden die Bewohner durch ungewöhnliches Rauschen aus
dem Schlafe erweckt, aus ihren Aschen= und Feuer=
kuhlen krochen ihnen Aale entgegen, bald darauf
entquoll aller Orten um sie herum Morast und Wasser,
bis nach kurzem Verlauf ein See das ganze Dorf in sich
verschlungen hatte.

4.

Im Grunde des Sees ruht ein riesenhafter weißer
Stier, in der Umgegend der „Seebulle“ genannt. Den
größten Theil des Jahres, so lange das Wasser offen, ver=
hält er sich still; man merkt nur an den aufsteigenden
Blasen und Wasserperlen, wo er liegt und Athem holt,
oder am aufquillenden Grundwasser, wenn er sich rührt.
Dagegen in der Winterzeit, sobald sich das Wasser mit Eis
bedeckt, wird er unruhig, ihm entgeht die Luft, er steigt
nach oben, sprengt durch sein heftiges, weithin vernehm=
bares, donnerähnliches Gebrüll die Eisdecke, daß lange Bor=
sten sich darin bilden. Je stärker der Frost, desto
heftiger wird sein Brüllen und Toben unter dem
Eise, worin er nächtlicher Weile auch mit den Hörnern
Löcher stößt, oder es mit seinem Athem aufthaut, so daß
der Eisverkehr auf dem See stets ein gefährlicher ist.

5.

In unmittelbarer Nähe des Balksees befindet sich eine
erhöhete Worth mit Spuren verwitterten Bauwerks, die
Remper=Worth genannt; hier hausete in alter Zeit zum
Schrecken der Umgegend ein Räuber, Namens Remper;
derselbe pflegte unter anderen Raubanschlägen von den be=
nachbarten reichen Marschbauern Weizen zu kaufen, sie bei
dessen bedungener Lieferung unterwegs zu überfallen, zu
berauben oder zu erschlagen, ohne daß es jemals möglich,
ihn bei angestellten Verfolgungen in seinem Schlupfwinkel
am See aufzufinden. Denn da er bei den Raubzügen,
wie sich später ergab, eines Pferdes mit umgekehrten Huf=
eisen sich meistens bediente, gelang es ihm hierdurch, die
Verfolger über seinen Aufenthalt stets zu täuschen.

Als er nun einst wieder einen Wispel Weizen von einem Hadeler Bauern gekauft, letzterer gewarnt, zur verabredeten Lieferungszeit, statt des Weizens seine Knechte in die mit Kaff theilweise gefüllten Säcke gesteckt und zu Schiffe über den See an die Lieferungsstelle gefahren, trat ihm, gelandet am Ufer, der Räuber zur Empfangnahme, statt des Kaufgeldes gewohnter Weise seine geschwungene Keule zeigend und so auf ihn einschreitend, in's Schiff entgegen. Allein kaum war diese übliche Bedrohung von dem Remper begonnen, als statt des Gnade flehenden Bauern dessen Säcke plötzlich sich bewegten, zerrissen, des Bauern Knechte daraus hervorsprangen und den nun eiligst nach seiner Raub-Worth entfliehenden Räuber dorthin verfolgten. Lange war hier vergebliches Suchen nach ihm; es fand sich in der dunkeln, mit Raubgut und Menschenknochen gefüllten Höhle kein lebendes Wesen, als ein Pferd mit umgekehrten Eisen und eine gezähmte Elster. Letztere, bei'm eifrigen Durchsuchen der Höhle von einem Knochenhaufen zufällig verjagt, flog zu einem in der Höhle befindlichen Holzpfeiler, begann daran mit dem Schnabel zu picken und zu hacken, wodurch sie einen derartig hohlschallenden Klang erregte, daß solcherweise aufmerksam gemacht, der Bauer mit seinen Knechten an jenen Pfeiler hinantrat, ihn zersprengte, worauf in dessen Höhlung der Räuber eingezwängt, versteckt gefunden und sofort erschlagen wurde.

Bemerkung.

In Lappenberg's Geschichtsquellen des Erzstifts und der Stadt Bremen (1841) findet sich Seite 19 und 20 vom Erzbischof Giselbrecht um's Jahr 1286: edificavit Castrum Rempempe, als Note der Zusatz: „Die Lage der Burg Rempempe ist unbekannt. Der Erzbischof Joh. Rohde erwähnt sie unter den zerstörten Burgen seiner Vorgänger unter dem Namen Rempe. Leibniz Script. Brunsv. T. II. Seite 267.“

Ich möchte nun dafür halten, daß jene zerstörte Burg, auf der in der Sage benannten, Spuren alten Bauwerks tragenden Remper-Worth, nahe am Einflusse des Remper Baches in den Balsee gelegen haben werde, wie es denn eines Theils sonst eine ähnliche Ortschaft oder Belegenheit im Bremischen nicht giebt,

andern Theils diese Burglage hier, als Stützpunkt für des Erz=
bischofs Giselbrechts Kriege mit dem nahen Kehdingen nicht un=
geeignet erscheint. Diesemnach mag die Räubersage zu jener Burg
in örtlicher Verbindung stehen, letztere, nach ihrer Zerstörung, als
brauchbarer Schlupfwinkel für Räuber noch gedient haben. Eine
dieser hier angenommenen Burglage von Rempe ziemlich ähnliche
im Bremischen scheint die des Raubritters Heinrich des Eisernen
von der Borgh, 1272—1327, auf einer Worth im Tannensee,
Gerichts Delm, gewesen zu sein, deren Lage gegenwärtig kaum
noch an einer geringen Erderhöhung erkennbar. Die alten Bre=
mischen Burgen Kief in de Elve, Schlickenburg, Ostenhagen
(Pratje, Bremen und Verden, VI. S. 273), so wie mehrere am
Osteflusse weiter hinauf belegene, sind ganz spurlos verschwunden:
die Schlickenburg bezeichnet nur die Tradition als nahe bei Neu=
haus belegen gewesen; die Lage der früheren Burgen Brobergen
und Cranenburg an der Oste wird durch die gleichnamigen Ort=
schaften noch bezeichnet.

---

2. Der Otterstedter=See, der Düvelshoop und die Hexenkreise bei Eckstever.

(Mitgetheilt von Herrn Assessor Hintze in Aurich.)

Im Amte Ottersberg zwischen den Dörfern Otterstedt
und Eckstever ist, umgeben von Haide, Feld und einem
Holze (jetzt Kreuzbuchen, sonst Düvelshoop benannt), der s. g.
Otterstedter=See belegen, in länglich runder Form
den Umfang von 1½ Stunden fast erreichend. Sein näch=
ster Umkreis ist meist fester, nur etwas abgedachter Boden,
im Gegensatze zu dem überwiegend sumpfigen der beiden
anderen größeren Bremischen Seen, dem Bederkesaer=
und Balk=See. Wenn letzterer, seinem Flächen= und
Wasser=Gehalte nach, der bedeutenste ist (ihm folgt der
Bederkesaer), so ist der Otterstedter=See bei Weitem der
tiefste, auch am steilsten, wie durch einen Erdfall. So be=
sonders auf der Holz=Seite verliert man, wenige Kahn=
längen vom Ufer ab, den Fahrgrund; eine plötzliche Tiefe
von mindestens 10 Fuß beginnt, die rasch bis zur Mitte
des Sees in erheblicher Ausdehnung über 40 Fuß wächst.
Der See hat keinen Zufluß; seinen unbedeutenden Abfluß
in die Wümme scheinen innere Quellen zu ersetzen und

stets gleichen Wasserstand zu erhalten. Ausgezeichnet ist er auch durch die seltene Größe seiner Hechte und Aale.

Dieser gewissermaßen tiefstille, durch Ueberfluthungen die Umgegend nicht beunruhigende Charakter des See's wird auch der Sage weniger Anlaß gegeben haben, sich gleich dem häufig überfluthenden Balk=See mit seiner Ent= stehung und Erscheinung zu beschäftigen. Sie läßt ihn durch einen Erdfall entstehen, in der Tiefe des See's eine Kirche versunken sein, deren Glocken zu Zeiten, na= mentlich in der Neujahrs= und ersten Mai=Nacht, aus dem Wassergrunde dumpf hörbar ertönen, dagegen bei Sonnen= licht um Johannis aus der Tiefe sichtbar, auf dem Wasser= spiegel silberhell erglänzen und erklingen sollen. Als äu= ßeren Anlaß dieses Erdfalls bezeichnet die Sage einen in der Nähe des Ufers an der Holzseite aus den Fluthen des See's vor der beginnenden Tiefe eben noch hervorragenden Hühnenstein: den habe der Teufel einst aus seiner Behau= sung Düvelshoop dorthin geschleudert, worauf der Erdfall erfolgt und die Kirche im aufsteigenden See ver= schlungen sei. — Ueber den See sonst erwähnt die Sage, daß er nächtlich bisweilen von einem Kranze tanzender Irrlichter umkreist werde, welche Mitternachts oft plötzlich erlöschen, worauf gleichzeitig ein großer schwarzer Hund mit „gleunigen" Augen und Nase, in der Nähe des Hüh= nensteins, unter zischendem Geräusche dem See entsteige, funkensprühend dem nahen Düvelshoop zueile und da verschwinde.

Neben diesen Sagenresten, die sich direct an den See knüpfen, und dem bezeichnenden Namen des Holzes Dü= velshoop (welcher auch auf alten Charten und in der Forstsprache noch üblich, sonst aber in den „der Kreuz= buchen" übergangen ist) sind noch bemerkenswerth zwei in der weitern Umgebung des See's bei dem Dorfe Eck= stever auf der Haide belegene eigenthümliche uralte Kreise, aus besonderem Grase oder Blumen bestehend, genannt die Hexenkreise. Ihre Anlage wird, als Tanzplatz für die Hexen, dem Teufel zugeschrieben, der zu diesem Reigen von seiner Behausung Düvelshoop sich dorthin begiebt. Wenn dies bei Nacht geschieht, führen unbethaute Spuren

nach dem Holze hin. Die Kreise haben einen Durchmesser
von etwa 20 Fuß, und sind im Hannoverschen Magazin
näher beschrieben.

Außer einigen steinernen Streithämmern und Feuer=
steinkeilen, so wie weiblichem Schmuckgeräth an Spangen,
Hefteln und Glaskorallen kann die Umgebung des See's
keine alterthümliche Funde aufweisen, welche zu geschicht=
lichen Folgerungen über ihn etwa Anlaß gäben. Ob
vielleicht ein Cultus der Frau Holde stattgefunden? Die
nur zwei Stunden vom See entfernten bedeutenden Hüh=
nengräber bei Steinfeld und Nartum (beschrieben im
vaterländ. Archiv von 1826) haben vielleicht einen Theil
des altgermanischen Verkehrs=Lebens (sonst vorherrschend
bei den Seen bekundet) zu sich herangezogen und in ihren
Steinwerken in Erinnerung gehalten. Das Steinfelder
Grab wird 1695 von dem Ottersberger Amtmann Kelp
(Memoria Stadeniana, pag. 201) als das größte Chauken=
Denkmal im Bremischen geschildert.

---

e. Der Heuersche Kolk bei Rechtenfleth in Osterstade.

Zwischen den Dörfern Sandstedt und Rechtenfleth liegt
dicht innerhalb des Deiches, der hier eine große Biegung
macht, ein stiller, tiefer, schilfumkränzter Wasserkolk, der
Ueberrest eines großen Deichbruches, der vor vielen Jahren,
man weiß nicht mehr wann? bei einer Sturmfluth ge=
schehen ist. Als man nun den zerstörten Deich wieder
herstellen wollte, versank jede Karre voll Sand wieder in
die Tiefe. Alle Mühe, die Lücke zu füllen, war vergebens,
denn der Zorn Gottes ruhete auf der Feldmark, um der
Ueppigkeit und Gottlosigkeit willen der Bewohner Sand=
stedt's und Rechtenfleth's. Man arbeitete den ganzen
Frühling, Sommer und Herbst hindurch: der Winter war
vor der Thür, aber die Arbeit war nicht um ein Haar
fortgerückt; der Boden schien unergründlich.

Da befragte man eine weise Frau. „Ihr werdet
bis an den jüngsten Tag arbeiten können, antwortete diese,

wenn ihr den Himmel nicht zuvor versöhnt habt. Den Ersten, der am nächsten Morgen vorüber geht, den ergreifet, werfet ihn in die Tiefe und bedeichet ihn: dann erst wird der Grund fest werden."

Und der Erste, der am andern Morgen vorüber ging, war ein reicher stolzer Bauer, Namens Heuer. Sie ergriffen ihn, warfen ihn in die Tiefe und bedeichten ihn; und es geschah, wie die weiße Frau gesagt hatte. Der Grund wurde fest, und bald war der Deich mit Gottes Hülfe vollendet. Der einsame Kolk aber heißt seitdem der Heuersche, und bei stiller Nacht soll es drunten in der Tiefe dumpf stöhnen und klagen.

Auch diese Sage wird vielerwärts ähnlich erzählt. In Naumburg konnte der Dom nicht gegründet werden, bis der Erste, der vorüber ging, eingemauert wurde. In den von Talvj meisterhaft übersetzten Serbischen Volksbildern enthält Eins auch eine solche Geschichte, wo bei Gründung einer festen Burg der erste Nahende eingemauert wurde. Bekannt ist die Erzählung in der Römischen Urgeschichte von einem plötzlich entstandenen Abgrunde, welcher sich nicht eher wieder schloß, als bis, nach dem Rathe der Priester, der junge M. Curtius sich zu Pferde in denselben gestürzt hatte. Daß der Zorn der Gottheit nicht anders abgewendet werden könne, als durch Aufopferung des höchsten menschlichen Gutes, nämlich des Lebens, ist die zum Grunde liegende Idee.

(Von Herrn Herm. Allmers.)

f. Aus Hambergen.
(Von dem weil. Herrn Pastor Goldbeck.)

1. Von dem Schimmel zu Wallhöfen.

Am Wallhöfener Felde nach dem Moore zu liegt der Siebensee, jetzt noch eine ausgetrocknete Vertiefung. Vor dreihundert Jahren soll aber ein Bach sich daraus ergossen und eine Mühle, die Westerlinker Mühle, getrieben haben. Einst arbeitet dort ein Mann auf dem Felde an einem Sonnabend. Da sieht er auf einmal, daß ein schöner glänzender Schimmel mit einer eisernen Egge sich zu ihm gesellt hat, und ihm sein Land bestellen hilft. Er betrachtet mit Verwunderung das schöne Pferd, desgleichen er noch nie gesehen hat, und als dasselbe ganz zahm erscheint, so wird er so kühn es zu besteigen. Da läuft es aber mit ihm nach dem Siebensee, und der Mann hat nur noch eben Zeit, vorher herunter zu springen, ehe es sich in den See stürzt.

---

2. Der bezauberte Bienendieb.

Einem Manne in W. sind einmal Bienen gestohlen, weswegen er einen alten Zauberer bittet, ihm zur Bestrafung des Diebes zu verhelfen. Der alte Mann will es anfangs nicht, weil es sündlich sei, und er sich vorgenommen habe, es nie wieder zu thun, läßt sich aber doch für dieses Eine Mal noch bereden. Darauf macht der Bestohlene dem Diebe, den er wohl gekannt hat, ohne ihm etwas beweisen zu können, bekannt, daß er ihm die Bienen binnen drei Tagen wieder bringen solle, wenn er nicht in großes Elend gerathen wolle. Der Dieb leugnet aber alles frech ab, bringt auch die Bienen nicht wieder. Hierauf wird folgendermaßen die Execution vorgenommen. Der Zauberer nimmt eine Fußspur des Diebes vor dem Bienenschauer auf, die er in einen leinenen Beutel thut. Sodann wird der Müller einer benachbarten Mühle gebeten, es so einzurichten, daß er am folgenden Tage von Mittag an vier und zwanzig Stunden mahlen könne, ohne einen Augenblick still zu halten. Um Mitternacht aber solle er sich aus der Mühle entfernen, und dieselbe einige Zeit allein gehen lassen. Er verspricht es auch so. Vor Mitternacht gehen nun der Zauberer und der Bestohlene nach der Mühle zu. Auf der Hälfte des Weges kommt ein schwarzer Hund mit feuersprühenden Augen aus dem Moore zu ihnen, und begleitet sie. Dem Bestohlenen wird bange, er fragt den Zauberer, was das für ein Hund sei; dieser aber bedeutet ihm strenge, still zu sein, und sich nicht um etwas zu bekümmern, was ihn nicht angehe. Als sie bei der Mühle ankommen, ist der Verabredung gemäß niemand darin, die Mühle aber inwendig hell erleuchtet. Der Zauberer geht hinein, der Hund folgt ihm, und der Bestohlene bleibt draußen in einiger Entfernung stehen. Was nun in der Mühle vorgegangen, weiß man nicht; denn die Thür ist zugemacht, so daß auch der Bestohlene nichts hat sehen können. So viel ist gewiß, daß der Zauberer die Fußspur an das herumgehende Müh= lenrad genagelt hat. Als es fertig gewesen, kommen der Zauberer und der Hund aus der Mühle zurück, und alle drei treten den Rückweg wieder an. Der Hund verläuft sich wieder in das Moor, der Zauberer aber erklärt feier= lich nach dessen Entfernung, daß er von nun an sich durchaus nicht wieder mit solchen Dingen abgeben wolle, denn es sei etwas ganz gräuliches. Der Dieb wird nun in seinem Bette elend krank, so daß er sich vor Angst und Qual nicht zu lassen weiß. Er wälzt sich immer herum und kann nicht leben und nicht sterben. Die Angehörigen flehen den Bestohlenen an, den Zauber aufzuheben, und versprechen ihm dafür alles, was sie können. Dieser redet auch mit dem Zauberer, aber der sagt, es sei jetzt zu spät, es lasse sich nichts mehr dabei machen; der Dieb sei vorher dringend genug gewarnt, habe sich also sein Elend selbst beizumessen. Der Dieb quält sich bis um Mittag, und stirbt dann gerade als die Mühle wieder still steht.

---

3. Ein Eidschwur.

Zwei Dörfer im Amte Z. haben in uralten Zeiten einen schweren Proceß wegen der Gränzen ihrer Gemeinheit mit einander gehabt. Dem einen Dorfe wird der Beweis durch einen Eid zuerkannt. Das Dorf soll auf dem strei= tigen Platze selbst schwören, es stehe auf seinem eigenen Sande, und unter seinem eigenen Laube (die streitige Ge= gend ist nämlich mit Holz bewachsen gewesen). Die Depu= tirten, welche gewählt sind, um den Eid zu leisten, füllen sich vorher in ihrem Dorfe die Schuhe mit Sand an, und stopfen die Hüte mit Laub aus, schwören dann frech darauf los, und haben den Proceß für immer gewonnen. Nachher hat es aber fortwährend an diesem Orte gräulich gespukt. Es sind feurige Kutschen darauf herumgefahren mit schrecklichen Gestalten. Die Kutscher haben mit den Peitschen geklatscht, so daß das Feuer herausgeflogen ist, wie Blitze.

---

4. Vom letzten Hühnen zu Hambergen.

Der letzte von den Hühnen, welche die steinernen Keller mit den Töpfen in der Haide gebauet haben, hat zu Hambergen gewohnt. Er hat unglaublich viel an Speisen zu seiner Subsistenz nöthig gehabt, und hat den übrigen Einwohnern, die er kleine Erdwürmer genannt, sehr viel Drangsal angethan, weil er allen zusammen an Stärke überlegen gewesen ist. Einst haben diese ihm heimlich aufgepaßt, als er in seinen Brunnen gestiegen ist, sind schnell herzugelaufen, und haben mit Steinen ihn darin überschüttet, bis der Brunnen ausgefüllt und er darin begraben worden ist.

Nach einer andern Erzählung ist dieser verschüttete Mensch kein Hühne gewesen, sondern ein anderer wilder Mensch von ungewöhnlichen Kräften, dessen man sich auf die eben beschriebene Weise entledigt hat.

---

g. Die Mühle bei Scheeßel.
(Vom Herrn Pastor Callenius zu Scheeßel.)

In nordwestlicher Richtung von der jetzigen Kirche zu Scheeßel, etwa 100 Schritt von derselben entfernt, — da, wo man an der östlichen Seite des neuangelegten Kirchhofes auf einem holperigen Fußwege nach dem benachbarten Jeersdorf hinabsteigt — fließt unten in der Tiefe des Thales ein kleiner, unansehnlicher Bach, über welchen ein einfacher Steg führt. Der Bach entspringt in dem s. g. „Scheeßeler Vieh" in der Richtung nach Vahlde zu, etwa anderthalb Stunden von dem Kirchdorfe, durchschneidet kurz vor demselben die große Chaussee, welche von Bremen nach Hamburg führt, und fließt dann munter hinter dem Pfarr-

garten vorüber, bis er nach kurzem Verlaufe sich in die
Wümme ergießt. Seine Hauptzuflüsse bekommt er aus den
benachbarten großen Mooren der Dorfschaften Lauenbrück
und Ostervesede und in der Herbst- und Frühjahrszeit schwillt
er, durch starke Regengüsse vergrößert, oft mächtig an; dagegen erscheint er bei anhaltender Sommerdürre nur winzig
und fast dem Austrocknen nahe. Man würde nicht glauben, wenn man ihn so sieht, daß er in alten Zeiten eine
Mühle getrieben habe, welche die einzige in der Umgegend
von Scheeßel gewesen sein muß. Genug, noch vor 20
Jahren hat man unzweifelhafte Spuren einer Mühle aufgefunden, bedeutende Bruchstücke eines Rades, so wie anderer dazu gehöriger Hölzer, und überdieß lebt auch jetzt
noch die Geschichte ihres plötzlichen Unterganges allgemein
bekannt in dem Munde älterer Leute. Sie hat da gestanden, wo jener Steg über den Bach führt und wo man
auch bei näherer Betrachtung noch gar wohl den Umfang
des Teiches erkennt, welcher rings durch einen Erddamm
eingeschlossen war. Ihre Geschichte reicht hinauf bis kurz
vor das Jahr 1503, in welchem Jahre nämlich die jetzige
herrschaftliche Mühle da neu wieder aufgebaut ist, wo sie
gegenwärtig noch steht, und als sehr wahrscheinlich stellt
sich heraus, daß schon damals eine Familie Müller —
Vorfahren des jetzigen herrschaftlichen Pächters — im Besitze derselben gewesen ist. Friedrich, erwählter Erzbischof
der Stifter Bremen und Verden, Coadjutor zu Halberstadt,
Erbe zu Norwegen, Herzog zu Schleswig-Holstein, Stor-
marn und den Dithmarschen, Graf zu Oldenburg und Delmenhorst ꝛc., schreibt unter dem 24. December 1624 an
den damaligen Pächter, der von den Drangsalen des 30jäh-
rigen Krieges viel zu leiden hatte und dem er überhaupt
wohl gewogen war: „Alldieweil und dergestallt unser
Müller Tönjes Müller zur Scheeßeler Mühle und
deßen Vorfahren schon seit unvordenklichen Zeiten
im Besitz unserer herrschaftlichen Mühle alldort gewesen
sind, so sollen sie auch hinführo von Uns hierin geschützet
und maintenirel werden." — Genug, der jüngere von
zwei unverheiratheten Brüdern, welche zusammen in der
Mühle lebten, war ein übermüthiger, zänkischer und gott-

loſer Mann, der auch vielfach in Unfrieden mit dem der=
maligen Prediger zu Scheeßel ſtand. Sein frevelhafter
Uebermuth ging ſo weit, daß er um jene Zeit — das Jahr
iſt nicht mehr genau anzugeben, doch ſoll es am heil. erſten
Oſter=Morgen geweſen ſein — abſichtlich das Waſſer des
Baches hoch aufſtauete, um, wie er ſich ſpottend ausdrückte,
„dem St. Lur“ (Lucas, welchem die Kirche geweiht iſt)
oder, nach der Erzählung Anderer, „dem Paſtor vor dem
Altar die Füße naß zu machen“. Ein ſolches Vorhaben
erklärt ſich leichter, da die damalige Kirche tiefer und dem
Bache näher ſtand; allein den Uebermüthigen ereilte die
gerechte Strafe. Das Waſſer ſchwoll zu einer ſolchen Höhe
an, daß er ſelbſt ihm keinen Einhalt mehr thun konnte;
ſchon berührte es die Mauern der Kirche, -- da durch=
brach es mit Gewalt den ſchwachen Erddamm des Teiches
und in wenigen Minuten wurde die ganze Mühle hinweg=
geriſſen, daß keine Spur mehr von ihr zu ſehen war. Die
Kirche aber blieb trocken und unverſehrt. — So endigte
dieſe Mühle; und von Einigen wird noch hinzugeſetzt: als
der ältere der beiden unverheiratheten Brüder die grauſige
Verwüſtung geſehen, da habe er in ſeinem Ingrimme den
jüngeren Bruder jählings in die Tiefe des Waſſers hinab=
geſtürzt und derſelbe ſei dort ertrunken.

---

h. Der ſteinerne Mann in der Doms-Mauer zu Verden.

(Vom Herrn Paſtor Vogelſang.)

An einer Ecke des nördlichen Seitenflügels des Verdener
Doms, hoch oben unter dem Kupferdache, ragt aus der
Mauer das ſteinerne Bruſtbild eines Mannes heraus, von
welchem Folgendes erzählt wird. Es war ein Küſter des
Doms, welcher die Kleinodien, oder ein Rentmeiſter, wel=
cher die Gelder dieſes Gotteshauſes veruntreuet und ſchänd=
lich verpraßt hatte. Als er nun vor dem Biſchofe und
Domkapitel Rechnung ablegen ſollte, verſchwor er ſich dem
Teufel, wenn er Solches gethan hätte. Da erhebt ſich
dreimal ein ſchreckliches Heulen und Lachen um den Dom

herum, und als der Höllenspuk verschwunden ist, steht in der Mauer das gedachte Brustbild.

Eine ähnliche Figur findet sich übrigens fast in allen großen Domkirchen aus dem Mittelalter.

---

l. Die Capelle zu St. Jost.
(Stader Sonntagsblatt. 1855. № 14.)

Einer der drei Bäche, welche den Balksee bilden, ist der Joster=Bach. Dieser entspringt in der Nähe des Dorfes Stinstedt, bei den beiden Gehöften zu St. Jost. Dieser Name, St. Jost, leitet sich folgender Maßen ab. —

Geht man in das öde, wilde Moor hinter St. Jost hinein, so entdeckt man noch an einem Streifen Ried=Grases, der sich durch die sonst überall wachsende Haide hinzieht, einen alten Weg. Verfolgt man diesen Pfad eine Viertel= stunde, so endet er plötzlich in einem mit Gras bewachsenen Platze, der wie eine Oase in dem öden Moore liegt. Hier, wo sonst kein Stein sich findet, stoßen unsere Füße unver= sehens auf Scherben von Backsteinen und Ziegeln. Hie und da ragen aus der Erde noch ungeheure Pfähle hervor, die, obgleich sie gewiß schon die Hitze manches Sommers und den Sturm vieler Winter ausgehalten, noch wohler= halten aussehen. Auch bemerken wir, daß an einigen Stel= len tiefe Gräben sind; — hier hat sich die Hand des Men= schen nicht vergeblich bemüht, die Pfähle auszugraben und zum ferneren Nutzen zu verwenden. — Wir befinden uns an der Stelle, wo ehemals die Capelle des St. Jost stand.

In welcher Zeit dieses Heiligthum erbaut wurde, läßt sich nicht näher bestimmen; ein Abendmahlskelch in der Kirche zu Lamstedt, wo St. Jost noch jetzt eingepfarrt ist, und der, als die Capelle einging, dahin· gebracht wurde, beweist indessen durch seine Inschrift, daß die Existenz der Capelle in eine ferne Vergangenheit zu setzen ist. Um den Fuß des Kelches stehen nämlich in Mönchsschrift fol= gende Worte: „Düssen Kelch heft gegewen Diedrich Hop= penstede und sine Fruwe Seweke, Börger to Hamborg, in de Ehre St. Jost".

Eine Jahrszahl fehlt leider bei der Inschrift. Ob nun dieser Hoppenstede auch Gründer der Capelle war? — das ist nicht zu ermitteln; die einfache Sage erzählt in kurzen Worten nur Folgendes.

In einer stürmischen, düstern Nacht verirrte sich ein adeliger Herr auf einer Reise mit Familie und Gefolge in dieses unwirthbare, wilde Moor. Lange keuchten sie, ohne den rechten Weg wiederfinden zu können, umher — endlich brach auch der Reisewagen und man sah sich genöthigt, Halt zu machen, die Nacht zu warten und von dem Anbruch des Tages Hülfe zu gewärtigen. In dieser großen Angst und Noth that der Edelmann das Gelübde, wenn Gott ihm Hülfe sende und sein und der Seinigen Leben errette, an der Stelle, wo er genöthigt war, anzuhalten, ein Gottes-Haus zu errichten. Sein Gebet wurde erhört — als der Tag anbrach, sah man in nur geringer Entfernung das Dorf Stinstedt liegen; — aber der Gerettete vergaß auch seines Gelübdes nicht und erbaute hier die Capelle, welche dem heiligen Jost geweiht wurde.

Später verlegte man die Capelle nach Stinstedt, wo sie noch eine Zeitlang gestanden haben mag; wenigstens findet sich in dem ältesten Kirchenbuche zu Lamstedt, welches den Zeitraum von 1647—1659 umfaßt, die Notiz: „bei der Capelle zu Stinstedt", zur Bezeichnung des Wohnortes eines dortigen Einwohners. Jetzt ist von ihr nichts mehr erhalten, als die Glocke, welche in Stinstedt auf dem Gottesacker steht, und der schon erwähnte Kelch in der Kirche zu Lamstedt.

---

k. Der Paterborn bei Neukloster und die Kirche zu Bliedersdorf.

(Vom Herrn Pastor Pfannkuche in Neukloster.)

Von dem Nonnenkloster zu Neukloster führte einst, wie man erzählt, ein später zugeschütteter unterirdischer Gang in den Wald zu der schönen Quelle, welche noch jetzt der Paterborn heißt. Da sollen denn die Nonnen mit den

Mönchen von Altkloster nächtliche Zusammenkünfte und Gelage gehalten haben. Der Teich daselbst soll von unergründlicher Tiefe sein, und in demselben ein Haus versunken, dessen prachtvolles Tafelgeschirr zuweilen um Mitternacht sichtbar wird.

Die Kirche zu Bliedersdorf ist uralt, aus rohen Feldsteinen aufgemauert. Da sie gebaut wurde, fand sich, daß der Bau bei Nacht von unsichtbaren Händen gefördert wurde. Ganze Züge von Ochsen brachten Kalk und Steine auf dem noch jetzt sogenannten „Ochsenstiege." Zwei neugierige Burschen belauschten dieses Geheimniß; aber am andern Morgen fand man den einen eingemauert, nur der Zipfel seiner Jacke war noch zu sehen: der andere entkam.

---

l. Der Wingst-Brunnen bei Cadenberge.
(Vom Herrn Pastor Pratje in Cadenberge.)

Dieser Brunnen liegt in einem Gehölze unter dem Kieckberge, etwa eine halbe Stunde von Cadenberge, auf dem Wege nach dem Weissenmoor. Von ihm sagt Dilthern in den Christlichen Feld= und Garten=Betrachtungen, Nürnberg 1651, Seite 558: „Wer sollte sich nicht wundern über den Wunderbrunnen, so auf der Wingst im Stifte Bremen im vorigen Jahre entsprungen; in welchem durch Gottes Hülfe und Gnade nicht allein allerlei Kranke, sondern vom Satan Besessene sind genesen."

Im Hannoverschen Magazin vom 2. Mai 1791 hat Dr. Bicker in Bremen eine kurze Beschreibung und eine Art von chemischer Untersuchung des Brunnens geliefert. Im Jahre 1792 wurden für 2 bis 3 Quartier seines Wassers 4 leichte Pfennige erhoben, welches in jenem Jahre 163 ℳ 17 ß Ertrag lieferte; die Ausgaben jedoch 182 ℳ 22 ß. Roth in seiner Beschreibung der Herzogthümer (1718) sagt, daß in der Johannisnacht an der Quelle eine Predigt gehalten werde: sie hat aber gegen die Mitte des vorigen Jahrhunderts aufgehört. Nämlich nur, oder doch vorzüglich in der Johannisnacht hatte das Wasser seine heilende Kraft; und alte Leute in der Gemeinde erinnern sich noch sehr wohl, daß in dieser Nacht große Massen von Menschen, selbst aus weiter Ferne, sich um den Brunnen gesammelt und das Wasser getrunken oder in Krügen mitgenommen haben.

Eine nachgesuchte Verpachtung des Brunnens für jährlich 20 ℳ ward anscheinend von der Regierung dem Oberdeichgräfen Klippe und dem Gerichtsverwalter Donner nicht bewilligt; worauf derselbe um 1810 allmählich in Verfall gerieth.

Aehnlich ist es den Gesundbrunnen bei Verden und bei Hiddingen, Kirchspiels Visselhövede, ergangen. Unsere berglose Provinz liefert, bei allem Guten und Schönen, was sie sonst besitzt, schwerlich nachhaltige Mineral-Wasser.

30.
Volksthümliche Sprüchwörter und Redensarten*).

A.

An'n Mund vull Äten sitt väl Ehre.

B.

Bäter 'ne Wäe, de der bügt, as de der brickt.

Bäter in der Hütte 'n Brod, as in 'n Pallast Noth.

Bäter 'n Lapp, als 'n Gadd.

D.

Dat Geld hett korte Haare (läßt sich schwer festhalten).

De Mus, de öber datt Mehl löpt, hungert nich.

De kladderigen Fahlens gäft de besten Peere.

---

*) Gesammelt von dem verstorbenen Pastor Goldbeck in Hambergen und Herrn Pastor Clausen in Uthlede. Ich habe aber aus der Sammlung (dergleichen man schon viele hat) nur diejenigen Sprüche ausgewählt, welche mir etwas Eigenthümliches und provinziell Charakteristisches zu haben scheinen.   K.

De sien Kind kleet in 'er Ašk, den jöf't datt Geld in 'er Tašk.

De glatten Kabben gaht nich achter de Oken.

De to'n Penning flagen is, will sien Låv keen Daler weeren.

De sien Geld nich weet to vermall'n, de köpe Pötte un lat se fall'n.

Den Boom, de mie Schatten gift, mutt ich nich ver= achten.

Datt Huš mušt du för'n Schün' ansehn.

Denn de Koh hört, de fat se bie 'n Steert.

De nich spinnt, de nich winnt.

Datt is 'ne flechte Hušfro, de mit 'n Karkenkleed in de Köke geiht.

De froh uppfteiht, de wäl vertährt, de lange flöpt, den Gott ernährt.

De sik will ehrlick ernähren, de mott wäl flicken un wenig vertären.

De is so kloof, as Köfters Koh, de dree Dage vor'n Regen to Huš güng un kreeg doch'n natten Steert.

Datt Geld, watt ftumm is, mak't lief, watt krumm is.

De watt Lewes hett, de geiht dernah, de wat Wehes hett, de klait dernah.

De vör'n Bušk gro't, kummt nümmer to Holt.

Denn Eenen mutt man üm siene Goodheit, denn An= nern üm siene Leegheit to Frünne holen.

De sik anbütt, deffen Lohn is nich groot.

De Süke kummt anflegen, man se krüpt wedder weg.

De nich in't Water löpt, krigt ok de Föte nich natt.

De Koh melkt dör'n Hals un 'n Hohn legt dör'n Kropp.

Denn Eenen sien Dood, is denn Annern sien Brod.

De Botter is alle Jahr dreemal dull; eenmal, wenn se to week is, 't tweetemal, wenn se to hart is, un't drütte= mal, wenn man se nich hett.

De Fro kann mehr to'n Finster nut langen, as de Mann (to'r) in de Schündöhr inföhrt.

De Vagels fangen will, mutt nich mit Knüppels darnah smieten.

Datt Wort kummt wierder, as de Mann.

De Leev fallt so good upp'n Kohflack as upp'n Rosenblatt.

De Ohlen sünd good to behohlen.

E.

'n fuhlen Uppsehner is bäter, as'n fliedigen Arbeider.

'n Hals is man'n kleen Lock, man et geiht'n Schipp mit dree Masten derdör.

Et ward keen Hus mit Lachen uppholen.

Et hört väl derto, eenen koolen Aben warm to maken.

Et löpt keen Hund säben Jahr dull.

Eene grote Bohne is bäter, as dree Mund vull Brod.

Eer de Fuhle tweemal geiht, dricht he, dat emm't Liev weh deit.

Et is man'n korten Weg, wo't goot smeckt.

(En) 'n Woord is keen Beenbruch.

'n wenn't Kleed is'n schänn't Kleed.

Eenen goen Reck is bäter, as dree Stünnen Slap.

'n Minsk in Docters Hannen un Vagels in Kinner Hannen sünd bald old nog wurren.

Et is bäter 'n kreepen Möme, as 'n rien Va'r.

Erst 'n Läpel, denn 'n Sleef, un am Enne 'n ganzen Deef.

Et gift tweerlei Froens; de eene hört to dat Gäuse un de (andere) annere to dat Höhnergeslecht; denn de eene hal't tohope, un de annere kratzt uten anner.

F.

Free to maken un Eierkaken verdeent selten Dank.

Frünne sünd Hünne.

Froens Arbeit is behänne, nümmt aber nimmer 'n Enne.

Fliedige Müdder gift fuhle Döchter.

Freen mak't Arbeit un Möhe, aber et gift Linnen un Köhe.

H.

He wahrt datt Ei un lett dat Hohn flegen.

He hett ok noch nich de leßte Nachtmützen upp.

He föhrt jümmers mit 'n stahuen Wagen.

Henn un her is liefe wiet.

Ha! wer weet wo Hingst is, wenn 't Gras wasst?

J.

In 'n goen Brunnen bruft man keen Water to drägen.

Ick doh die good, un du deihst mie quood.

In der Frömde is good to wanken, man nich to franken.

Is de Mast ok glatt un fuhl, so gift doch 'n schmärig Muhl.

Jeder wahr sick vor Steefmüdder un Winterswien'.

Je duller Stück, je ärger Glück.

Je wierder in de Welt, desto mehr Glück.

Jede Pracher löwt siene Kiepen.

Jeder free siens Nahbars Kind, so weet he wat he findt.

K.

Kopp glatt un Food glatt, dat is de halbe Brutschatt.

Kinnermaat un Kalbermaat möht ohle Lüe wäten.

Kinner makt Hinner.

Klof sind alle Lüd', aber politsch mot man wesen.

Kruse Haare, krusen Sinn, da sitt de Düdel dreemal in.

L.

Liggen Geld un funden Brod is licht vergräpen.

Lichtmeß dunkel ward de Buer 'n Junker, Lichtmeß hell un klar, gift 'n good Kohrnjahr.

Läppers Hüsken wahrt am längsten.

Lütjet un woll is bäter, as groot un weh.

M.

Man kann gegen en Backaben nich jahnen.

Maihn, is datt ok watt? Datt is ja man Bücken un Dreihn; man Wullespinnen, datt is Arbeit.

Man kann ehr 'n Koh ut 'n Stall spinnen as derin.

Man kann woll 'n Steen kafen, datt de Brühe good smeckt.

Mit 'n Globen kann man woll in 'n Himmel kamen, man nich vör'n Amte bestahn.

Man kann 'n Kork so lange träen, bät he quacket.

Melkte Koh deckt 'n Disk to.

Müerkershweed is düer.

Müggen heb'bt de of Rüggen?

Man mutt köpen, wenn 't Mark is.

Man mutt de Tährje nah der Nährje setten.

Mit 'n Faden Heen kann man datt Hus bekleen.

N.

Nah 'n Hörder kummt 'n Röhrder, nah 'n Heger kummt 'n Feger.

Narren kopt Bück, de brukt se nich to melken.

O.

Ohlen Hunden ist quad bläken to lehren.

R.

Rast gift Mast.

Riek weern is keene Kunst, aber riek blieben.

S.

Spare bie 'n fullen Fate; bie 'n leddigen is 't to late.

Spinnen is 'n kleen Gewinnen; wer 't aber nich deiht, de bald nakt geiht.

Stöhnen is de halbe Arbeit.

Se bäet nich eher, eh et nich donnert.

T.

Twee upp Eenen, datt sünd Möhrders.

To sick nehmen, fackelt nich.

To väl Recht is Unrecht.

U.

Utverschamt lett nich good, man et nährt doch.

V.

Von Snack kummt Snack.

Von 'n Verräther fritt keue Krai satt.

W.

Wask leef' und wringe week, so kriggst du ewig 'ne grise Bleek.

Watt bäter is, as 'n Lus, datt nümm mit na Hus.

Wenn de Müse satt sünd, smeckt dat Mehl bitter.

Wenn of de Foot mutt Frost lien, so kann doch de Hals keen Dost lien.

Wenn de Dag is vergahn, harrn de Fuhlen geern watt dahn.

Wenn de Boom is groot, is de Planter doob.

Wenn de Himmel inſtörrt, so ligge wie alle drünner.

Wenn de Hahn kraiht vörn Rick, so reg'nt et denn annern Dag dick.

Wenn man Eenen hangen will, so finnt man of woll 'n Strick.

Wenn de Swiene ſatt ſünd, so ſtöt ſe 'n Trog ümm.

Wenn Kinner to Markte kamt, freut ſick de Koplüe.

Wenn de Katte muſ't, so maut ſe nich.

Wo de Thun am ſiedeſten is, da ſtigt Jeder öber.

Wer to froh räk'nt, de mutt tweemal räken.

Wer ſick in Hofdeenſten dodt arbei't, kümmt nich in 'n Himmel.

Wo man mit 'n körten Wagen nich kamen is, da bruk't man mit 'n langen of nich to kamen.

Wenn de Buer keenen Affall harr, so könn he mit 'n ſülbern Plog plögen.

Wer nich ohlo weeren will, de laat ſick jung upp= hangen.

Wer kofft, watt he nich nödig hett, de mut verköpen, watt he nödig hett.

Wo Sorgen kaamt, da flügt de Liebe to 'n Finſter henut.

––––––––––

Daß die Verwünſchung: dal di de Droos! und der Ausdruck der Verwunderung: dal wör de Droos! an die Römerzüge des Druſus erinnert, iſt wohl nur eine gelehrte Grille; dieſe wenig erfolgreichen Züge haben ſich ſchwerlich mehr als tauſend Jahre im Andenken des Volkes erhalten. Sondern Droos iſt ein gemachter Name des Teufels, wel= cher ſich nach Outzen's Nordfrieſiſchem Wörterbuche auch im Däniſchen findet.

Das Altländer Sprichwort: „es hilft als St. Otbert's Segen", d. h. gar nichts (Kobbe I. Seite 115), erklärt ſich aus dem oben in der Geſchichte der Stadt Bremer=

vörde Mitgetheilten. Der falsche Heilige und Wunderthäter Odbert muß im dreizehnten Jahrhundert ziemlich weithin bekannt gewesen sein. Denn also heißt es in den Lübischen Sagen vom Prof. Deecke, Seite 35: „Anno 1218 kam ein Mann nach Lübeck aus dem Stifte Bremen, Bruder Odebrecht genannt, der hatte dort bei einem Wasser Namens Bevern gesessen und eine Segnung gemacht, den Kranken zu helfen; auch wollte er künftige Dinge vorhersagen. Die Bauern hatten ihm allerlei Handopfer gebracht; deren nahm ein Theil der Voigt zu Verden, und gab ihm dafür Schutz. Die Stiftsherren aber zu Bremen wollten das nicht leiden, kamen wie Pilgrime gekleidet, um St. Odebrecht zu besuchen, und nahmen das Schloß (Bremervörde) weg. Hierauf mußte Odebrecht weichen mit seinem Schutz-herrn, und kam nach Lübeck. Aber hier wollte sein Segen keinen Fortgang haben, wie er's auch anfangen mochte: endlich ging er zu Schiff nach Livland. In Lübeck aber hatte man geraume Zeit das Sprichwort: dat helpet so vel als Sünte Odebrecht's Segeninge." Der Mann scheint im Dienste einer politischen Parthei den Aberglauben jener Zeit ausgebeutet zu haben.

31.

Proben der jetzigen Volkssprache in den Herzogthümern.

(Vom Herrn Superintendent Wiedemann.)

---

a. De speelstene bi Oldendorp.[1])

Up'n osterdag, as de bodden sine winterjacke längst wegsmeten hadde, unde[2]) sin grön sommerkled gerade antrog, unde as de böme in gange wören, loof to maken,

---

[1]) Fingirter Name. Die folgende Sage paßt zu jedem Ort, in dessen Nähe ein abgegrabenes altes Steingrab sich be-findet und solcher Oerter giebt es im Bremischen noch über hundert. Die Kinder sitzen um Berend herum beim Feuer, die Knechte sind bei der Arbeit auf der Diele, die Mägde im Flett beschäftigt. Berend erzählt.

[2]) unde kürzere Aussprache un.

damit minsken unde feh ook buten huse skatten fünden,
güng ene hünenfro mit ähren lüttken jungen na nahbors
huse.

§ans. Wat woll se da?

Berend. Hör, Hans! fall mi nich in't word; kann
ik spoor hoolden, wenn du mi för de perde springst?
Dat vertellen is nich licht, dat waiht de wind enem nich
in't gesicht.

Knecht. Aberst, Berend! du könnst et em wol seggen: fragen mutt dat kind, wenn et klôk werden will,
unde der frage geböhrt ene antword.

Berend. Na, lüttke! so kumm twüsken mine knee,
ik will et di toflüstern, datt et de grote Ann Trinken
man nich hört, de spielohrt[3]) all. Se wollde nafragen,
wie et angahn könn, datt dat beste bunte brutnapp gistern bi'n sköttelwasken ähr ünner'n handen entwei gahn
wör, ähr, de doch ümmer so vorsichtig.

§ans. Wat segde de naberske?

Berend. Nu fragst du to veel, min junge, nu wult
du weten, wie de froenslüde de pötte ût den handen
fallen latet — dat is din fack nich, kümmere di ook,
wenn du grot bist, neen haselnutt darum.

Anna Catharine. Berend! wat helpt di dat sticheln?
wat hewwet di de froenslüde to wedder dahn?

Berend. Mi? gar niks, keen spier;[4]) ik hewwe se
alle im harten, unde wenn ik ene, de all lange dôd is,
the moder, wedder lebendig harr, da gef ik dat ganze
dorp unde de halbe werold darum, wenn se min wören.
Ik vortelle ja nich von di, lüttke Ann Trin, sondern
von ener hünenfro, edder wenn ik mi recht besinne von
ähren sähn. Lat aberst de kiwwele[5]) ut sin — ik föhr
fohrd, jungens! will ji mit?

Die Kinder. Ja, ja, wi sitted all up unde sünd
ganz ohr.

---

[3]) von langohrigen Thieren gebräuchlich, die Ohren spitzen.
[4]) ein ganz kleines Stück. Das hochdeutsche Spur ist ganz
falsch.
[5]) Streit mit Worten.

Berend. De gang was nich umsünst: se fund bi der nabersken enen helen sack vull trost unde dat lachen toletzt makede ähre ogen ganz hevenklar und ähre backen rosenroth. As se alles överspraken hadden bi ener skale vull melk, wi sik dat hört, ook nafragt, of all dat flass unde de hamp upspunnen unde verwewet wör, ok wann de bunte koh kalven wür, nöm se von der nabersken afskeed unde tret ähren rüggeweg an. Düsse was an sik nich kort; denn min grootvader hed mi seg'd, datt to der tid elk'en för sik von andern wiet af wahnede, wat ook sin goodes hadde, bewile nahbors hahn unde höhner do nich dat kohl- unde linsaat ütkratzten; aberst de hünenfro hadde sik reeds[6]) up den henweg en beten arbeit fornahmen, de se nu angrep unde de den weg noch länger makede. Et legen da links unde rechts lüttke glatte stene, de gar nich skarpkantig wören, de sahh se mit moderogen an unde sprök in sik: da kann min junge mit trüdeln[7]) unde naher kakaf mit spelen. Mit den gedanken sette se ähr kind to der erde unde segde to em: du kannst wol en beten to fote gahn. Dat stünd aberst dem egensinn nich an: he was noch dat erste kind unde to veel was em wiesmakt. Underdess de moder for em unde sine lust sik bückede unde sammele, trock he kruse sure folen[8]) im gesicht unde mit en mal läh he los lut hals, datt de armen vagels, de eben wedder int land kamen wören, em wat för to singen, för skreck unde eisen[9]) nich wussen, wo se hen stöven sullen. De moder wiese em fon ferens[10]) en smucken blaulicken sten, unde röp': swieg still, min kind! kumm, loop mi na. Man he sweg' nich, he löp' nich, he stund as en lirendreier up sin stück. De moder sochte flink unde gau, as ene duve dat körn for ähre jungen uphickt, se greep, se

---

[6]) bereits

[7]) an der Erde hinrollen aber nicht werfen, zum kakaf gehört werfen.

[8]) folen = Falten

[9]) Furcht

[10]) von fern.

greep, denn dat blarren des gnatterigen[11]) jungen was
wie ene pitske hinner ähr. As se drüttig bet veertig
stene in ährer leddern skorten hadde, löp se wedder to
ähren jungen unde seggede: swieg doch enmal still unde
kumm huckeback. Do swèg he unde huckede up. Man
em füll bi, datt he nich den rechten platz hadde, drum
röp' he: moder! ik will förn up'n arm. Dat geit nich,
antere[12]) se, ik hewwe den rock vull speelstene, de mutt
ik fast holden. Nu füng de egensinn den larm von
vorne an und slog darto der moder an den hals. Dat
güng to wiet, jungens! ähr rêt de geduldsfaden stuf[13]) af:
du, dullkop! bist de stene nich wêrd, seg'de se, unde
sküdde de stene ût ähren rock to'r êrde; da liggen se
nu noch bet düssen dag, for unsen dorp. De arme moder! mit verdreet was se utgahn, mit verdreet kamm se
to huse.

Aberst dessülwigen dages güng de sünne ook wi hüte
to bedde unde as et abend wür, flackern up ênmal de
osterfüre von allen kanten hoch in de luft. Wat is dat?
röp de junge de ut der döre keek, moder! da springt se
um dat helle für. Dat sünd de osterflammen, de wiesen,
dat nee jahr geit an, unde de da mit sprüngen herum
juchheet, dat sünd nabors kinder, de doet, wat de oel-
dern segget. Do löp de junge to der moder, unde keek
se so barmhartig an unde bidde: wäs mi wedder good,
ik will ümmer doen, wat du seg'st. Wult du dat? so
bist du min söte kind, seg'de se unde gaf em enen kuss,
dat smackede so lût, as Frerik sine swöpe knallt, wenn
he en neen smick[14]) fordreiet het, wente en moderhart
forgift und forgitt all' tid.

    Hermann. Berend! du bist ook good, segge uns,
was de hünenfro so hoch as unse thorn?

    Berend. Ne.

    Wilhelm. So groot as de karke?

---

11) leicht gereizter Schreihals
12) abgekürzt für antwordede
13) stuf = stumpf, hier in dem Sinne ganz; man sagt auch
stuf satt = ganz satt, vielleicht von stopfen.
14) das hanfene Ende einer Peitsche

Berend. Ne.

Hans. So lang as de dössel [15]) an der groten dör?

Berend. Ne; jungens! wenn ik in jone apenen oogen seh, so mutt ik uprichtig bekennen, se was niks grötter as unse Ann Trin.

Hermann. Aberst, Berend! de ewel [16]) grooten stene! ik hewwe den blaulicken noch gistern meten, he is dremal so groot as ik lang bin unde da sünd noch veel grötere. Rieten moste de rock ook von dem dicksten saalledder,[17]) unde davon häst du niks fortellet.

Berend. Lat rieten wat rit! ik bruk dat lock nich to toneien, ik bin keen oldflicker, keen neeflicker. Aberst de stene sünd darum so groot, datt ji daran jo speigelt unde dat grote unrecht afnemet der moder sik to wedder-setten. Wat will ji doen jungens?

Die Kinder. Wi willt de moder hören.

Berend. Amen! segge ik, wör unse köster hier, so wullen wi dat nee, wunderhübske Amen ût Bremen singen, datt alle sorgen slapen güngen.

Anna Catharine. Hier, Berend! up de dröge tunge en drüppken nattes.

Berend. Datt lat ik mi gefallen, mut ik di danken?

Anna Catharine. Ne, de wehrd kam dörch de blanken [18]) dör, as de letzte faden von dinem döhnken von der spole lopen wull; he güng sachte achter di in de dönsse unde wenkede mi. Da hörd'ik em to der fro seggen: ik begripe nich, wo de Berend dat her het, he weet as en pastor up'n haar, wo't amen henhört. Ann Trine bring em min krooss.

---

[15]) der senkrechte Baum, an welchen die Thorflügel schlagen und zugeriegelt werden

[16]) bei Beverstedt allgemein für den Superlativ; vermuthlich gleich mit dem engl. evil = bös riek = ewel riek.

[17]) Sohlleder, richtiger Sullledder

[18]) zusammengezogen aus bi lanken = Seitenthür an der Länge des Hauses.

b. Du freest wol mal etc.

Knecht. Wes willkamen, Berend! unde sett di en beten bi uns an't för. Du kannst den wehrd maken, alle andern sünd hüte utflagen, bet up uns twe beide, de wache hôlden.

Berend. Den wehrd hebb' ik mit'n vullen wagen wegföhren sehen unde da dacht' ik, mit Ann' Trinken en beten vernünftig to snacken; man dat is[1]) 'n missen! Mit jo, unde damit dat bind[2]) vull ward, föhrt de tweerwind[3]) noch dre andre dorch't heck,[4]) is niks as dörlikes up to stellen.

Knecht. Gif uns nich de skuld unde smiet et uns nich vor de föte, datt Ann Trine nich to huse is; wi seggeden to ähr, dine arbeit will wi dohn, du kannst üt nabern[5]) gahn — denn wer woll so'ner deren nich to gefallen wesen? — do güng se hen, unde de tuusk is nich uneffen: för ähr hebben wi di Berend!

---

[1]) Das ist verfehlt.

[2]) Ein Stück Garn hat 10 Bind ꝛc.

[3]) Zusammengezogen aus towedderwind = Gegenwind. Ich protestire dagegen, aus ihm eine Gottheit unsrer Vorfahren zu machen, weil das Volk niemals an dergleichen gedacht hat; eine gewöhnliche Personification macht den Gegenstand noch nicht zu einem göttlichen Wesen. Aber einen mehr als typhonischen Kampf hat unser Volk, seit es die See befuhr, mit dem tweerwind bestanden, bis es endlich den Sieg errang und durch denselben nun höher steht als das Volk der Phönicier, Carthager, Griechen und Römer. Denn Niedersachsen waren die ersten, die gegen den Wind segelten und diese Kunst verlieh ihnen die Macht, zu herrschen über alle Meere der Erde.

[4]) Die Einfahrt des Hauses wird durch zwei Flügelthüren, die an den Döffel schlagen, dicht geschlossen; aber wenn Licht und frische Luft durch sie ins Haus soll, werden jene zurückgeschlagen und zwei kleine Flügelthüren 4 bis 5 Fuß hoch vorgeklappt, diese heißen das Heck und verhindern, daß das Vieh von der Diele aus dem Hause geht, oder daß das Vieh auf dem Hofe die Diele betritt. Das Wort ist verwandt mit Hecke, und die Thüren ähneln auch dieser, da sie oben durchsichtig gearbeitet werden.

[5]) in der Nachbarschaft einen Besuch machen.

Berend. So, so; dat is en ander côrn, seg'de de müller, do beet he up'n musekötel. Ik sett mi bi't für.

Knecht. Jungens! nu alle heran! Berend ward uns wat vertellen, ji möt' et awerst in de taske steken, he snackt nich gern in den wind. All lange hebbe ik wat up'n harten, dat ik di esken⁶) woll: de lüttken seggen, Berend is unse sprakmester;⁷) hest du ook wat för uns grote?

Berend. De lüttken sünd mi good, unde in ährer leĩde dohn se mi wol to veel ehre an. Sprake — ja, ik weet wol, wat de lèrke singt, wenn se vörjahrs to'm häven stigt, unde wat de hagelwind enem legholt⁸) up der haide um de ohren brüllt, ook wat de böme mit enander flüstern, wenn des abends de möden arbeider under ähren düstern telgen rauden. De sprake der sünne verstah ik, wenn se mit rosigem morgenroth to der êrde segt: Gottes kinder möten sik lef hebben! unde wenn se vor ähren dalgang datsülwige mit goldumsömten wulken noch ins wedderhalet. De steren sprecken: wat an jonen harten lag, dat is nu bi uns! unde still gahn se ähren gang unde still kamen se wedder, dat trorige gemöd up to richten. De issprake kenn ik ook, wenn et milenwiet in harter külle up der wesser as en donnerslag knallt: den armen, den da früst, söll ji erwarmen! Anders is de sprake der nachtigall im düstern brook,⁹) anders de von unsen thornklocken, am lefdesten is mi de modersprake, man se is doot. Wenn ik ook en beten sprake verstah, so bin ik darum noch kên meister; denn meister heet, de am meisten versteiht, unde dat kann ik mi nich beröhmen.

Knecht. Striden mit di, wör mi en lichtes, awerst warum sollen wi uns in de haare fallen, woröver de an-

---

⁶) fragen. Der Stamm von forschen.

⁷) So heißt auf den Bremischen Haiden der Mann, welcher durch seine Rede eine Sache deutlich, klar und faßlich darstellen kann.

⁸) Bösewicht.

⁹) Gebüsch mit nassem Untergrunde.

dern man lachen? Ik will di recht gewen üterlich in
wörden, awerst innerlich segge ik: meister bist du unde
blifst du, de lüttken seggen niks as wahrheit. Et hakt [10])
sik alleen darum, hest du ook wat för unsen snabel?

Berend. Ik hebbe wol wat, man ik weet nich, ob
et jo smecken ward; updisken will ik et jo awerst.

Et is noch nich lange her, min grootvader seggede,
man skref gerade en dusend twe hundert twe unde twintig, as sik en jungkerl upmakede, sine brut, de afwards
wahnede, to besöken. De sprake von ähren blauen ogen
hadde he verstahn, se seggeden em: di will ik lef hebben,
för di will ik arbeiden, för di will ik alles utholden,[11]) för
di will ik, wenn et sin mutt, ook starven. Ken wunder darum, he was heel vuller freide, datt de nähte an
sinem kamisohl bröken. He hadde sik smuck maket,
wusken unde kämmet, kloppet unde börstet, ook sine
knöpe unde snallen blank skuret. Den masernpipenkopp
mit sülvern beslag unde sülvern kede, ene gabe siner
lefsten, hadde he stoppet, nu hölt he en kölfür an, nöm
sinen ekenstock, seggde den sinen adjüs, unde smökede
ut' em huse. As he up' en felde kam, grötede em ene
leerke unde röp em von baven to: du must dem lewen
Gott danken for dine smucke brut. Half man verstünd
he dat, unde he menede, de leerke unde de andern vagels in den büsken wullen mit em juchheen, wat em
ganz mit wör. Flink trock he de hacken [12]) na, paffede
groote wulken unde makede mit ünner enen sprung, as
wenn von den grooten warappeln [13]) midden im wege legen. So kam he bald in en dorp, (sin weg föhrde da-
dörch) unde he dachte, buten up' en felde is alles mit
di lustig, hier können et wol minsken dohn; darup stim-
mede he en leed an; man wat gef dat för en larm! Mit
dem ersten luut weckede he de hunde wache; de ene gef

---

[10]) Es frägt sich.
[11]) aushalten — daraus ist das hochdeutsche Dulden gemacht.
[12]) Fersen.
[13]) So nennen die Landleute im Scherz die großen Granitblöcke, die allenthalben auf den Haiden zerstreut liegen.
= Ewigkeitsäpfel.

dat larmteken unde do kömen de kliffars¹⁴) unde klaffars,
de spörers unde sökers, de biters unde hauers unde güngen
em to liwe. De erste bellede, dat dörp is unse,
hier het kener wat to söken noch to halen. Dat word
was de groote Bremer slötel, de alle snuten upslot; elk'en
kreg sinen katechism her unde nu hagelde et luter fragen:
wo is dine isenbahnkarte? wat isenbahnkarte! füll
em sin nabor in't woord, de gelt man up'er isenbahn,
wi wahnen hier up'en sande. Wo het he sinen pass?
en anderer kliffede, wo is din wanderbook, dat wi din
sündenregister överkieken; de ene röp, wo kummst du
her? wat hest du bi di? wohen din weg? de andere
woll em berüken, of he ook enen skinken-knaken bi sik
föhre; de letzte, de heranlöp, smet em de frage in't gesicht,
wo is dat papier, dat du den dörchgang betaalt hest?

Knecht. Berend! du warst to heet, to iwerig.

Berend. Ik heet? Ne, darum sitt ik bi'm für, mi
früst. De awerst andrer menung is, de gah mal mit'n
botterpott dörch Bremen, da ward he in dem enen door
in sulke kniepskere namen, dat em in den andern door,
ût dem he henut geit, de haare to barge stahn. De
hunde hadden kenen flirr¹⁵) up den ogen: ene sülverne
pipe is doch mehr as en botterpott.

Knecht. Wat füng denn de brudigamm an, um von
den hunden los to kamen?

Berend. De dummheit was sin helpersmann: as se
so ilig an em heran kömen, glövede he, se wollen up
ährer sprake em glück wünsken unde kener wollde darin
de letzte wesen — je luter se nu belleden desto lustiger
unde heller würd' he mit sinen juchheen, unde weihede
mit sinem stock um den kopp. Dat letzte, de stocksprake
verstünden de hunde unde leten von em af
glücklicher wise. So kam he dorch't dörp beter as mannik'en
dörch Bremen.

---

¹⁴) Im Britisch-sächsischen endet die Mehrzahl auf os also
kliffaros, welches gewiß richtiger als das jetzt gebräuchliche.

¹⁵) eine dünne Haut, die am Sehen hindert; zuweilen auch
wenn das Auge zu sehr thränt.

En vullet jahr darna, as man also na richtiger reke-
nung skref en dusend twee hundert dre unde twintig,
kam he dörch dat sülwige dorp. Man woveel was in
der korten tid anders worden! Sin vader hadde em ene
lüttke stelle koft, de hochtid was holden, he was en
fromann[16]) unde de lewe Gott hadde em en smuck doghterken in de weege legget. Sin glück was ewel wussen,
man sine sorge was ook gröter wurden. Flitig hadde
he arbeidet: sin flüs[17]) up' en acker stünd ütgeteknet
unde sine wiske brochte dremal so veel hau as vorhen;
denn he bewaterde se mit 'en bornsprung,[18]) worin ken
rodmaar[19]) ansichtig. Nu em en doghterken geboren
was, överlegg'de he under weges na sinen öldern, denen
he de nahricht bringen wollde, datt se grootöldern wören,
wat för sorten obstböme he to'm andenken der geburt
planten wollde. As he mit sik daröver up'n reinen
was, kam he ganz von sülven ohne katekelken[20])-sprung
up'n slimme grübele: wat wol beter wör, ene landstelle
to köpen von enem slechten edder von enem gooden
vorwehrd. He wog unde wog: up de ene halwe sedde
he ene stige[21]) gründe, sware punde, up de andere hadde
he awerst de sülwige tal to sedden, nich kölnschet
lumpen,[22]) sondern ook swar gewicht. He wog hen unde
her, unde so kam he in depen gedanken in't dorp.
Löseken[23]) unde still güng he sinen gang unde let den
stock am remen hinner sik naslepen. Still was dat
dörp, still wören de hunde, nnde he würd' ahne wiedere

---

[16]) verheirathet.
[17]) Der grüne Graswuchs des Kornes.
[18]) Quelle.
[19]) Die gelben Flocken die eine Quelle absetzt, wenn sie unter
der Erde über dem Eisenrasenstein hinfließt; die ins röthliche
spielenden Flocken sind dem Graswuchs hinderlich; aber
das Wasser, das jene sprudelt, ist sehr gesund.
[20]) Eichhorn.
[21]) Die Zahl zwanzig.
[22]) was nicht ganz, nicht vollständig ist. Daher lumpen
= hinken, lumpen geld was nicht vollständig ist, lumpen kerl der nicht ganz ein Mann ist.
[23]) los, ohne Anstrengung, nachlässig.

anfechtung dorch't dörp heel [24]) dörchkamen sin, wenn et
kene unglücks [25])-vagels gêf. So ener hadde awerst enen
hund up de luur henlegget unde as düsse em ansichtig
würd', erkennede he em as den larmmaker vom vörigen
jahr; (denn de hund heet denks). [26]) Mit en paar sätzen
wör he bi em unde smet em de jacke so deger vuller
skimp, dat he em nich for enen Bremer swaren ehre
unde rechtlichkeit leet. Uemmer duller würd dat bellen,
wil unse jungkerl keen acht darup gef, bet to letzt düs-
sem de larm doch to swiet [27]) würd. He stund still
unde keek sik um, da erkennede he den hund, dat de
vör'n jahr em glück wünsket hadde unde nu menede he,
datt he dat lustige leed von vorne wedder anfangen
wollde, wat awerst mit siner depen grübele nich stim-
mede. Darum höld he den stock as en skolmester de
rode in de höchte unde sprok: gif di! gif di! du freest
wol mal, du sallst wol anders wêrden.

    Knecht. Hein! [28]) loop gau unde hale Ann' Trine
to huse.

32.
Fragen und Wünsche.

---

1. Punkte unserer Provinzial-Geschichte, welche noch
nähere Aufklärung fordern und verdienen, sind: die Einwanderung niederländischer Colonisten, besonders in den
Marschen; das Regiment der protestantischen Erzbischöfe
und Bischöfe von Bremen und Verden bis zum Westphälischen Frieden; die innere Landesverwaltung unter Schwedischer Hoheit; und der Uebergang der Herzogthümer an
die Krone Hannover.

---

[24]) ganz.
[25]) heißen auch unwe'ervagels; aber unter der Vogelmaske
    steckt keine sächsische Gottheit.
[26]) Der Hund heißt denks, d. i. er besitzt Gedächtniß.
[27]) arg.
[28]) gewöhnliche Abkürzung für Heinrich.

2. Das Hannoversche Magazin von 1759, № 82 erzählt von einem Tür Lür's=Berge bei Bramstedt, in welchem ein vergötterter Held, Tür Lür, begraben liege. Vor 30 Jahren habe man das Grab geöffnet und in dem= selben große Menschenknochen, ein Schwert und Römische Münzen gefunden. Die Bramstedter Kinder riefen noch jetzt, wenn die Haidtüte schreiet: Tür Lür böl für! Weiß Jemand Näheres darüber? Lür ist wohl so viel als Lüder oder Lothar.

3. Nach Pratje (histor. Sammlungen Bd. 3. Seite 239) ist der Taufstein zu Dorum uralt, mit heidnischen Götzenfiguren geziert und wahrscheinlich ursprünglich ein vas lustrale der heidnischen Sachsen. Verhielte sich dies also, so wäre es eine große Merkwürdigkeit, und weiterer Untersuchung werth.

4. Hat man genauere Nachrichten über den Friesen= kirchhof an der Geeste bei Schiffdorf? So heißt eine dortige Worth, wahrscheinlich mit Beziehung auf den Krieg des Erzbischofs Christoph gegen die Wurster.

5. Knüpfen sich nicht Sagen oder Geschichten an den Carlshöfer See in der Gemeinde Rhade, in welchem vorzeiten eine Raubburg gelegen haben soll?

6. Finden sich noch Ueberreste alter Volks= lieder unter unseren Landleuten? Gerade bei dem nicht poetischen Sinne unserer Bevölkerung wären solche Reli= quien um so wichtiger; sollten es auch nur halbverklun= gene Töne sein.

7. Diejenigen Aemter der Provinz, über welche sich die Nachrichten des sel. Pratje nicht erstrecken, na= mentlich das Alte Land und Kehdingen, Bremervörde, Har= sefeld, Ottersberg und Zeven, sollten billig eben so, wie jene anderen, historisch beschrieben werden. Denn die Pratje'schen Nachrichten bieten eine Special=Geschichte dar, wie sie kaum eine andere deutsche Provinz aufzuweisen hat. Die oben gedachten handschriftlichen Werke von Roth und Manecke könnten dabei als Grundlage dienen: weiteres Material aber würde sich in den Amtsregistern und kirch= lichen Lagerbüchern finden.

8. Zur Erhaltung unserer Steindenkmäler (welche den Königl. Aemtern obliegt), zur Sammlung der vorhandenen oder künftig aufgefundenen Alterthümer (unter Mithülfe der Herren Wegbau-Beamten), und zur Aufbewahrung wichtiger historischer Urkunden und Monographien über die Herzogthümer sollte etwas Gemeinsames geschehen. Wollen wir nicht einen Verein für Alterthümer und Geschichte der Herzogthümer stiften? Es kommt dabei weniger auf Geldbeiträge an, als auf Belebung des Interesse an der Sache.

Inhalt.

Seite

Die Herzogthümer Bremen und Verden. Das Land und seine Bewohner. Ueberblick ihrer Beschaffenheit und Geschichte 2

1. Das Bremische Moor 27
2. Die Marschen (vom Herrn Conrector Krause in Stade) 31
3. Die in den Herzogthümern Bremen und Verden noch vorhandenen alten Grabhügel und Steindenkmäler . 38
4. Plinius und Tacitus über das Land und Volk der Chauken 42
5. Eine Scene aus dem Zuge der Sachsen nach Britannien (vom Herrn Superint. Wiedemann) . . 45
6. St. Willehad, der erste Bischof von Bremen . 47
7. St. Ansgar, der erste Erzbischof von Bremen . . 54
8. Eine Urkunde des Erzbischofs Adalbert vom Jahre 1059 63
9. Eine Nordpol-Expedition der Friesen im 11. Jahrhundert 67
10. Verzeichniß der Heiligen, von welchem die Kirchen der Herzogthümer den Namen führen . . . 69
11. Kirchliche Alterthümer der Provinz 73
12. Heinrich der Eiserne, oder die Ritterburg im Tannensee 78
13. Die Sage vom Störtebecker 83
14. Ein Sittenspiegel aus Stade 87
15. Die Ursachen, welche die Einführung der Reformation in den Herzogthümern befördert haben . . . 89
16. Johann Bornemacher, ein Märtyrer der Reformation . 107
17. Das Pater-Kleid und der Pater-Busch zu Bisselhövede (vom Herrn Organisten Rosenbrock zu Bisselhövede) 117
18. Vorrede zu der Wurster Kirchen-Ordnung von 1534 . 121
19. Gemälde aus dem Schulleben 123
20. Abendgebet der Kinder 133
21. Zwei friesische Gesänge 184

Seite

22. Das kirchliche Leben in den Herzogthümern zu Anfang des 17. Jahrhunderts 138
23. Merkwürdigkeiten aus der Gegend von Hambergen . 142
24. Nachrichten über den ersten Schwedischen Gouverneur der Herzogthümer, Grafen Königsmarck . . . 143
25. Kurzer Abriß der Geschichte des k. Consistoriums in den Herzogthümern 145
26. Zur Erinnerung an Georg Haltermann . . . 158
27. Kurze Geschichte

    a. der Stadt Stade 162
    b.   -   -   Verden 165
    c.   -   -   Burtehude 175
    d.   -   -   Bremervörde 177
    e. des Fleckens Horneburg 178
    f. des Schlosses Rotenburg 179
    g.   -   Ottersberg 181
    h. der Elbinsel Krautsand 182
28. Volksthümliche Sitten und Gebräuche der Herzogthümer:

    a. die altsassische Jahres-Eintheilung, der Wetterhahn auf den niedersächsischen Kirchthürmen und der Kehdingsche Bohnenhahn 186
    b. der Weihnachts- oder Christ-Baum . . 188
    c. Nachricht von dem Heergewette und anderen Rechten im Kirchspiele Debstedt 192
    d. die Burspake des Magistrats zu Stade . 195
    e. Kleidertrachten, besonders des siebzehnten Jahrhunderts 197
    f. Der Wurster Gruß und Trinkspruch . . 199
    g. Eine Hochzeit im Alten Lande . . . 200
    h. Von allerhand Glocken 204
    i. Ueberreste alten Volks-Aberglaubens . . 206
29. Noch lebende Volkssagen und Legenden.

    a. Aus dem Amte Lehe.

        1. Die Brille bei Lehe 211
        2. Das Herenkreuz vor dem Eckerfelde . . 212
        3. Das Grab des heil. Dionysius . . 213
        4. Der Willehabus-Brunnen . . . 215
        5. Der Buller-Stel 216

Seite

b. Aus dem Amte Beverstedt.
1. Der Drachenstein 218
2. Der Wagen am Himmel 225
3. Die Dornenkrone 226
4. Der dumme Teufel 226
c. Aus dem Lande Wursten.
1. Die Sage vom Dr. Faust im Lande Wursten . 229
2. Wo dat togeit, dat de Imser Kerk' so alleen steit? 231
d. Der Balksee und der Otterstedter See.
1. Der Balksee im Amte Neuhaus . . . 233
2. Der Otterstedter See, der Düvelshoop und die
Hexenkreise bei Eckstever 238
e. Der Heuersche Kolk bei Rechtenfleth . . 240
f. Aus Hambergen.
1. Von dem Schimmel zu Wallhöfen . . 241
2. Der bezauberte Bienendieb . . . 242
3. Ein Eidschwur 243
4. Vom letzten Hühnen zu Hambergen . . 244
g. Die Mühle bei Scheeßel 244
h. Der steinerne Mann in der Doms-Mauer zu Verden 246
i. Die Capelle zu St. Jost 247
k. Der Paterborn zu Neukloster und die Kirche zu
Bliedersdorf 248
l. Der Wingst-Brunnen bei Cadenberge . . 249
30. Volksthümliche Sprichwörter und Redensarten . 250
31. Proben der jetzigen Volkssprache in den Herzogthümern.
a. De speelstene bi Oldendorp . . . 256
b. Du freest wol mal 261
32. Fragen und Wünsche 266

Berichtigungen und Zusätze.

Seite 26 Zeile 12 v. u.: Herr Dr. Lappenberg in Hamburg ist der Sohn eines Arztes daselbst; aber sein Großvater war Pastor in Lesum.

— 44 Zeile 3 v. u. ist irrthümlich der batavische Häuptling Civilis genannt, statt des römischen Feldherrn Cerialis. Daß aber die Chauken williger als die Friesen das Römische Joch trugen, sieht man besonders aus Tacit. Annal. 1, 60 vergl. mit 4, 72.

— 77 Zeile 16 v. u. ist richtiger zu lesen Verdam primus munivit.

— 122 Z. 3 v. o.: Diese niedersächsische Bibel, welche unter Bugenhagen's Aufsicht übersetzt und zu Lübeck 1532 gedruckt worden, ist deßhalb merkwürdig, weil sie zwei Jahre früher herauskam als selbst die obersächsische Luthers, welche vollständig erst 1534 zu Wittenberg erschien. Sie wird daher (s. Lessing's Werke, herausgeg. von Lachmann. Theil 11. Seite 304) das Ei vor der Henne genannt. Ein Exemplar derselben befindet sich auf der Prediger=Bibliothek zu Stade.

— 128 Z. 15 v. o. statt Revolution lies Reformation.

— 138 Z. 10 v. u. (Von Herrn Pastor Wiedemann in Bargstedt).

— 196 Z. 11 v. u. lies alles statt alle.

— 238 Z. 7 v. u. lies: am steilsten abschüssige.

— 249 Z. 14 v. u. lies: in vorigen Jahren.

— 253 Z. 10 v. u. lies se statt so.

Situations Zeichnung von den Denkmälern im Gerichte Belm. Amt Harsefeld

Erklärung

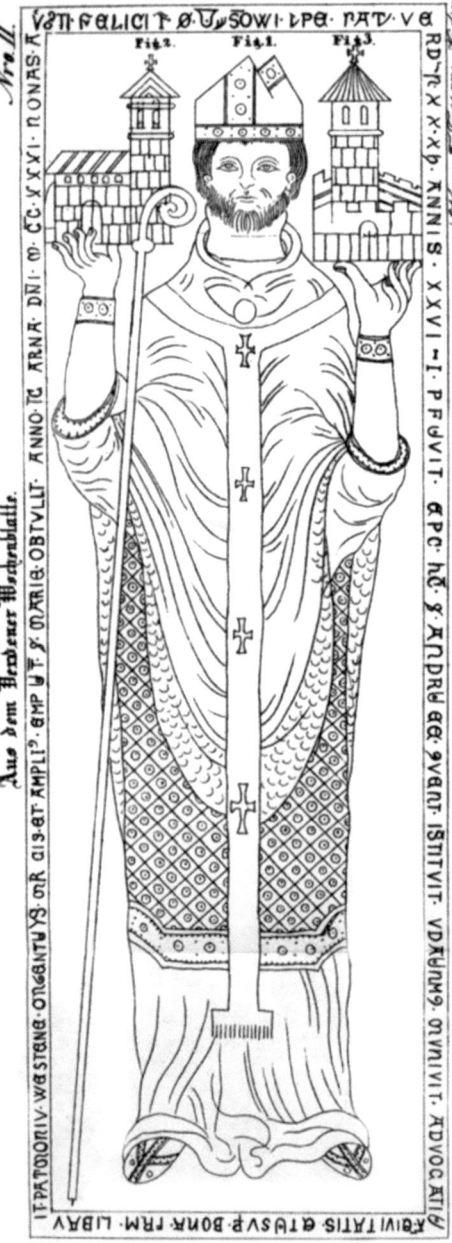

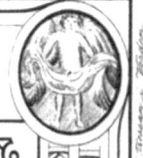

Nach einer Zeichnung von Herrn P. Vogelsang